河出文庫

ヘーゲル
自由と普遍性の哲学

西　研

河出書房新社

目次

第六章　制度の根拠はどこにあるのか――家族・市民社会・国家　279

本文イラスト　川村易

ヘーゲル　自由と普遍性の哲学

文庫版まえがき

自由の可能性はどこにあるか

この本は、もとは『ヘーゲル・大人のなりかた』という題で一九九五年に出版したものである。いまからもう三十年近く前のことになる。そんな時代に書かれた本が二十一世紀の現代になっても読むべき価値があるのか、また、そもそも二〇〇〇年以上も前のヘーゲル哲学に、いまなお私たちが学ぶべきことがあるのか、と疑念を抱く方もおられるにちがいない。

ヘーゲル哲学の最大のテーマは、自由である。そして彼は、この自由の可能性をもっとも深く考えた哲学者の一人であり、そのメッセージは決して古びていないと私は考えている。しかしその内実は、ヘーゲルの著作の異常なまでの読みにくさもあって、ほとんど知られないまま現在に至っている。

とくにポスト・モダン思想が流行した八〇年代から九〇年代にかけて、ヘーゲルは「唯一の真理と正義」という悪しき理念を語ろうとする、ヨーロッパ形而上学の代表格のように扱われていた。『ヘーゲル・大人のなりかた』は、そんな時代に、ヘーゲルの若いころの文章や著作と対話しながら、「私たちは自分の生き方、そして社会・国家への関わり方をどのように考えればよいのか」という課題——私には、ポスト・モダン思想はこの課題に十分に答えてくれるものとは思われなかった——に精一杯、答えを出そうとして書いたものである。なぜヘーゲルだったのかといえば、彼は、自身がどう社会・国家に向きあえばよいのか、社会・国家の望ましいあり方とは何か、について不器用なまでに真摯に向きあって考えた人物だったからだ。

ヘーゲルは、隣国でフランス革命が始まった一七八九年、神学校の学生だった。自由な共和国の誕生に感激し、友人たちとともに野外に「自由の樹」を植えたことが伝わっているが、しかし彼はそのままフランス礼賛・自由礼賛で終わることはできなかった。フランス革命は党派対立と恐怖政治に至り、さらにナポレオンと彼の国民軍は、まわりの国々からの攻撃をはねかえすべくドイツにも侵攻してくる。そうした激動の時代のなか、若きヘーゲルは、自由の理念、そして愛による人びとの和合について深く考え、またそれらを生み出しうるような新しい宗教を構想する。さらにナポレオンのドイツ侵攻は、あらためて国家の役割を考えさせる。そのような様々な思索を通して、彼は最終的には、自由な生き方と国家の理想を生み出した「近代精神の歴史」をたどりなおし、そうすることで自由の可能性についての思索を深めていく。

そしてその思索が完成された形となったものが、ヘーゲル三十七歳のときの最初の主著『精神の現象学』（一八〇七）である。さらに自由な生き方を可能とする社会・国家の制度についてまとまった構想を著したものが、『法の哲学』（一八二一）である。

この私の本は、青年時代の草稿と『精神の現象学』『法の哲学』を主にとりあげたものだが、とくに若きヘーゲルの思想の歩みを、社会をどう捉え、社会にどう関わればよいかを思いあぐねていた自身の課題と重ね合わせながら書いた点で、私にとって忘れがたい本となっている。おそらく現在読んでくださる方にも、自由・愛・宗教・国家をめぐる、一人の青年の思想のドラマと、自由の可能性をつきつめた彼の思索に興味をもっていただけるのではないかと思う。

さて、この「文庫版まえがき」では、ヘーゲルが見出した「自由の可能性」とはどのようなものだったかについて、本文を補足する意味合いも込めて、大胆につかみ出して語ってみることにしたい。

1　普遍的な価値をめがける自由――〈事そのもの〉の思想

ところで、「自由」がヨーロッパ近代思想の合言葉であったこと、そしてポスト・モダン思想においても重要なテーマであったことはよく知られている。日本でも、私が若かった七〇～八〇年代には、自由という言葉は憧れをもって語られてきた。

しかしいまの日本では、自由という言葉は、かつてのような魅力を失っているように見える。若い人のあいだでは「あいつは自由だから」といういい方は、「空気を読まない勝手なヤツ」を指すようだ。この自由に対する疑念は、広く深いものとなっているが、それを言葉にすれば次のようになるだろう。

――自由な生き方を追求すれば、伝統やコミュニティを破壊し、孤独やニヒリズムをもたらすのではないか。また、思想の自由は、正義についての極端な「信念の対立」をもたらしてきたのではないか。さらに、経済の自由は資本主義を生み出したが、それは赤裸々な私利私欲の追求となり、植民地支配や、極度の経済格差と環境破壊をもたらしたのではないか、と。

また、そもそも近代の哲学者たちのつくりだした「自由な社会」の理念は、結局は西欧のローカルなものにすぎず、グローバルな理念たりえないのではないか。このように感じている人もいるかもしれない。

これらの疑念を念頭におきながら、ヘーゲルは「自由の可能性」をどこに見ていたのか、をみていこう。

「意識の否定性」と「自己価値と承認の欲望」

『精神の現象学』は、人類が近代に至るまでにつくりだしてきたあらゆる思想と社会制度をすべて人間精神の産物として捉え、その歴史的な発展を描き出そうとした、壮大な構想の書物である。

その前半部（意識・自己意識・理性）は、その人類の歩みを、一人の「意識」が経験を積んで成長していく「成長物語」の形で描いている。すなわち、意識は自分なりの

「世界の見方と生き方」をもっているが、予想しなかった事態に出会って挫折する。しかしその挫折を乗り越えて、より高次な世界の見方と生き方を身につけることで、より自由になっていくのである。

このように、人間の意識には、困難をたえず乗り越えようとするという意味で、〝自由であろうとする本性〟があるとヘーゲルはみなす。その前提になっているのは、メタレベルに立ちうる、という人間の意識の能力である。たとえば、自分の性別や年齢のような具体的な規定性に対しても、頭のなかでそれを度外視してまったく別の自分を想像することが人にはできる。このように、現実のあり方を〝否定〟してメタレベルに立つ能力を、ヘーゲルは「意識の否定性」と呼ぶ。困難に直面したときも、意識はこの意識の否定性を発揮することで、それを乗り越え、自由になろうとするのである。

しかし、その〝自由になろうとする〟仕方は、自然に対する場合と、他者や社会に対する場合とでは異なる。

自然に対しては、森を切り開き田畑を耕すこと（労働）、また、自然の諸現象を統一的な理解にもたらすこと（科学）によって、自然を見知らぬ疎遠なものから、親密で利用しうるものへと変えていくことを、人はする。

しかし、他者や社会との関わりはもっと複雑である。そこでは、「価値ある自己」でありたい、そしてそれを他者から承認されたい、という欲望が問題となるからだ。

ヘーゲルは、人間の意識は「自己意識」である、という。つまり人は「自己」というものを意識するとともに、それが価値あるものであってほしい、というきわめて強い欲望をもっている。そして、この「価値ある自己」(自己価値)を他人からも承認されたいと願う。

動物と比較してみれば、動物は身体の快不快を中心動機として行動するが、人間は必ずしもそうではない。名誉のために死ぬ、ということがあるように、人にとっては身体の快不快よりも、「自己価値」のほうが重要な場合も多い。

このような、人は「自己価値」への欲望と「他者からの承認」の欲望をもつ、という洞察にもとづきつつ、意識の歴史的な発展をヘーゲルは描き出していくが、その進展を重要なポイントに絞って語ってみよう。

「承認をめぐる死を賭けた戦い」から「自己意識の自由」

『精神の現象学』「自己意識」の章の冒頭で、歴史の始まりを、ヘーゲルは「承認をめぐる死を賭けた戦い」として描いている。

人は他の生命体(植物や動物)を食べるが、それだけでは満足できない。他者から、自己の価値を承認してもらわねばならない。こうして人と人は、互いに「オレのほうが偉い、オレを認めろ」と言って争うことになる。

戦いのさなか、痛みや死の危険という身体の不快に耐えられなかった者は奴隷となり、プライド(価値ある自己でありたい)を貫き通したほうが主人となる。こうして「主人と奴隷」という最初の社会関係、つまり非対称な承認関係ができるという（古代ギリシアやローマが念頭におかれている）。

この、自己価値を承認されたいという欲望は、現在でも、スポーツなどの競技のなかで平和的な形態で持続されているし、現実の社会のなかでも、より豊かになろう、高い学歴を得よう、より美しくなろう、などの競争が続いていることはいうまでもない。

さて、この「主人と奴隷」の次にヘーゲルが登場させる新しい意識形態は、「自己意識の自由」と名づけられている。これは、世間での承認の競争が嫌になり、そこから身を退いて自分で自己を承認することで自由になろうとするものである。

この自己意識の自由についてヘーゲルは三つの意識形態を挙げているが、その最初が「ストア主義」である。これはギリシア時代に始まってローマ時代に流行した思想だが、自分のなかに「正しい生き方」をもつことで、状況の変化に一喜一憂せず——奴隷となっても王座に就いたとしても変わることなく——つねに平静で自由であろうとするものだ。

ストア主義者は、どんな状況においても通用するいわば万能の標語（「自然と一致して生きる」とか「心の平安」というような）をもっている。それに従うことで自己は価値ある存在となり、不動の自立性つまり自由を獲得する、というわけである。

しかしここには他者からの承認がなく、ただ形式的で平板な標語を唱えるだけにすぎない。だから、ここでの自由は空虚なものでしかない、とヘーゲルはいう。

さて、自己意識はこれ以後も様々な試行を繰り返していくが、その行き着く先、つまり最終的な自由をどのようなものとヘーゲルは考えているのだろうか。

〈事そのもの〉――試行と批評から「普遍的な価値」が生まれる

「自己意識」の次の「理性」章の最後に、〈事そのもの〉という奇妙な言葉が登場してくる箇所がある。これが、ほぼ意識の最終到達地点となる。

まずここでいう「理性」とは何か。これもやはり自己意識の一種だが、世間から身を退いて自分のなかに「この私」を支える理屈をつくる、というものとはちがうあり方をしている。理性は、世間(世界)に対して肯定的なのである。すなわち、世界のなかに「(自分を含む)皆が認める普遍的なもの」を見出すことができるはず、と信じている。

この「普遍的なもの」にも、異なった種類がある。理性章の最初に登場する「観察する理性」は、自然を研究してそのなかに普遍的な法則性を見出そうとする。これに続く「行為する理性」は、世直しをして「皆が認める普遍的な正しい秩序」を実現しようとする社会改革者である。しかし、自分では「これこそ普遍的な正義であって、それを実行に移せば民衆はついてきてくれるはず」と思い込んでいるが、じつは勝手な思い込みにすぎず、民衆からソッポを向かれる、という経験に見舞われる。

その次に登場する理性の最終形態は、「絶対に実在的であると確信する個人」と題されている。そこで登場する個人は、こう信じている。「他者からの評価など一切考える必要はない。自分は、自然から与えられた自分の素質をそのまま表現して作品にしさえすればよい。そうすることで自分（主観）と世界（客観）とはつながり調和するのだから」と。自分の素質（個性）のなかに、世界とつながる普遍的なものが含まれていると信じているからこそ、この個人は、自分を「絶対に実在的」だと確信しているのである。

しかし実際に行為してみると、最初の思いどおりにはいかなくなる。たとえば、人の美しい身体を表現するために、彫刻をつくろうとした。彫っているあいだは、確かに自分と作品（主観と客観）とは一体かもしれないが、できあがると自分と作品には距離が生まれる。そしてあらためて作品を眺めてみると、「うーん、どうも腕が長すぎてヘンだ」と思って満足できないかもしれない。

さらに他の人の作品も気になってくる。「あいつのつくった彫刻はなんてすごいんだ。いまにも動きだしそうじゃないか」と。そして他者たちも自分の作品に対して批評してくるだろう。こうしたやりとりを避けることはできない。

こうして「自分の素質を素直に表現すればいい」という最初の思い込みは崩れ、人びとからの批評を受けて作品は〝消失〟してしまう、とヘーゲルはいう。価値のない、とるに足らないものにされてしまう、ということだ。どんな人のつくる作品についても、同じことが起こる。

しかしこのようにして、個々の作品は過ぎ去ってしまうとしても、それらを貫いて「持続するもの」が出てくる。それが〈事そのもの〉だとヘーゲルはいう。

ひどく抽象的に語られているが、私なりに補ってみると次のようなことだ。

個々人はそれぞれ「よいもの」をつくろうと努力し、自分なりの作品を提示する。するとそれに対して批評の言葉が投げかけられる。「この作品はここが素晴らしい！」「狙いは分かるが、この点はどうだろうか」と。

そのような個々人の試行と批評の営みが継続されていくならば、そこではいくつかの具体的な作品名とともに「これこそ芸術だ」「これは本物だ！」という〝理念〟が人々の脳裏に結晶してくるだろう。このような理念のことを、ヘーゲルは〈事そのもの〉と呼ぶのである。

この〈事そのもの〉という奇妙な言葉は、おそらくプラトンに由来する。彼は現実の具体的な事物や物事に対して、それらの「究極の理想」があると考え、これをイデアと呼んだ。『饗宴』や『パイドロス』などでは、イデアは現実世界の彼方に存在する永遠不滅なものとされ、そして様々なイデアは「美そのもの」「正義そのもの」などと呼ばれる。個々の美しい物ではない、美の〝本体〟という意味で「美そのもの」というのである。

ヘーゲルは、このプラトンの語法を意識しながら、〈事そのもの〉という言葉を用いたにちがいない。しかしヘーゲルの場合、〈事そのもの〉は天上にあるのではない。人びとがよりよいものを、さらに、だれもがその価値を認める普遍的なものをめざして試行し、それに対して互いに批評しあうなかで、人びとの脳裏に結晶してくるもの、そういうものとしてイデアを語ろうとしている。つまり、〈事そのもの〉とは、いわば地上に降りて人びとの行為のなかに埋め戻されたイデアなのだ。

そのようなことは、普通の人びとの生活には縁のないことではないか。そう思う方もいるかもしれない。しかしそうではない。ヘーゲルはここで、人びとの社会的な活動の望ましいあり方について語ろうとしている。つまり、芸術や学問のような文化的な営みに限らず、教育や医療、職人の仕事、企業での仕事、すべてに対してこれはあてはまる。

たとえば、教員がよい授業をめざして様々に努力し、それに対して同僚や生徒からの真摯な批評をもらえるとき、そこには手応えがあるだろう。そして「よい教育・よい授業」というものを信じ、そこに向けて努力していこうとするはずだ。

企業で働く人たちのなかにも、利益だけを考えるのではなく、人びとが喜んでくれる「よい商品・よいサービス」とは何かを考えながら努力している人はたくさんいる。さらに、企業そのものを、顧客にとっても従業員にとっても好ましいものにしようとして努力している人もいる。

人が自分の仕事を真摯に「よいもの」にしようとし、それに対して、きちんとした批評――ただ利益につながったかどうかだけでなく、その仕事のよし・あしについてしっかりとした意見を返そうとすること、その意味で相手を励まし育てようとする批評――があるところでは、どこでも〈事そのもの＝ほんものの仕事〉が信じられるはずだ。

このくだりでヘーゲルは、自由の可能性について、決定的なことを言っている。

自由に対する疑念として、それは孤独とニヒリズムと赤裸々な私利私欲を生み出すだけではないか、という見方があった。それに対してヘーゲルは、自由な個人たちが、真摯な試行と批評のなかで「信じられるもの」を創り出すことができる、ということを示した。

そのさいの〈事そのもの〉を、あらためて「普遍的な価値」と呼んでもよい。だれもが価値ありと認めてくれるだろうこと。つまり皆が喜んでくれることや、皆に役立つこと。そういう意味での「普遍的な価値」をめざして、人びとは行為しあい、批評しあう。そうすることによって、自由は孤独・ニヒリズム・私利私欲に陥らず、創造的で協働的なものになりうる。——〈事そのもの〉の思想を、そのようにまとめることができるだろう。

そしてこの営みは、歴史的・社会的な営みとしての広がりをもちうる。同じ志をもってやってきた先人たちがおり、その連なりのなかに私もいる。そして私も、次の世代にバトンを渡す。〈事そのもの〉をめざす試行と批評の営みのなかには、そのような先人や仲間たちとの励ましあいや、未来の人たちとのつながりも含まれているのである。

もう一つ付け加えておきたい。自己意識の章では、他者からの承認や競争に右往左往しない「不動の自立性」を求める姿（ストア主義）が語られていた。これに対して、普遍性をめざす試行と批評には、競争も承認もある。自分ががんばった仕事が高く評価されなかったり、自分でもダメだったかなあと思ってがっかりすることもあるかもしれない。しかしそれでも、「普遍的な価値」をめざすところに、誇りがある。自己の価値は、収入や学歴からではなく、「皆が喜んでくれるだろう普遍的な価値」をめざし実現しようとすることによって、支えられる。そのとき、自分のなかに「軸」ができ、そのつどの評価に右往左往しなくなる。

そのような意味で、〈事そのもの〉をめがける営みは、人に誇りと自立性と、他者たちとのつながり、という意味での自由をもたらすのである。

ヘーゲルの語る自由を、ちょっと立派すぎると思う人がいるかもしれない。友だちとバカな話をすることや、おいしいものを食べること、一人でアニメをみること、社会の責任や義務から離れて、楽しみを味わうときには確かに自由だけれど、と。

確かにそのとおりで、そのような喜びは一人ひとりを癒やしてくれる大切なものだ。だが、〈事そのもの〉をめざすことにも、喜びがある。「これは皆が喜んでくれるはずだ」と心から思えるとき、人はワクワクしてくる。それをめぐって他者たちといっしょに活動したり語らったりすることにも喜びがあり、自分のめざすものに向かっているという自由の実感がある。もしエネルギーがあるのなら、そのような生き方ができたほうが、人生の充実は大きいと思う。

そして私の考えでは、〈事そのもの〉が信じられるためには、「批評」ということがカナメとなる。ただ「売れた」ということではなく、その仕事の「どこがよいのか」を言葉にして、その仕事をした本人に返してあげる、ということだ。この点については、後で詳しくとりあげたい。

2　「近代」のもつ意味——有用性・フランス革命・〈良心〉

「意識・自己意識・理性」という前半部に対して、『精神の現象学』の後半部は「精神」と題されている。精神とは、意識のあり方と、その意識が暮らす社会制度とを結びつけて一体と見なしたもので、ここでは前半部よりもはるかに具体的な仕方で、あらためて人類の歴史が語りなおされることになる。

ヘーゲルの描く精神の歴史は、個人が共同体と完全に一体となっていた時代（古代ギリシアのポリス）から出発する。続いてローマがポリスをのみ込んで広大な帝国をつくると、共同体から切り離された自由な内面をもつ個人が登場し、ストア主義が流行する。

この共同体から切り離された自由な個人が、どうやって他者や社会との関係を結びなおしていくことになるか。それが精神の部のテーマとなる。

なかでもとくに、「近代」における人間精神のあり方と、その**自由の自覚の最終到達地点**である〈良心〉とはどのようなものか、についてここで取りあげてみたい。

さて、「精神」の第一章では古代ギリシアの世界が語られるが、第二章は「自分から疎遠になった精神」と題されている長い章であり、時代としては中世からフランス革命までをカバーしている。封建制から絶対王政へ、そして信仰と理性との対立を経て「有用性」という態度が生まれ、フランス革命に至る過程が述べられる。

その流れの全体については本文に譲ることにして、「近代理性」についてヘーゲルの語っているところに注目してみたい。

近代理性は、最初に登場するときには〈純粋洞察〉と名づけられている〈後に〈啓蒙〉という名に変わる〉。〈純粋洞察〉は、伝統として与えられている知識や掟をそのまま受け入れることをせず、それらに納得できる「理」があるかどうかをつねに問題にする。近代理性は、「自分が洞察し納得したものには従うが、納得できないものには従いたくない」という強い主体性と自立（自由）の意識をもっているのである。

この〈純粋洞察〉は、「意識の否定性」を発揮してあらゆるものを疑うが、とくにそれが攻撃する対象は〈信仰〉である。絶対で普遍的な存在である神を信じ、そこに安らごうとする〈信仰〉に対し、〈純粋洞察〉は神を信じようとせず、感覚的なものの確かさをそれにぶつけるのである。

このような理性の態度は、次第に神のもつ絶対性・普遍性を引きずりおろしていくが、そこから〈有用性〉と呼ばれる思想態度が生まれてくるとヘーゲルはいう。

〈有用性〉と人権の思想

〈有用性〉は、神の絶対性を地上に引きずりおろして、諸個人一人ひとりにそれをふりわける。そうすることによって、私という個人は、その感覚や欲求を含めてそれ自体として肯定されることになる。

こうして私は、絶対的な価値をもつ存在、いわば「ミニ絶対者」となる。そして、あらゆる物事の価値を「自分にとっての有用性」というところから判断するようになる。宗教すらも、自分の心の平安に「役立つ」ものとしてのみ評価するようになる、とヘーゲルはいささか皮肉な口調で述べている。

しかしまた、私は唯一の絶対者ではない。すべての人がそれぞれ世界の中心だからだ。だから、自分の利益追求は他者を害してはならないし、他者もまた私を害することは許されない。こうして「節度ある自他の調和」という思想が〈有用性〉から出てくるとされる。

ヘーゲルがこの「個人一人ひとりの絶対化」と「あらゆることを有用性からみる」という〈有用性〉の態度を語るさいに念頭においていたのは、おそらくルソーの教育論『エミール』(一七六二)だろうと私は思っている。

『エミール』は、両親を亡くした男児エミールを、ルソーらしき家庭教師がマンツーマンで育てていく、というストーリーだが、そこでめざされる教育は、他者の語る言葉や意見にただ従うのではなく、みずから物事のよしあしや必要性を自主的に判断できる「自由な人間」を目標とするものだった。

エミールが十二〜十五歳の少年となって、知識を積極的に学習する時期になったとき、家庭教師はエミールの「好奇心」を刺激するとともに、あらゆる知識や行動の有用性を問う姿勢を教える。「それは『何の役にたつのですか』。これが今後、神聖な言葉となる」（岩波文庫・上巻・四〇六頁）。

ハッキリと自分の快適さや利害を中心に据えて、そこから物事を有用かどうか判断することは、伝統的権威や神聖さに従ったり、他者の意見や通念に従ったりするのではない、明確な自己中心の意識を意味する。

この〈有用性〉を問う姿勢は、ルソーだけでなく、一八世紀フランスの啓蒙主義時代の風潮全般を指すものだろうが、さらに広く取れば、少し前の一七世紀末に、ロックが「生命・健康・自由及び所有」を神から与えられた「自然権」とみなしたことを含めてよいだろう。

「もう身分は関係ない。一人ひとりが世界の中心であって、奴隷にされたり単なる手段にされたりしてよい存在ではない」。このような思想態度は、ロック、ルソーを経た一八世紀末のカントによって、次のような定言命法の文言として定式される。

「汝の人格のなかにも、他のすべての人の人格のなかにもある人間性を、汝がつねに同時に目的として用い、決してただ手段としてのみ用いない、というように行為せよ」（カント『道徳の形而上学の基礎づけ[1]』）

この思想を一言で「人権の尊重」というとすれば、その思想の背景にあるのは、「一人ひとりが、その人なりの欲求と想いをもち、よき人生を営もうとして生きている。その点ではだれもが同じなのだ」という感受であろう（そのような感受を生み出した要因としては、市場経済の発展と社会的流動性の高まり、活版印刷によって様々な文学や思想が書物として流通するようになったこと、などが挙げられるだろう)。そして、王であれ、貴族であれ、農民であれ、この意味でだれもが「同じ人間」なのだ、という感受がいったん広まってしまったなら、王や貴族を民衆とかけ離れた存在とみなした時代に逆戻りすることはできなくなる。

人権と自由とはヨーロッパのローカルなものにすぎない、という見方がある。確かに、村や家族の緊密な関係を生きている人たちに対して、その生き方を尊重せずに完全な自由を権利としていきなり〝押しつける〟ならば、その人たちの生き方を大きく破壊することになりかねない。

しかしまた、「一人ひとりが人生の主役であり、一人ひとりが世界の中心なのだ」という感受は、いったんできあがってしまうともう後戻りできない。少なくとも、日本社会を生きる私たちは、すでにそのように感じてしまっているだろう。

この『精神の現象学』は、そのような意味で「だれもが自由な個人」という感受が、私たちにとって不可避かつ不可逆なものになっていることを、あらためて気づかせるのである。

フランス革命と〈一般意志〉

続いて、この〈有用性〉の思想がフランス革命をもたらすことになる、とヘーゲルは考える。

〈有用性〉の世界では、一人ひとりは「ミニ絶対者」だが、絶対な普遍的なものは存在していなかった。そこではすべてが相対的なものとなってしまっていたのである。

しかし、法律や国家の制度に対してその有用性が問われるようになると、そのときには「私にとって」ではなく、「皆にとって」の有用性が問われることになる。

こうして人民の〈一般意志〉、つまり「国家の対等な成員のだれもが、互いの共存のために必要・有用であると認めるもの」――もちろんルソーの思想である――が新たな絶対の普遍性となる。こうして普遍性がふたたび戻ってくることによって、旧来の身分制秩序は破壊され、新たな人民主権の共和国がつくられる。国家と法律は、対等なメンバーからなる人民の〈一般意志〉を実現するためのもの、となるのである。

しかしこの革命の過程では、革命党派同士の主導権争いが起こり、頂点を握ったロベスピエールの恐怖政治が始まる。

自分と〈一般意志〉を直接に一致するものとみなす（「われこそは〈一般意志〉なり」と信じる）からこそ、自分こそ正義と信ずる者どうしの激突と破壊の凶暴が生じる。だから、〈一般意志〉を一定のプロセスを経てていねいに取り出す仕組みが必要になる、とヘーゲルは考える（その思想は後に「中間集団」の思想として結実するだろう）。しかし同時に、「人民の〈一般意志〉こそが国家の制度の根幹をなす」という思想そのものについては、個々人の自由な主体としての自覚がもたらす必然的なことだとヘーゲルは考えていた。

私たちもそのことを了解できるはずだ。神のような超自然的な権威が与えたものとして国家の秩序を考えることは、もう私たちにはできない。「この社会は、それぞれかけがえのない人生を生きる人たちによってつくられている。では、人びとのよりよき共存のためには、どのような法律や施策がよいもの＝皆が必要とするものといえるか」。このように、〈一般意志〉という地点に戻って、そこから法律や政策を吟味したり提案したりするという仕方でしか、私たちは法律や政策の正当性を考えることができなくなっているのである。

人権と民主主義を、すっかり使い古された言葉と感じる人もいるだろう。しかしヘーゲルは、ここから逆戻りすることができないこと、つまり、人権を正義の基礎としながら「民主主義がよく機能するためにはどういう工夫が必要なのか」と問うことはできても、人権や民主主義じたいを誤ったものや古いものとして捨て去ることはできない、ということを、よく理解させるのである。

もちろんそれは、伝統は無意味なのだ、ということではない。伝統のなかに人びとが共存するための知恵が隠れていることはよくあるし、お祭りなど含めた地域の伝統に人びとが愛着をもっていることも大切にされなくてはならない。しかしそれもまた、いまを生きる人たちがともに生きていくうえで大切かどうかという点から、必要に応じて検証されなくてはならないだろう。

つまり、重要なのは民主主義を否定することではなく、「どのようにして〈一般意志〉を形成しうるか」という課題であり、さらに言い換えるなら「互いの事情と想いをどうやって出しあい、聞き取るか」という課題なのである（この点については後述する）。

カントの道徳思想

さて、フランス革命に続く、精神の第三の段階は「自己確信的精神」と題されている。そこでは、ドイツのカントと、それに続くドイツ・ロマン主義の道徳思想が取り上げられる。

しかし道徳が「自由な個人」の行き着く先、とはどういうことだろうか？

カントにとって、自由は、自分の欲求を満たすことではない。それは欲求に従わされることであって、動物と同じ水準のことだと考えるからである。では自由はどこにあるか、といえば、みずからのなかにある「道徳的世界の理念」に従って、正しいことを断固として貫くところにある。欲求にではなく、自身で洞察しうる義務に従って生きるところにこそ自由がある、とカントは考えた。

彼のいう「道徳的世界」とは、〈理性的存在者（＝自由な個人）どうしが互いに調和しつつ共存している世界〉という理念であり、『道徳の形而上学の基礎づけ』では、この理念は、それ自体が目的である（＝まったくの手段にされてはならない）理性的存在者たちが調和的に共存している国、という意味で「目的の国」と呼ばれる。

この理想の国家は、もちろん現実には存在しないが、しかし理念としてはだれのなかにも存在している、とカントはいう。

だから、自分が行為するときには、この理想の国家の一員にふさわしいようにふるまわなくてはならない。すなわち、「自分のもっているルール（格率）は、この道徳的世界に通用する普遍的なルールといえるかどうか」を吟味したうえで、その格率が普遍的であり正しいと判断されるならば、断固としてそれに従って行為すべきである、ということになる。そしてそのように行為することこそ、自由なのである。

カントの道徳思想を、ヘーゲルは、自由の自覚が深まったものとして位置づける。なぜなら、ついに普遍性を自分のなかに獲得し、そうすることで真に自立し自由になったからである。この精神の最後の章が「自己確信的精神」と題されているのも、自分のなかに普遍性を獲得し、いわば自分の存在の根拠を自分のなかにもつことによって自立したからなのである。

ここで、これまでの流れをふりかえってみよう。近代理性は、絶対的で普遍的な神を引きずりおろして、個々人一人ひとりをミニ絶対者としたのだった（有用性）。さらにフランス革命は、彼岸の普遍性（神）に代わって、自分たちで普遍性（一般意志）を創り出し、それに従って国家を運営するという民主主義の理念を創り出した。

しかし国家はやはり個人の「外」にある。フランス革命は「ともに社会・国家をつくりあげる自由」の可能性をもたらしたとしても、それはそのまま個人の自立と自由ではない。

その点、カントの語る道徳的な個人は、自分のなかに普遍性（道徳的世界の理念）をもち、そして何が正しいかをみずから判断して行為することができる。自分のなかに普遍性をもつことによって、権威や他者や社会から惑わされることのない「自立＝自由」が可能になるのである。

しかしこのカントの道徳性に対して、ヘーゲルは厳しい批判を加えることになる。それは①具体的な状況からも、②自身の欲求からも切り離されているために、真に自由ではない、というのである。

カントは「何をすべきかは、自分のルール（格率）が普遍化できるかどうかを考えさえすれば、おのずと定まる」と考えていた。しかし人は実際には様々な集団に属している。だから、国家の一員、会社の一員、家族の一員などの立場が矛盾して悩むことがあるかもしれない。しかしそのような事態、つまり人の直面する具体的な状況を、カントは一切考慮していない。

また、カントの考えでは、よいことをしようとする「意志」のみが重要であって、行為が成功するかどうか（行為の結果）は問題ではないとされる。しかし「これこそ実現すべき正しいことだ」と信じて本気で行為するとき、その成否を問題にしないなどということはありえない。だとすれば、実現したところをこの眼で見たいという「欲求の満足」もなくてよいはずがないとヘーゲルはいう。

つまりカントは、具体的な状況における行為ではなく、頭のなかで理念的にのみ考えているのである。だから、道徳法則から具体的な状況における決断を導くことはできない、とヘーゲルは結論する。

〈良心〉

そこで彼は、カントの道徳性に代わる次の道徳的態度として〈良心〉というものを持ち出す。〈良心〉は、カントのように欲求と義務を峻別したり、頭のなかだけで理念的に正しさを考えたりしない。そのつどの状況のなかで「こうすべきだ」と直観的に到来してくるものに、そのまま従って行動しようとする。

〈良心〉は、カントの語る理念的な正しさが、実際の状況のなかでは無力であることをよく知っている。さらに、状況の全体像を完全に正しく把握すること（状況についての〝全知〟）が不可能であることも、知っている。全知があるならば、完全に正しい判断もできるかもしれないが、そのようなことは人間にはできはしない。そのような意味での人間の有限性を知っている。だからこそ、そのつどの状況において「こうすべき」として直観的に到来するものを実行する以外にない、と考えるのである。しかしそれでも、〈良心〉は「なすべきこと」を知ってみずから行動するのだから、自由だといえる。

しかし、ほんとうにそれでよいのだろうか。〈良心〉のいう「なすべきこと」は独断的な思い込みかもしれず、普遍的なこと＝皆にとってよいこと、とはいえないかもしれない。そこで次の局面では、個別性と行動を重視する〈行動する良心〉と、普遍性を重視する〈批評する良心〉とが登場し、両者の対立が描かれることになる。〈行動する良心〉は、自分が「行動する」ことを言い訳にして――「オレは現場でやってるんだ!」と自分と他者に言い聞かせることで――普遍性を軽視する。その普遍性軽視を捉えて、〈批評する良心〉は批判するのである。

しかし〈批評する良心〉のほうにも欺瞞がある。なぜなら、自分は行動しないのに、自分の批評を「よき意志の表明」としてまわりに受けとってもらいたいと願っていたからだ。

両者は対立するが、最終的に〈行動する良心〉は普遍性を軽視していたことを認め、その悪を告白する。そして〈批評する良心〉も、行動しないままに普遍性の立場を述立てることで自分の〝道徳的優越性〟を誇っていた欺瞞を認める。こうして〈行動する良心〉と〈批評する良心〉とは、互いを承認しあって和解するのである。

およそこのようなストーリーでもって、精神の章は完結する。すなわち、精神は自由の自覚の最高地点に達したことになるのだが、あらためて確認してみるなら、この〈良心〉のくだりには、次のような洞察が含まれていることがわかる。

①人は、自身のなかに個別性（固有な状況性と私的利益の面）と、普遍性（皆が認める正しいことをなしたい）という両契機をもつ。

②個別性の契機は、人は自身の状況とそこでの行動の結果を包括的には知りえないと

いうことを意味する。だから、自身の行動が過ちである可能性を知りながら、「よいと信ずるもの」を実行するしかない、という面を人はもつ。つまり、カントのいうように、自分ひとりで自身の行為の正しさを証明することは、不可能である。

③しかしそうだからこそ、人は自身の判断と行為が普遍的なものであったのか、についての周囲からの批評に対して、それを受けとめる用意をもたねばならない。

④以上から、「過ちうること」は人生と社会生活における本質的な契機の一つであり、だからこそ、「謝罪」と、それを周囲が受け入れる（あるいは双方ともに過ちを認める）「和解」もまた、本質的な契機である。謝罪とは自身の罪を認めるだけでなく、「共同体の一員としてふさわしくふるまう意志」をもつことの表明でもある。そして和解とは、この「ふさわしくふるまう意志」を承認し、共同体の一員としてふたたび受け入れることを意味する。

以上を、自由な個人のもつ道徳的な自覚の行き着く先として、精神の発展の最終的な形態だとヘーゲルはみなしたのである。

〈事そのもの〉と〈良心〉の関係

では、理性の章の結論であった〈事そのもの〉と、精神の章の結論であった〈良心〉とは、どのような関係になっているのだろうか？

どちらも、個人の自由の自覚が深まった最終地点として提示されているのだから、まったく異なったものではないはずだが、両者の関係についてヘーゲルは何も語ってはいないので、私なりに考えてみたい。

両者に共通するのは、普遍性を自分のなかにもつことで個人は自立しうる、という思想である。その普遍性が絶対的なものではなく、普遍性をめざしたはずの行為や作品に対して他者からの批評が不可欠であるという点も、両者に共通している。

少しニュアンスが異なってくるのは、普遍性としてイメージされるものの中身である。〈事そのもの〉の場合には、普遍的な価値として、「ほんものの文学」「ほんものの学問」のような文化的営みがまず想定されるが、さらに「ほんものの医療」や「ほんものの教育」のような様々な社会的営みもそこに含めることができる。

そして、人びとが競いあったり協力しあったりしながら、普遍的な価値をめがけることのなかには、自身の信ずるものを形にしていく自由（したいことの実現）と、過去・同時代・未来の人びととの連帯という意味での自由（互いに同じものをめざす仲間としてのつながり）とが含まれているのだった。

〈事そのもの〉をめざす営みには、このように自由の感覚がよく出ているが、「責任」ということは表だって出てこない。そもそも芸術や学問のような文化的営みでは、「まずい作品」と批評されることはあっても、社会的責任を問われることはあまりない。しかし教育や医療には責任が伴う。教育も医療も人を支え助ける仕事であり、その失敗はその人の人生を狂わすことになりかねないからだ。だが全般的にいえば、〈事そのもの〉のところでは、普遍的な価値をめがける自主性・能動性のほうが表に出ていて、責任にはスポットが当たっていない。

これに対し、〈良心〉が実現しようとする普遍性は「道徳的価値」である。困った人びとを助けるとか、人びとのよりよき共存のために社会運動をするとか、政治家となって活動するというようなことも思い浮かぶ。そのような活動では、人びとと社会のよりよいあり方、つまり社会正義の実現がめざされる。そこには当然「責任」が伴ってくるはずだ。

しかしとくに社会運動をイメージしなくてもよいのだろう。〈良心〉で取り上げられている姿勢の核心を、「社会（共同体）の一員としてふさわしくふるまおうとする意志」または「社会の責任ある構成員としての自覚」といってみたい。それは当然、「他者とのあいだで〈一般意志〉を形成しつつ社会・国家を営もうとする意志」を含むことになるだろう。

そのような自覚と意志を人びとがもつことがなければ、社会は弱肉強食になる。社会をよりよいものにしようとする社会運動も、この「社会の責任ある構成員としての自覚」から生まれてくるものだろう。

そのように考えれば、〈良心〉は、〈事そのもの＝普遍的価値〉をめがける自由な活動の〝土台〟になっている、と考えることができそうだ。

自由な社会の構成員としてふさわしくふるまおうとする意志（良心）を土台として、

社会のなかでより高い文化的・社会的価値をつくりだそうとする営み〈事そのもの〉が花開く。ヘーゲルがめざした精神の自由なあり方を、そのようにイメージすることができそうである。

＊

しかし課題がもう一つ残っている。社会の責任ある構成員として〈一般意志〉を形成しながら生きる姿勢や、普遍的な価値をめざして活動する姿勢を、ヘーゲルは人間精神の歴史的な発展、つまり自由の自覚の深まりとして語ったのだが、しかしこのような姿勢は、どのような社会制度のなかで育まれるのだろうか。

自由な個人は、他人に無関心で私利私欲を求める個人にもなりかねない。個人が、右で語ったような人間へと成長していくことができるための〝社会的条件〟への問いが不可避となる。つまり、〈事そのもの〉や〈良心〉として語られたあり方を可能にするような、社会制度のあり方を構想しなくてはならない。その課題に答えようとした著作が『精神の現象学』から十四年後の『法の哲学』なのである。

続いて、この『法の哲学』をみてみよう。

3　社会正義の核心は自由にある――『法（レヒト）の哲学』

『法の哲学』は、じつは法律の哲学ではなく、「レヒト Recht」の哲学である。レヒトは英語のrightと同根で「ただしさ」や「正義」という語感をもつ言葉であり、そこを活かすならば、この本の書名を『正義の哲学』と訳してもよいところである。

内容としては、自由を自覚した個々人がつくりあげる社会・国家における「正義」とは何か、つまり、法・権利・制度のそなえる「ただしさ」「社会的正当性」とはどのようなものか、が体系的に展開されている。

正義の根本をなすものとしてヘーゲルが示すのは、各人の自由意志の相互尊重（竹田青嗣と苫野一徳は「自由の相互承認」と呼んでいる）である。お互いを「自由意志をもつ人格」として認めあって共存する、ということだ。人は自由意志に従って行動してよいが、他者の自由を奪う自由はない、というふうに言い換えてもいい。

この、自由意志の尊重を根拠とした正義論、という点で、ヘーゲルの立場は、現代アメリカの正義論のロールズや、リバータリアニズムとも共通面がある。しかしヘーゲルに固有な主張として重要な点を、二つ挙げることができる。

一つは、国家の役割として、各人の自由な活動の条件（最低限の生計、教育など自由な活動の土台となるもの）の整備をすべきことが明言されている。これはいわゆる「生存権・社会権」の哲学的基礎づけといってよい内容をもつ。

もう一つは、互いの事情を出しあって〈一般意志〉を形成することができ、その実現を志向する個人を生み出すための、制度的な工夫を考えている点である。

どちらも、自由な社会・国家の理念の成否に関わる枢要な論点といってよいものだが、まず、前者の国家の役割の面からみてみよう。

自由の条件は公的に整備されるべき

一七世紀末のロックは、国家の役割を、神が個々人に与えたとされる自然権（生命、健康、自由及び所有）の保護にみている。

一八世紀半ばのルソーは、国家の役割を人びとの〈一般意志＝皆の共通利益〉の実現と見なしており、自然権の保護にとどまらない点でロックよりも広く構えているが、生存権・社会権に実際に言及してはいない。

では一九世紀前半のヘーゲルはどうか。ヘーゲルはすでに産業革命が進展するイギリスの状況を知っている。すなわち、極度の貧富の差、つまり単純労働に縛りつけられる労働者階級の存在である。産業革命前においては、もっぱら自由と所有の保護（国内での保護と外敵からの保護）が国家の最大の役割とされていた（夜警国家）が、しかし産業革命は、それだけではすまない問題をもたらしたのである。

『法の哲学』でも、「市民社会」（市場経済の領域を指す。ここでの「市民」は経済の主体という意味）の章で、貧困はきわめて重要な問題として取り上げられている。

この問題に入る前に、市民社会についてのヘーゲルの見方を押さえておこう。

まず、「各人の自由意志と、その意志の及ぶ物件である所有物とを尊重する」という意味での正義は重要なものだが、これは市民社会のなかで不断に実現され成り立っているとされる。物を売買するということは、相手から盗むのでなく「これは相手のものだ」ということを認め尊重することに他ならないからだ。

そして市民社会は、自由な活動が様々に展開する場である。職業選択の自由や、営業の自由はもちろん、自分の好きなものを購入して味わう自由も、許されている。所有権を基軸とする一定のルールを守りさえすれば、私的利益を自由に追求することも認められる。

そして何よりも、ここでは「自主独立の誇り」(『法の哲学』§二四五)——強い者や富める者に依存することなく、自分で稼いで自分の生計を立てる自由——を得ることができる。ルソーがしばしばいう「自分自身の主人であること」、つまり、自分の人生をみずからの意志でもって営んでいくという意味での自由は、この市民社会という市場経済の領域において成り立つのである。

しかし貧困は、これらの自由を剝奪する。「貧困は市民社会の諸欲求をもつことを妨げはしない」が、「諸個人からあらゆる社会的便益を奪う」。さらに技能と知識を身につけて生計を営むこともできなくなり、着ていく服がないためにしばしば宗教的慰めさえ奪われる、とヘーゲルはいう(前掲書§二四一)。

法律上の権利としては自由が認められていても、貧困は自由の実質を奪う。そして「自主独立の誇り」を奪われた者は、社会に対して内心の反逆心(ニーチェのいうルサンチマン)を抱えることにもなるだろう。

そこで、各人の自由な活動を支えるもっとも基本的な条件として、貧困への対策が必要になる。そして、一人ひとりが生計を立てる能力を身につけるために、教育に対しても公的な配慮が必要となってくる。

つまり、各人の自由な活動を支える基礎的な条件（自由の条件）については公的な対策をすることが必要となり、それは正義である、という原則を『法の哲学』は打ち立てているのである。これは単なる所得再配分や所得の均等化ではなく、各人が自由な生を実現するための条件を整備するという観点から、生存権・社会権を基礎づけていることになる。

とくに注目すべきは、この自由の条件の公的整備は正義である、という原則を提示するさいに、市民社会における経済の「全面的な相互依存性」に言及していることだ。かつては、病気などによる経済的な困窮を助ける役割は、家族が引き受けていた。しかし市民社会は、①個人を家族的絆から引き離し、②父祖の土地の代わりに市民社会の基盤を置く（前掲書§二三八－二三九）。だから個人は「市民社会の息子」になってしまっており、市民社会は個人に対して「普遍的家族」という性格をもつことになる、と。

土地は近代以前には最大の「資産」であり、そこで取れる農作物によって家族は生計を支えることができた。しかし市場経済が進展すると、家族はそこに組み込まれる。そしてたえず市場経済の変動にさらされ、何かのさいに頼りにする家族の資産も十分にあるとは限らない。そのような状況においては、市民社会（つまりは国家）がかつての家族の代わりをして貧困への対処をする以外にない、とヘーゲルは考えるのである。

このヘーゲルの見方は、リバタ—リアニズム（自由至上主義）と鋭く対立する。リバタ—リアニズムは、国家の役割（正義）として自由と所有の保護のみを認め、福祉を否定するからである。これに対し、ルソー以来の「正義とは〈一般意志〉の実現である」という原則を受けとめているヘーゲルからすれば、自由の条件の公的整備は〈一般意志〉とみなされるべきであり、正義であることになる。

繰り返しになるが、ヘーゲルの考え方は、貧困に対して、ただ富を再配分して各人の均等化を達成しようとするのではない。経済格差がある程度生じることはやむを得ないと彼はみなす。機械的な富の均等化は、自分の才覚と労働によって得たものはその人のものになる、という自由を犯すからだ。だが、自由の条件としての最低限の収入保障は正義である、とするのである。

この発想を延長すれば、国家の果たすべき役割のなかに教育、医療なども入ってくることになる。生存権・社会権を「自由」から基礎づけたものとして、注目すべき考え方といえる。

中間集団の役割

次に、〈一般意志〉の形成をどのようにして可能にするか、という課題についてはどうか。すなわち、「自分も含む皆にとっての利益」を考え、その実現を志向するようなモラルを、どのようにして個々人のなかに育んでいくことができるか、という課題である。

ヘーゲルは「家族は国家の第一の人倫的根底である」という（前掲書§二五五）。ヘーゲルの想定している家族は「核家族」であり、子どもが夫婦から愛されて育つことが「皆の利益」を志向するモラルの土台になると考えている。

だが大人になって市民社会に出て行くと、そこはルールのもとで私利の自由な追求が許される場である。そこに参加する者は「自由と所有の尊重」という意味での最低限の正義を日々実行しているとしても、「自分も含む皆にとってよいこと」＝〈一般意志〉を志向する主体になっていくとは限らない。

しかし、国家が貧富の差の克服や適切な社会政策を実現していくためには、市民社会の成員が自分と家族の利益を求めるだけでなく、国民全体の普遍的利益、つまり〈一般意志〉の実現を志向するように成長していく必要がある。そうでなければ、普遍的利益の名のもとに、自分と親しい者だけの利益を押し通そうとすることになるだろうから。

では、それはいかにして可能か。ヘーゲルは「中間集団」に期待をかけている（ちなみに中間集団とは個人と国家のあいだに入る集団のことを指すが、ヘーゲルの言葉ではない）。具体的には「職業団体」と「地方自治体」を彼は挙げている。

ヘーゲルが職業団体というときには、高い技能をもつ親方たちの集まりが念頭におかれていて、中世以来のギルドやツンフトを近代化したものを想定していたようである。

成員はその団体に属することで、団体全体の一般意志＝普遍的利益を追求する姿勢を身につけるとともに、「ひとかどの者」としての承認を得ることができるとされる。さらにヘーゲルは、病気などのさいの収入の保障という保険組合的な機能も、職業団体に期待していた。

地方自治体についてはほとんど具体的な言及がないが、職業団体と地方自治体のそれぞれから国会に代表が出てきて、国家全体の普遍的利益を話し合う、という仕組みを考えている。

ヘーゲルのいう職業団体は現代では考えにくいものだが、規模が小さく、共通の利害を持つ身近な集団（中間集団）に属することによって、まずはその集団の普遍的利益を追求することを学ぶ、という発想は、民主主義の実質化という面から見るならば、決して古くさいものではない。

私としては、とくに地方自治の果たす役割は大きいと考えている。私は共同研究に参加して、ドイツとフランスの人口八〇〇人の小さな村の自治と風景について身近に観察してきたが、どちらも合併することなく（自治体の連合体をつくってスケール・メリットの必要な業務を委託するなどの工夫をしつつ）立派な自治をつくりあげている。そのさいの自治の土台の一つに、アソシアシオン（仏）やフェライン（独）と呼ばれる自発的なサークル活動があることには、とくに強い印象を受けた。(2)

ドイツのブレーメン近郊にあるコルンラーデという小さな農村では、ゴスペルや釣り人などのサークル活動が盛んであり、ゴスペルのサークルは村人の結婚式で活躍し、釣り人サークルは、川の「再自然化」の活動（魚の卵が着床しやすいように川の流れを蛇行させてゆっくりにする）を、EUの補助金を受けながら、子どもと大人が一緒になって手作業で行っていた。このように、趣味サークルが自然に村への貢献を行っており、かつ、それらのサークルで育った人たちのなかから、村の議員が出てくる。この事情はフランスの小さな街でもほとんど同じだった。

サークルでは、顔の見える人びとのあいだで、率直な意見交換がなされる。そこで「どうすれば皆にとってよいか」が問われ、語られる。そのような経験のなかで、〈一般意志〉を志向する姿勢が形成されていく。そして、そのような姿勢を身につけたサークルのリーダーが自治体の議員や首長になっていくのである。

そして自治体の議員の代表である首長は、周辺の自治体とも語らって、より大きな規模の〈一般意志〉を形成することを志向していくことになる。

このように、身近なところでの対話による率直な想いの交換こそが、〈一般意志〉を志向するモラルを成立させるための鍵となる。

あらためて確認しておくならば、ルソーが〈一般意志〉を語るさいには、人びとが〈社会契約〉を取り結ぶことが大前提となっていた。この〈社会契約〉を「ともに生きる意志」と言い換えてみよう。

顔の見える対面的な関係のなかで、互いの想いと事情が率直に交換され了解されるならば、相手を無視して自分だけの利害を追求することはやりにくくなる。そこで、相手も自分も含めてどのようにかたちになるのがよいか、と考え始めたとするなら、そこにはすでに「ともに生きる意志」ないし「共同体の一員としてふさわしくふるまう意志」〈ヘーゲルのいう〈良心〉〉が働き始めている。

つまり、顔の見える関係での率直な語り合いは、「ともに生きる意志」をあらためて確認し、それを賦活することにつながる。だからこそそれは、〈一般意志〉をつくるために不可欠なのである。

ルソーはもともと直接民主制の小さな国家を想定していたが、彼の求めた〈一般意志〉の形成が、まずは顔の見える範囲のなかで可能になるだろうことを考慮すれば、地方自治の意義は非常に大きいことになる。

しかし日本では、平成の大合併によって、現在は基礎自治体の規模がとても大きくなっている。出費を省く合理化という点では必要なことだったかもしれないが、「住民が語り合って〈一般意志〉を形成する場」として基礎自治体を考える、という発想が欠落していたといわざるを得ない。

今後、民主主義の実質化を進めるためには、「自治体内分権」——自治体のなかの小さな地域における〈一般意志〉を協議会等を通じて形成する——ことも考えあわせる必要があるだろう。

以上を、「自由な社会」の理念の原則としてまとめておけば、

①〈一般意志〉の形成は、自分たちで自分たちの環境をよりよいものにする「自由」を得るうえでもっとも重要であり、「自由な社会」の理念の成否につながる枢要な点である。

②顔の見える範囲で〈一般意志〉を形成する習慣と仕組みが重要であり、それはより広い範囲での〈一般意志〉を志向するモラルを育てることにもつながる。

ということができそうである。

さて、『法の哲学』の「市民社会論」において不足している点を一つ指摘しておきたい。それは、そこでの自由がもっぱら経済の領域に限られていることである。アソシアシオンやフェラインのように、市民がスポーツをしたり音楽活動をしたりするような、自由な文化的な活動のイメージが、なぜか市民社会論にはない。〈事そのもの〉をめぐる営みが出てこないのである。しかし、自由の実現ということを正面から考えるならば、自発的に文化的・社会的な活動をつくりあげることは不可欠だと私は考える。

国際社会の正義をどう考えるか

最後に、国際社会の正義についてどう考えるか、という論点についてもふれておきたい。

『法の哲学』のヘーゲルは、国家が主権、つまり最上位の権力をもつ以上、国家間は自然状態（＝上位の権力が存在しない状態）であり、国家どうしの約束もつねに守られるとは限らない、とした。だから、カントが『永遠平和のために』（一七九五）で語ったような国家の連合体についても、非現実的であると述べている。そして、国家間の正義についてはあくまでも希望でしかない（そうあってほしいと望むだけのもの）というのが現状だが、世界精神とその歴史が将来の正義を創り出していくだろう、と結んでいる（§三四〇）。具体的な未来はまったく描かれていないが、自由を達成しようとする人間の意志と努力が今後も続くことを、彼は予想していたにちがいない。

ヘーゲルは予想もしなかったことだが、二十世紀になって二度の世界大戦を人類は経験し、国際連合がつくられ、各国の主権を認めあって平和共存しようという国際社会の合意ができあがった。しかし国連は国家の上に立つ権力にはなっていない（国連がつくられるさいに、いったんは国連常備軍と国連による核管理が検討されたが、すぐにその構想は崩壊してしまった）。

そして、ロシアによるウクライナ侵攻をみると、この「国家間の相互承認」の合意があっさりと破られ、これに対して国連が無力であることを私たちは痛感させられている。

このような状況を、ヘーゲルが見たとしたら、どういうだろうか。

ヘーゲルが市民社会の上位に国家という政治制度を描くとき、市民社会という経済の全面的な相互依存性のなかで、自由と所有の保護だけでなく、貧困のような各人の自由の条件整備が必要となることが語られていた。つまり、経済の全面的な相互依存性は、そこでの課題を解決するためにその上位に立つ政治制度を要請する、というのが彼の考えだった。

だとすれば、人・金・物・情報が行き交い、まさに世界全体が「全面的な相互依存」の状態になった現在、世界規模での課題に対応したグローバルな政治制度が要請されてくる、と彼ならば考えるにちがいない。

とくに情報化のもたらしたものは大きい。ウクライナ戦争の映像を、私たちはただちに見ることができ、多くの人がこれを「人ごとでない」と感じている。つまり、〈一人ひとりがその人なりの想いをもち、その人なりによき人生をつくろうと努力している〉という私たちの感受——人権の基礎となる感受——は、もう国内だけに閉じられてはいないのである。

かつて、「外国」で起こる戦争や飢餓はたいていの日本人にとっては「人ごと」であっただろう。しかしいまはちがう。実際に多くの人たちが海外に出かけ、また海外からも人がやってくる。そして様々な情報が（かなりの偏りがあるとしても）世界中から届く。

情報化は、島宇宙をつくりだして人びとを分断する働きももっているが、同時に「世界市民の感度」——世界中の人びとが自分たちとともに生きているという感受——をも創り出している。

だとすれば、〝行きつ戻りつ〟するかもしれないが、人類規模の政治制度の形成に向かって、人類の努力は続いていくにちがいない。そのさい、先ほどの感受に支えられた各人の「人権」と、様々な規模で〈一般意志〉を形成しながら自分たちの生きる環境をつくっていくという意味での「民主主義」は、人類的な正義の原則となっていくにちがいない。――もちろん、文化的差異は尊重されるべきであり、いきなりこの原則を押しつけてはならない。しかし世界中の人びとが共存するうえでの約束事という意味での「正義」として、人権と民主主義が滅びることはないと私は考える。

4 はたして普遍性をつくることは可能か

ヘーゲルが描いた自由な社会と自由な生き方のカナメとなる原則を、以下のようにまとめておきたい。

①互いを対等で自由な人格をもつ存在として認め合うこと。――人権の尊重

②右を土台として、必要な範囲で〈一般意志〉をともに形成し、自分たちの環境を改善できること。――民主主義(3)

③人びとが競いあい・協力しあいながら、普遍的な価値をめがけて試行と批評の営みをつくりだすこと。そのなかで「普遍的な価値が確かにある」と信じられること。――〈事そのもの〉

以上が豊かに展開されるならば、自由な社会と自由な個人は、孤独やニヒリズムや赤裸々な私利私欲に陥ることなく、豊かな果実を結ぶことができる。ヘーゲルの思想を、

そのようにまとめることができるだろう。

しかし、これに対して疑問をもつ人もいるかもしれない。これら三つはすべて、「普遍性」を私たちがつくりだし・信じうることを前提としているが、はたしてそんなことは可能なのだろうか、と。

私は、「互いの想いを確かめあう対話」が生き生きと展開するならば、可能であると考えている。この点を説明しておきたい。

私の考える対話とは、互いの〝想い〟――考えとそれに伴う感情とを併せて「想い」と私は呼んでいる――をていねいに確かめあうことである。そのテーマは様々であってよい。教育現場ならば、クラスでの不満や問題点でもよいし、授業で取り上げられたテーマでもよい。

何かのテーマについてのある人の発言を、字義どおりに理解するだけではなく、その発言の背景にある気持ちや生活上の文脈まで含めて、ていねいに相手に尋ねたり確かめたりする。そうすることによって、相手がどんなふうに感じながら生きているのか、ということ、つまり相手の存在（あり方）が次第にわかっていく。互いにそのような関わりあいをすることを、私は「対話」と呼びたいと思う。

もちろん、相手にいきなり無遠慮に入り込んではいけない。相手の想いを尊重しながら、「あなたをわかりたい」という気持ちをもっていねいに尋ねたり確かめあっていく姿勢が重要である。そういう姿勢が伝わると、相手もだんだん自分を開くようになってくる。そして互いのなかに「ここでは何をいってもバカにされないし、何をいってもいい」という安心感が生まれてくる。

このような対話ができると、それぞれの生きてきた場面（生の条件）や感受性の違いがよくわかってくるし、またそうした違いに鋭敏になってくる。そしてそれと同時に、人として深く共通する想い――人からバカにされる悔しさとか――も実感することができる。自分自身のあり方、つまり自分の生きてきた条件や価値観を、他者たちのあり方から見つめ直すこともできるようになる。

このような対話のもたらすものは、まず、「相手も自分と同じように、うれしくなったり困ったりしながら、その人なりの〝想い〟をもって生きている」という感受である。そのような感受が相互になりたつとき、両者のあいだにあるものを「存在の承認」（互いの存在を認めあって受け入れていること）と私は呼んでいるが、そのように感じる相手をいじめたり差別したりすることは難しい。

そして興味深いことだが、このように「互いの想いを確かめあう対話」を積み重ねていくと、自分の知らない人たちに対しても「それぞれの想いがあって生きているはず」と思えてくる。自分の想いが受けとめられ、また他者の想いを受け取るという経験は、知らない他者たちの想いを知ろうとする姿勢を作り出す。

私の考えでは、人権の尊重は[4]、上のような対話による「存在の承認」によってはじめて確かなものになってくるのである。

「人権の尊重」を教科書で教えられても、それはたいてい「相互不可侵＝相手の領域を侵さない」というふうに受け取られやすい。「自分も君の領分を侵さない。だから君も僕の領分に入ってくるな」というわけである。

そのような相互不可侵の態度を超えて、互いにより深く関わっていくことができなければ、〈一般意志〉を形成することはできない。

これを逆からいえば、「互いの想いを確かめあう対話」ができるなら、〈一般意志〉の形成は難しくない。互いの事情と想いを率直に出しあったうえで「どうすることが皆にとってよいか」を相談することができるからだ。

さらに、〈事そのもの＝普遍的な価値〉をめがける営みが成り立つためにも、このような対話は必須になる。相手の仕事や作品に対してただ「つまらなかった・おもしろかった」と返すのではなく、自分にとって「どこが・どのようによかったのか」「どこがいまひとつだったのか」を率直に相手に返す。批評とは相手を批判することではなく、相手の仕事とそこに込めた想いをしっかり受け取ったうえで、「ここがよかった」「気持ちはわかるがここはいまひとつ」と返すことなのだ。

このような批評を含む対話的なやりとりがあってはじめて、「何がよいのか」についてのハッキリした確信が形作られ、また共有されてくる。文化的な営み（芸術や音楽など）や社会的な営み（教育・医療・政治など）をよりよいものにしていくためには、このような批評的態度が不可欠である。

哲学対話も、批評と同じような意義をもつ。哲学対話は、相互の理解（互いの存在の違いと深い共通性の理解）を進展させるとともに、「何が・どのようによいのか」を明確にする営みであり、もともとソクラテスの対話法に源泉をもつ。

対話を通じて、互いに深く共通する普遍的なものを取り出すための方法として、私はフッサール現象学の方法を用いてきた。それについてここで語る余裕はないが、関心のある方は拙著『哲学は対話する——プラトン、フッサールの〈共通了解をつくる方法〉』（筑摩選書、二〇一九年）を参照していただきたい。

もう一度確認しておきたいのだが、私の考えでは「想いを確かめあう対話」こそが、自由な社会と自由な個人が成り立つためのカナメなのである。その重要性が深く認識され共有されて、教室、部活、地域のサークル活動や地方自治など、至るところで対話が積極的に営まれていくならば、人権・民主主義・普遍的価値も豊かに展開しうるはずである。そしてそれは、決して不可能なことではないと私は考えている。

5　この本の出版時から現代まで

最後に、この本とその後の時代の流れについても少し語っておきたい。

この本が出版されたのは、一九九五年。ポスト・モダン思想の流行（いわゆる〝ニューアカ〟）を背景として、これに抗うようにして書かれている。

　これ以降、ポスト・コロニアリズムやカルチュラル・スタディーズが流行し、ジュディス・バトラーのようなポスト・モダン思想に立脚したフェミニズムが登場する。そしてそれらは「社会構築主義」と呼ばれる思想態度へと合流していく。

社会構築主義は、ポスト・モダン思想とウィトゲンシュタインの言語ゲーム論を直接の源泉とするものだが、永遠不変な本質や普遍性はどこにも存在せず、すべては社会における権力や文化の働きのなかで〝構築〟されているとみなす。かつてのマルクス主義のように、世界についての普遍的な理論を語ることや、普遍的な正義を語ることは禁じられ、すべては相対的なものとされるのだ。

　しかし社会構築主義の弱さは、それを語る自分の説の正しさ（妥当性）はどうやって確保されうるのか、という点にあった。自分の語ることをだれもが妥当と認めうるもの——その意味で普遍性を要求しうるもの——として提示することが社会構築主義にはできない。みずから普遍性を否定しているからである。

　しかし社会構築主義者も、たとえばマイノリティや女性の現状が不当であるとする自分の主張には、明らかに正義があると確信している。しかしその正義を普遍化する、つまりだれもが納得しうる可能性をもつものとして提示することは許されない。それでもこの正義を押し通そうとするなら、語ることで人びとの普遍的な同意をめざすのではなく、結局は力によってこれを社会に押しつけていくしかなくなるだろう。本気でそうしようとする人は少ないとしても、論理的な帰結としてはそうならざるを得ないのである。

この社会構築主義は現在に至るまで、すべての人文・社会科学に大きく深い影響を与えてきたが、とくに二一世紀に入ってからは、その相対主義にしびれを切らすように、あらためて「普遍性」を肯定的に語る論者が登場してきている。いわゆる現代実在論である。その論者たちはいずれも、人間が語る事柄（人間的な構築物）から独立して、「普遍的な自然」や「普遍的な道徳」が実在していると語る。[5]

しかし彼らは――どこにも自分たちが準拠すべきものがない、ということへのいらだちはよく理解できるとしても――ふたたび「普遍が実在する」という立場に戻っている。その普遍は、人びとの語り（構築）から独立したものとされるが、では、その普遍について論者たちがそれぞれに語る内容は、どこからもその正当性を汲み取ってくることができない。人間的な営みの外に普遍を置こうとする限り、それは必ず独断論にならざるを得ないのだ。

普遍を人びとから切り離して客観的な「実在」として語るのではなく、人びとが「なるほどそこには普遍性がある」と納得して認めるという仕方でのみ、普遍性は生きる。

私の語ってきた〈一般意志〉や〈事そのもの〉についても同様である。〈一般意志〉は、社会の構成員が各自の自由とよりよき共存を求める、という〝前提的合意〟（ルソーの社会契約）によってはじめて、それを形作ることができる。

〈事そのもの〉も、人間の外にある普遍ではもちろんない。よい音楽やよい文学をつくりだしたい、またそれを味わいたいと願う人びとの試行と批評によってはじめて、〈事そのもの〉という理念が形作られ、信じられるのである。

この本がヘーゲルを論じつつ示そうとしたのは、近代理性は絶対の普遍を滅ぼしてしまい、各自が語りあいながら納得を求めるという場所以外には普遍性が成り立たない、ということだった。つまり、普遍性は〝人びとがつくりあげるもの〟になったのだ。そして、普遍性をつくりあげる努力がなければ、自由な社会も自由な生き方も成り立たないということを、ヘーゲルは説得力ある仕方で語っていると私には思われた。

私はこの本以降、フッサール現象学の方法による哲学対話の可能性をもっぱら追求し、ヘーゲルについては『精神の現象学』と『法の哲学』のコメンタール以外には、とくに論じてこなかった(6)。しかしそれはヘーゲル哲学への関心がなくなったからではない。むしろ、人びとが普遍性(人間性に共通する本質や、人びとが共有しうる教育や医療の理念)を実際に形成しうる方法をフッサール現象学のなかに見出してきたからであって、その意味では、このヘーゲルの本で得たものの延長上で仕事をしてきたのだなあ、とあらためて思っている。

最後に、この本の内容についても、少しふれておこう。この本ではまず、隣国のフランス革命という激動に直面した若きヘーゲルが、社会と国家とを考えるさいの足場をどうやってつくっていったか、の苦闘が描かれる。彼は、社会批判にさいしての超歴史的な基準(カントなど)のもつ抽象性に気づき、歴史のなかでの精神の生成をたどるという立場を獲得していくのである。そして、その苦闘の結論として書かれた『精神の現象学』の「自己意識」と「精神」の章についてわかりやすく解きほぐしながら、そのストーリーを追っている。自由・普遍性・理性をめぐるヘーゲルの思想について、あらためてこの本をたどっていただきたいと思う。

一つ、指摘しておきたい点がある。この本では、『法の哲学』におけるヘーゲルの「国家主義」に対する批判が強く出ている。しかしその後ヘーゲルの講義録の研究が進んでいくなかで、『法の哲学』執筆当時の政治状況の急変によって、ヘーゲルが『法の哲学』をより国家主義的なものにして出版せざるを得なかったことが明らかになってきた。この点については、たとえば福吉勝男『自由と権利の哲学――ヘーゲル「法・権利の哲学講義」の展開』を参照されたい(7)。

そしてこの本の最後では、ヘーゲルとつきあうことで得られた「普遍性をつくる」という立場をどう生かしていけばよいか、について考えながら語っている。

この本が、あらためて社会・国家に対する態度を考えるさいの、皆さんの参考になれば、と思う。

なお、本文は筆記上の訂正などわずかな修正にとどめたが、引用した文章にはあらためて註をつけた。いまではすっかり古くなってしまった当時の話題も出てくるが、それをあえて削除することもしなかった。若いころ懸命に書いたものにはそのときの命があるように感じるからである。その点はどうかお許しいただきたい。

序章　ヘーゲルってどんな人？

1　ポスト・モダニズムのヘーゲル批判

ヘーゲルが人気のないわけ

ヘーゲルはいま、さっぱり人気のない哲学者である。一九七〇年代まではとても重要な人とされていたのだが、いまでは思想や哲学に関心のある若い人たちからも、すっかり見限られてしまった。翻訳も次々と品切れ・絶版になってしまうくらい、その凋落(ちょうらく)ぶりはすごかった（このところ、著作が復刊されたり新訳が出たりして、ちょっとだけ復権のきざしが出てきました。でも、「なんでいまさら」と思っている人も多いでしょうね）。

それは直接には、八〇年代になって爆発的に流行したポスト・モダニズムの思想が、徹底的にアンチ・ヘーゲルだったからだ。浅田彰さんの『構造と力』（一九八三年）がその時期を代表する書物だが、浅田さんを含めて多くの人が「諸悪の根源こそヘーゲルだ」と考えていた。ぼくはポスト・モダニズムに少し違和感をもっていたが、やはり、

「ヘーゲル批判こそ現代思想の最重要課題である」と思っていた。ぼくもかなり、ポスト・モダニズム的だったのだ。

このポスト・モダニズムの主張を簡単にまとめると、こんな感じになる。

〈絶対の真理も、絶対の道徳もありはしない。真理や道徳を自称する哲学があるだけだ。それが犯罪的なのは、ほんらい多方向に炸裂し伸び広がっていくはずの人間の欲望を「封じ込めて」しまうからだ。そういう哲学は、「世界はこうなっているのだから、おまえはこうあるべきだ」と人間をひとつのかたちに縛りつけてしまう。共同体も同じだ。共同体は、「まっとうな社会人でなければおまえの存在は無意味だ」とプレッシャーをかけて、人間を共同体の一員に取り込もうとするからだ。真理や道徳や共同体に取り込まれず、そこからどうやって逃走して自由で快楽的な生をつくれるか、これが課題なのだ！〉

つまりポスト・モダニズムは、〈真理・道徳・共同体〉という三つを眼のカタキにしていた。そして、「ヘーゲル哲学こそこの三つを完璧にそなえた犯罪的哲学だ！」とみなしていたのだ。

ヘーゲルは哲学の歴史のうえで、もっとも包括的な哲学の体系をつくった人である。彼の「体系」のなかには、彼の生きていた当時のあらゆる学問的な知識や思想が取り込まれていた。けれど、学問の集大成というだけだったら、それほど非難を浴びることもなかったはず。問題だったのは、自分の体系こそ〈真理〉であると主張した（と受けとめられてきた）こと。しかもそこでは、「国家に貢献(こうけん)することこそ人間の真実の生き方である」と述べられていた。

これだけ聞くと、「なんて嫌なヤツだ」と思いますよね。しかしヘーゲルの思想の中身について語る前に、ポスト・モダニズム思想のことをちょっと述べておきたい。

なぜポスト・モダニズムは流行したのか

この思想がとてもはやったのは、ひとつには、七〇年代までの社会変革をめざす思想〈広い意味でのマルクス主義〉にはもうウンザリした、という感覚からだった。マルクス主義はヘーゲルとも縁の深い思想なのだけれど、社会の問題点の総体的認識〈真理〉のうえにたって、未来社会〈共同体〉のために献身(けんしん)することこそ、人間としての義(ただ)しい〈正しい〉生き方だ〈道徳〉、というところがあった。つまりこれも、典型的に〈真理・道徳・共同体〉をあわせもつ、「まじめで重たい」思想だったのだ。

「なんでそんなものがはやったのだろう」と思う人もいるだろうけれど、この思想は、矛盾に満ちた社会を変革する「夢」を与えたし、エゴイズムを捨てて人々のために献身するという生き方は、かつてはカッコよかったのだ。しかし、この考え方が極限までいくと、「人民のために死ねるか、革命のために人を殺せるか」という課題を個人につきつけることにもなる。実際、スターリニズムやポルポト派のように、絶対の真理と正義の名のもとに人々が大量に虐殺される、という事件が海外から聞こえてくる。日本でも、連合赤軍事件のように仲間どうしで殺し合いをすることも起こる。つまり、〈絶対的な真理と道徳の要求は、そのまま「非人間的なもの」に転化する〉。——ポスト・モダニズムは、こういう感覚の表明でもあったのだ。

しかし、それだけではない、とぼくは思う。社会変革の夢が急速になくなって、ポスト・モダニズムの言葉が人々に受け入れられたのは、本質的には、日本の社会がそれなりに豊かで安定した社会となり、それにつれて人々の生きている実感も大きく変わってきていたからだ。

ひとつは、「社会問題」を解決することによっては解消されない、「実存的な問題」がはっきりと意識されてきたこと。

国家が強権的であったり、労働問題や公害問題が眼についたり、貧富の差が大きかったり、というように、社会に大きな矛盾があるとだれもが感じているとき、「なんとかしてこの社会を改めたい、もっとよい社会にしたい」と思う人が出てくるのはごく自然なことだ。けれど、ある程度安定した社会になってくると、社会の問題よりはむしろ、ごく個人的な生き方上の問題——親に対する反発と依存がいっしょになって苦しんでいたりとか、他人との関係がうまくとれないこと、恋愛関係の悩み、自分の死をどう受けとめるか、など——が、はっきりと浮かび上がってくる。〈いくら社会が変わっても、それでは解消できない個人的な問題がある〉。あたりまえのことだが、だれもがそう考えるようになってきた。

もうひとつは、人々のめざす生き方が大きく変わってきたこと。りっぱな社会人になって社会に貢献できる人物になり（革命家もこのひとつのバリエーションである）、家庭でもよき父親・母親としての義務を果たす。かつては、そういう「共同体への貢献」が人間として価値ある生き方とされてきた。けれど、だんだんそうではなくなってくる。「自分のやりたいことをやって充実感を味わいたい」という姿勢で生きる、というほうがごくふつうの生き方になり、実際、広く認められるようになってきた。

ふりかえってみると、ポスト・モダニズムの流行は、人々の実感が変化していく「過渡期」の意識を表わすものだった、とぼくは思う。浅田さんやぼくのようなポスト・モダニズム世代は、たぶん、ちょうどこの変わり目に位置していたのだ。だから、「りっぱな社会人」「社会に貢献すべし」「もっと知らねばならない」という規範像と無関係にはいられず、そこから逃れてもっと自由になりたいと歯がみをしている。だからこそ、〈真理〉も〈道徳〉も〈共同体〉も、すべてひとまとめにしたうえで、自分たちを抑圧するものとして告発しなければならなかったのだ。

いま、思想が課題とすべきもの

しかし、ポスト・モダニズムの思想は、やはり過渡期の思想だったのだと思う。それは、新しい時代の到来のなかで「思想が課題とすべきもの」に対して——個々人の実存的な課題に対しても、社会的な課題に対しても——積極的な方向を提出していくことができなかったからだ。

個々人の生き方の面でいうと、「軽やかさ」「逃走」というような新しい生き方のイメージをポスト・モダニズムは示してみせた。けれど、「なかなかそうは生きられないんじゃないか？」という疑問をもつ人も多かった。この新たな生き方のイメージを理論的に支えていたのは、〈人間はほんらい多方向に錯乱する欲望としてある〉という考え方だったが、これは人間の欲望の捉え方として誤っているし、人間の在り方に関して不可能な理想を述べるものでしかなかったと思う。結果的にこの考え方からは、個人的な悩みや生き方のうえでの問題をどう考えていくか、についてなんの方針も取り出せない。いま必要なのは、個人的な悩みや生き方をともに考え合っていくための、新たな思想のスタイルをつくりだすことだ。

悩みは、欲望があるから起こる。ここでは詳しく語れないが、ぼくの考えでは、人間の欲望はそれなりの「かたち」をとっていて、それはその人の「自分に対する了解」――自分自身をどういうものと理解しているか――と深く関わっている。だから、自己了解の様々な「かたち」を取り出して、それと「悩み」とをつなげて考えることが原理的には可能なはずなのだ。そういう営みのためにも、まずは人間存在に対する新たな「原理論」を用意することが必要になる（その点でいうと、ヘーゲルは社会派の思想家だったから、個々人の悩みを問題にすることはなかった。けれど、彼の人間存在についての考え方はとても強靭（きょうじん）で、このような原理論を考えるさいの参考になる）。

他方の社会問題についても、ポスト・モダニズムはいっさい手をふれることができなかった。ポスト・モダニズムは、社会や集団は個々人の欲望を囲い込み・方向づけ・縛りつけるものとみなすから、徹底したアンチ〈共同体〉、アンチ〈ルール〉の立場をとる。けれど、共同体やルールの存在を認めないならば、それは逆にひどい不自由を抱え込むことになる。

「教育はどうあるべきか」——例えばこういう問いを、ポスト・モダニズムは考えることができないはず。教育について意見を出したり話し合ったりするということは、「教育に関するより望ましいルールを設定しようと試みること」以外のなにものでもないからだ。そして、この話がたった二人のあいだで交わされるものだとしても、それは「共同体」をかならず想定している。

つまり、「なんらかのルールをもつ共同体に自分が属していること」を完全に否認してしまうなら、社会なり集団なりの抱えている諸問題を取り上げて、それをどのように解決していけばいいのか、という議論自体が不可能になってしまう。しかし私たちは実際に、家族・恋人関係・友人関係・なんらかの自分たちのサークル・学校・職場のなかで生きているし、「あんまり関係ないや」という人もいるだろうけれど、地域社会や国家、さらに国際社会のなかで生きているのだ。

〈共同体のルールは、人を束縛するだけのものなのか。ルールには積極的な意味があるのではないか。「共同体に属する」とは、共同体のルールをすべて認め、そこに同化し、共同体への「資献・献身」を誓うことを意味するのか〉――つまり、共同体とルールの本質を考えること。さらに、〈社会批判の流儀はいかなるものでなければならないのか〉を考えることが必要なのだ。

社会批判の流儀

日本社会が大きく変わりつつあるいまこそ、こういう原則的なことを明確にしておかなくてはならない、とぼくは思う。かつては、権力的な「体制」を動かすことなど絶対にできない、という無力感を抱えながら、やむなく「反体制」の姿勢をつらぬく、という人たちもいた。しかしいま、個々人の人権は、かつてよりもずっと大切にされるようになってきた。社会のまずいところは少しずつ動かしていける、という希望もみえてきた（細川政権があんなにも高支持率を獲得したのは、少しでも社会を動かせるのだ、という人々の期待感の表現だった、とぼくは思う）。こういう時期だからこそ、ルールというものの本質、また社会を批判しルールを変更しようとするさいの「流儀」を考えることに、とても大切な意味がある。

そしてこれは、〈正義〉や〈道徳〉――この言葉はほとんどすり切れてしまっているけれど――ということを、もう一度考え直してみることでもある。

例えば、社会に対して不満をもち、憤りを感じる。「これはまちがっている」と思う。社会批判はいつでも、このような素朴で素直な正義感から出発してきた。しかしその批判は、人々に届き人々の共感を得られるような、「鍛（きた）えられた正義」になっていかなければダメなのだ。そうなってはじめて、批判は、現実を動かしルールを改変する可能性を手に入れることができるからだ。

もしそういう努力を放棄するなら、批判はたんなる自己満足の手段＝独善になる。「私の言うことを受け入れないこの社会は腐っている、私は正義を求めているのに」。こうなったとき、この「正義」はただ自分を正当化する意味しかもたない。

正義が自分の内側で絶対化されて、独善的なものと化してしまうこと。ポスト・モダニズムの思想には、そういう欺瞞（ぎまん）への鋭い批判が含まれていた。しかし、それは結局、人々の「正義を求める心」そのものをも否定することになってしまった。そうではなく、正義感をつぶしてしまわないためのタフな流儀が必要なのだ、とぼくは思う。

——じつはヘーゲルは、こういうことをとことん考え抜いた人なのだ。〈正義や理想を腐らせてしまわないために、どういう態度をとればいいのか。社会を批判する基準は、どこに求められるべきなのか。ルールの本質とは何であり、どうやって変わっていくものなのか〉。彼の「体系」の中核に込められているのは、じつは、そういう問いなのである。

2　ヘーゲルってどんな人？

ヘーゲルはどんな時代を生きたのか

ポスト・モダニズムの批判が強烈すぎたために、ヘーゲルがどういう時代のなかで何を考え何を主張しようとしたのか、ということはきれいに忘れ去られてしまっている。まずは、彼の生涯のあらましをたどってみよう。

ヘーゲルのフル・ネームは、ゲオルク・ヴィルヘルム・フリートリッヒ・ヘーゲル（一七七〇～一八三一年）。十八世紀から十九世紀にまたがって生きた人である。そしてこの時期は、小さな領邦国家に分裂していたドイツが、ナポレオンからの侵略をきっかけに「ドイツ統一」へと向かいはじめる、ほんとうに激動の時代だったのだ。

ヘーゲルの生まれ育ったのもそういう領邦国家のひとつで、当時ドイツ南部にあったヴュルテンベルク公国というところである。公国には「君公」がいたが、当時としてはめずらしく、有力市民からなる「民会」もあった。しかし、君公が強かったので、ほとんど絶対君主制といっていい状態だった。当時のドイツの各領邦には君主と特権貴族がおり、そしてまだ農奴も存在していた。

だから、当時の知識人や学生たちは、隣国フランスから伝えられてくる「自由・平等」の思想に強い共感をもっていた。とくに影響力のあったのが、ルソー。彼は〈人間はほんらい自由で平等だ〉と主張した。〈王に神聖な力があるわけじゃない。自由で平等な人民が、納得し合って決めたものだけが法律となるべきだ。政治は合意にもとづいて行なわれるべきなのだ〉というのが彼の考えだった。

また、ドイツにも思想界のスーパースター、カントがいた。カント自身もルソーから深く影響を受けた人だが、人間の内面における自由をはっきりと主張していた。〈王や教会の命令に従うことに道徳的な価値があるわけじゃない。自分で義しいことを洞察し、それに従って生きること。それこそ人間の自由であり、道徳的な生き方なのだ〉。こうカントは語って、人間の自由を「道徳的な生き方」と結びつけていた。

そういうところに、一七八九年にフランス革命が起こる。神学校の学生だったヘーゲルや彼の友人たちは、すごく興奮した。そして「われわれの祖国にも革命をもたらそう！」と考えて、活動家みたいなことを始める人たちも出てくる。若きヘーゲルもその一人だったのだ。

フランス革命とナポレオンのドイツ侵略

彼は神学校を卒業後、牧師にならずにスイスのベルン共和国というところに行って、そこの有力者の家庭教師をしながら様々な草稿を残している。しばらくしてドイツに戻ってきて、ヴュルテンベルク公国での議会主義実現の運動に参加したりもしている。三十歳くらいまで、あちこちで家庭教師をしながら、みずからの思想を鍛える時期が続くのである。しかしこの時期も、平穏無事に思想を熟成させる、という状況ではなかった。革命当初、ドイツの学生・知識人にとって、「自由・平等への憧れ」と「革命フランスの賛美」はほとんど一体となって結びついていた。しかしこの憧れはすぐさま打ち破られてしまう。

ひとつは、革命フランスで生じたロベスピエールの恐怖政治。彼が政敵を次々に粛清している、というニュースがドイツに伝わってくると、革命に幻滅を感じて反フランスの立場をとるようになった知識人たちも多かった。

もうひとつは、ナポレオンによるドイツ侵略である。「革命」の波及を恐れたプロイセンとオーストリアは革命フランスに圧力をかけようとし、そしてドイツ諸邦とフランス軍との戦いが始まる。その結果、西南ドイツはほとんどフランスの植民地同様の状態になってしまう。そしてこの過程で、ドイツ統一を叫ぶナショナリズムが沸き起こり、知識人の多くはますます反フランスの態度をとるようになる。ヘーゲル自身も、「近代的な統一国家」の必要を痛感する。しかしヘーゲルは、決して「フランス憎し」のナショナリストにはならなかった。

人間精神は変わり行くもの

彼の思想的立場を象徴するような逸話がある。最初の主著『精神の現象学』（一八〇七年）を執筆していた三十代半ばのころ、彼の住んでいたイエナの街をナポレオンが占領する、という事件が起こった（当時のヘーゲルは、友人シェリングのつてをたどってイエナ大学の私講師になっていた）。そのとき彼は、友人ニートハンマーにあてて、手紙でこう語っている。「私は、皇帝が――此の世界の魂が――検閲の為馬上ゆたかに街を出て行く所を見ました。この様な個人をまのあたり見ることは、実に得も言われぬ気持です」(1)

もちろん彼だって、ドイツの弱さを痛感して、一刻も早いドイツ統一を願っていたのだ。しかし、ナポレオンを「世界の魂」として評価したのは、〈個々人の自由と平等にもとづいた社会制度、つまりフランス革命の成果を、ナポレオンこそ現実のなかに定着させようとしている〉と彼が考えていたからだ。実際ナポレオンは、征服した地域に、平等な人権を基礎とした近代的な憲法を与えていた。

『精神の現象学』とは、人類の精神と社会制度とがどういう歴史をたどってきたのか、を描いた書物である。〈人間どうしは闘争し合い、不平等な支配・被支配の社会をつくってきた。絶対的な権威をもつ宗教に人々がひれふすような社会もつくってきた。しかし、人類の歴史はまったく不合理な混沌（こんとん）ではない。人類は経験を通じて、少しずつ自分の価値観と制度とをつくりかえてきたからだ。いま人類は、自分の自由と他人の自由を認め合ったうえで、社会のルールをより合理的なものにつくりあげる、という方向に進みつつある〉

ヘーゲルは、人間精神の在り方を「固定的なもの」とは考えなかった。その本質は、経験を通じて一定の価値観と制度を形成し、そして新たな経験によってさらにそれを改めていく、そういう「動的なもの」である、とみていた。〈人々の精神が大きく変わりつつあるとき、はじめて制度も動く。社会批判は、そういう時代の精神の大きな歩みのなかに根づいていなければ、無意味なものとなる〉。彼は、二十代の試行錯誤のなかで、こういう発想を手にしていたのだ。

『精神の現象学』は、人類の精神と社会制度の歩みを大きくつかまえることによって、現実に起こる様々な事件や進行を、「これは反動だ／これはよい方向だ」と判定するための基準を明確にする、という意味をもっていた。〈ナポレオンの侵略はたしかに悲惨なことだが、人類史のうえからは大きな意義をもつ〉。この評価は、ヘーゲルのこのような思想にもとづいていたのである。

時代の危険思想――体系を発表

ヘーゲルの『精神の現象学』は、ほとんど黙殺に近い状態だった。イエナを脱出してからも、彼はなかなか大学での職に恵まれず、結局、以後八年ほど、ニュルンベルクでギムナジウム（日本でいうと中学から高校に相当）の校長を務めた。この間に彼は、第二の主著『大論理学』を分冊で発表している（一八一二、一三、一六年）。そして、やっと結婚して子どもをもうけてもいる。しかし、校長といってもひどく貧乏で、結婚式の費用に頭を痛めたりしている。彼は苦労人だったのだ。

ヘーゲルが大学教授になったのは、四十六歳、一八一六年である。ハイデルベルク大学の教授となり、二年後にベルリン大学へと移り、一八三一年に亡くなるまでそこの哲学の教授をつとめた。大学教授になってから、彼は自分の体系である『エンチクロペディ』（一八一七年〜）と『法の哲学』（一八二一年）を発表している。

ヘーゲル哲学は、ようやく多くの人々の支持を集めることになった。「やっと春が来たんだね」と思う人もいるかもしれないが、ヘーゲルはやっぱり苦労していた。当時のプロイセンの雰囲気が『精神の現象学』のころとくらべると一変していたからだ。

ヘーゲルがベルリンに行ったのは、そこがプロイセンの首都だったからである。そこには、ヘーゲルと志を同じくする人たち——プロイセンを人権にもとづく憲法をそなえた近代的な国家につくりあげようと望む人々——がドイツ各地から集まってきていて、とくに官僚層にはそういう人が多かった。しかし、一八一五年のウィーン会議と神聖同盟の結成以来、封建貴族たちの勢力がとても強くなっていた。当時は、人権というような言葉さえ「親フランス的」で、はばかられるものだったようだ。

彼の発表した『法の哲学』は、個々人の平等な権利を中核としてはいたけれど、「共和制」ではなく「立憲君主制」をよしとするものだった。しかし授業では、「君主は書類にサインだけしていればいいのだ」などといっていて[2]、それが宮廷に知られ、危険だったこともある。また、彼の弟子たちが「危険思想」の持ち主として何人も警察につかまったりしている。ヘーゲル哲学はたしかに人々の支持を集めたけれど、ヘーゲル自身、いつ逮捕されてもおかしくない立場にいたのだ。

ヘーゲルの限界――国家への献身

この『法の哲学』は、のちに多くの人々の非難を浴びて、ヘーゲル＝「プロイセンの御用哲学者」というイメージをつくるもととなった。

ひとつは、人類の歴史は「立憲君主制」に向かって進む、と主張したこと。これは、民主主義・共和制の立場からすれば、「まったくなってない」ということになる（しかしこれは、当時の状況のなかでのやむをえない選択だったのかもしれない。ヘーゲル哲学の本質的欠陥ではない、とぼくは思う）。

もうひとつは、〈国家によって自分の生は支えられているのであり、自分も仕事を通じて国家に献身している。戦争のさいには、とうぜん国家のために戦うべきである〉という態度を、人間の真実の生き方として示したこと。これでは、国家を神聖化する思想といわれても仕方がない面がある。

私たちの多くが、「国」と自分をすぐさま同一視することは危険だ、と考えている。「お国のために」という言い方でもって、戦争に人々が動員されてきたことを私たちはよく知っているからだ。とくに二十世紀になって、国家エゴの激突は総力戦となり、大量の死者を生み出してきたのだ。

たぶん、ヘーゲル哲学でいちばんネックになるのは、この「献身対象としての国家」

という思想である。彼にとっては、共同体への貢献こそ価値ある人間の生き方だったのだ。しかし、現代に生きる私たちの「精神」は、もうそういうかたちではなくなっている。「一人一人が自分の充実感を求めて生きる」、そういう精神の在り方を前提としたうえで、国家を・共同体をどのようなものと考えればいいのか。このことを、私たちは考えてみなくてはならない。

この本の内容

どうですか。ヘーゲルって、そんなに嫌な人ではなさそうでしょ？　彼の思想にはいくつかの欠陥があるとしても、彼はとても誠実に時代に関わろうとした人だ、とぼくは思う。しかし、ただ「ヘーゲルは偉かった」という話をしたいのではない。

まずぼくが問題にしたいのは、「近代の夢」。ルソー、カント、若きヘーゲルは、ひとつの共通の夢をもっていた。人間が自主独立で、自由であること。人間がともに結び合って美しい共同性をかたちづくること。人間が高貴な道徳的な存在となること。そして、これらの実現のために社会を変革すること。〈自由・共同性・道徳性〉をめざす、〈革命〉の夢である。——第一章。

若きヘーゲルはこの夢を真剣に受けとめた。そして真剣に受けとめたからこそ、彼はほんとうにいろいろな問題を抱え込んだ。〈真実に自由であり道徳的であるとはどういうことだろうか。理想が現実に関与できるためにはどうすればよいのだろうか〉、このような試行錯誤の歩みが、社会批判の基準を時代の精神の在り方に求める、という思想となって結実するまでを、描いてみよう。――第二章。

次に、『精神の現象学』。これがこの本の山場になる。

ここには、人間存在を経験のなかで自己と世界を捉え返していくもの、とみる強い「原理論」がある。ぼくはこの原理論をなるべく明確に取り出して、とくにハイデガーの人間存在の考え方と比較してみようと思う。そのことによって、ヘーゲルの考え方の強さと欠陥を、ともに明らかにしてみたい。

さらにここには、世界史の歩みを人々の闘争と支配の混沌とみるのではなく、人類は少しずつ自分の自由と他人の自由を認め合って、社会の制度を合理的なものにつくりかえていく、と捉える思想がある。そしてヘーゲルは、近代人のとるべき「モラル」と、近代における「社会制度」の在り方を語ろうとしている。これはいまでも説得力のあるものだとぼくは思う。この思想について検討してみる。

しかし『精神の現象学』は、真理の体系を自称するものでもあった。なぜ、彼はそう主張しえたのか、そのことも考えてみなくてはならない。――第三章から第五章。

次に、『法の哲学』。ここにはたしかに、「献身対象としての国家」という問題があって、このことを私たちは考えてみなくてはならない。しかし同時に、この本は、現実に対するタフな態度を私たちに教えてくれるものでもある。〈現実の諸問題を一挙に解決しうる理想を立てるのではなく、現実のなかからより好ましい方向を取り出して、よし・あしの基準をつくり、社会の進むべき道すじを描いてみせる〉。こういう思想の態度を、ここから読み取ってみたい。——第六章。

そして終章では、ヘーゲルの思想を現代の私たちがどう受けつぐべきかを考えてみたい。ひとつには、ポスト・モダニズムが批判しつづけてきた「理性と普遍性」というものを、私たち自身が自由と共同性を実現するための技術としてむしろ積極的に捉え直してみること。さらに、人間の精神と社会制度の関わりに着目したヘーゲルの発想を拡張して、私たちの実存的な課題を含めて問題にできるようにすること。このふたつを試みてみようと思う。

第一章　人々が熱狂した近代の夢——自由・共同性・道徳性

若きヘーゲルと彼の友人たち——のちに哲学者となるシェリングと詩人ヘルダーリン——は、共通の夢を抱いていた。人間が自由であり、ともに結び合って美しい共同性をかたちづくること。高貴な道徳的な存在でありうること。そしてそれらが実現されるはずの「共和主義的国家」という夢。

でも、自由・共同性・道徳性、そして共和国といわれても、あまりピンとこない人も多いと思う。そういう言葉が人々を熱狂させたことがあったのか、ふーん、というくらいで。同じ言葉でも、それに込められたものは、時代によって人によってちがっているからだ。若きヘーゲルと彼の友人たちは、それらの言葉に何を見出していたのだろうか。

彼らの夢はまた、近代が生み出した夢でもある。まずはルソー（1節）、続いてカント（2節）をふりかえったうえで、ヘーゲルたちの夢がどういうものだったのかを確かめてみよう（3節）。ルソーは、「共同体とルール」を考えるうえでとても大切な思想家なので、少しだけ詳しく検討してみる。

1　自由とあわれみ――ルソー

自由――自分自身の主人となること

ジャン＝ジャック・ルソー（一七一二～七八年）は、ヘーゲルよりも六十年ほど前に生まれた人である。アンシャン・レジーム期の十八世紀フランスで、自由と平等と〈あわれみ〉を訴えたが、フランス革命をみることなく死んでいる。神学校時代のヘーゲルはルソーの熱烈な読者で、のちに哲学者になってから書いたものも、「ああこれはルソーに対して反論しようとしているんだな」と思える箇所が多くある。というより、ヘーゲル哲学の全体がルソーに対する応答として書かれているといってもいいくらい、ルソーの影響は深いのだ。

彼の書物では、民主主義のバイブル『社会契約論』（一七六二年）が広く知られている。「民主主義の古典ねえ、なんか地味な感じ」と思う人もいるだろうけれど、あらためて読んでみると、これはとてもよく考えられた「共同体とルールに関する思想」なのである。そしてここには、自由と平等と、〈あわれみ〉――他人の苦しみを思いやる気持ち――を取り戻そうとする、ルソーの願いが込められていた。

彼の求めていた自由とは、「自分に関わることといっさいを自分で決められること」だった。いまの言葉でいうと、「自己決定の自由」とか「自己決定の権利」と呼ばれるものだが、ルソー自身はこれを「自分自身の主人となること」と呼んでいる。『社会契約論』のなかに、「家父長権説」なるものを批判している箇所がある。これは絶対主義のイデオロギーのひとつで、〈王が人民に対して権力をもつのは、家族のなかで父親が権威をもっているのと同じことである〉という考え方のことだ。それにルソーはこう反論している。〈子どもが父親に従うのは、自分の《自己保存》のために父親を必要とするからだ。だから、成長してその必要がなくなるとこの絆は解けてしまう。それでも家族の絆を保っているとすれば、それは子どもがみずからの意志でそう望むからだ〉。彼の考えでは、「家族でさえ合意によらなければ持続しない」のだ。

人間性の第一の掟は、自己の保存に留意することであり、その第一の配慮は、自分自身に対してなされるべき配慮である。そして、人間がものごころのつく年頃に達するやいなや、自分のみが、自己保存に適するいろいろな手段の判定者となるので、その理由により、人間は自分自身の、主、人となるのである。（『社会契約論』第一篇第二章、作田啓一訳、傍点引用者）[1]

ここにみられるのは、はっきりしたひとつの人間像である。――何をどう稼ぐか、何をどう行為するか。そういういっさいの自分の行為を、成人に達した人間は自分で決めてよいのだし、また決めるべきなのだ。自分の行為をコントロールできるとき、彼は

「自分自身の主人」となり、「自由」なのである。そして、この自由は最大限尊重されるべきであって、自分の同意しない命令や権力に従う必要はない。

ルソーは、この自己決定する自由を、人間が生きるうえで絶対に必要なものと考えていた。「人間はそのために生まれてきた」という表現をつかうくらい、自由を大切なものと思っていたのだ。私たちには、ちょっと不思議に思えるけれど。

それは、彼にとっては、自由ということに「自主独立の誇り」ともいうべき感覚が結びついていたからだ。そしてこれは、ルソー自身の生い立ちともつながっている。

彼はもともとフランス生まれではなく、スイスのジュネーヴ共和国というところの出身だった。「共和国」だから、主権者たちの集う総評議会を最高決定機関とする議会主義＝共和主義の政治体制をとっていた（といっても、全員が主権をもっていたわけではなく、主権をもつ階層は総人口約二万人のうち四分の一から三分の一にすぎなかった）。ルソーの父は時計職人で主権をもつ市民の階層に属していた。しかし政治の実権は少数の金持ちがぎゅうじる小評議会が握っていて、職人たちとしばしば衝突していた。ルソー自身も、そういう小競り合いの雰囲気のなかで育っていった。

ルソーは、自分の父のことを、「誇り高い」人物として描いている。金持ちたちが押しつけてくる不当な命令に屈せず、自主独立の人間として扱われることを要求する。そして、共和国を愛するがゆえに、共和国の成員全員の利益とならずに一部の人間だけを益するような法律にはとことん抵抗する。そういう「共和主義的で愛国的な精神」に満ちた人物として。

このように、ルソーの自由には、理想化された父のイメージがくっついていた。自分に関することは自分で決めるという独立心、そして、共和国全員の利益となるような法律のみに従い、不当な権力や法律にはとことん抵抗すること、である。

ルソーの生きていた当時のフランスは、アンシャン・レジームの時代だった。貴族は貴族であるというだけで、様々な特権が与えられる。法律といっても、金持ちや有力者を守るためだけのものになっている。自己決定の自由など、まったく尊重されていない。『社会契約論』は、こういう社会を変革するためのプランとして構想されたものなのである。

〈社会契約〉――国家観とルール観の変更

〈社会契約〉という考え方自体は、ルソーの専売特許ではなくて、彼に先立ってイギリスのホッブズやロックたちが唱えはじめたものである。彼らは、だいたいこんなストーリーを語った。〈国家が成立していない「自然状態」では、人間どうしは互いに所有物をめぐって争い合う「戦争状態」に陥ってしまう。これではまずい。所有物や生命や身体の安全などを保障するような仕組みが必要だ。そこで、もともと自由だった人々がともに契約し合って国家をつくり、必要な法律を整え、それに従うことにしたのである〉

もちろんこれはフィクションで、そんな契約が歴史的にあったわけではない。だから

「社会契約なんてナンセンス」という人もいる。けれど、これはものすごく画期的な国家観とルール観の変更だった、とぼくは思う。

まず第一に、国家というものを宗教・民族・血縁などからきれいさっぱり切り離してしまったこと。国家は「大和民族のもの」でもなければ、「神様のおつくりになった神聖なもの」でもないし、「個々人に優越する全体」でもなくなる。それははっきりとした目的をもった結合体であって、その目的は個々人の〈自己保存〉を可能にするためにある、ということになる。

これには、長く続いてきた宗教戦争への対抗策という意味もあった。宗教は人々をひとつにまとめて、一体感を与える。しかしこの一体感が戦争を生み出す原因でもあるのだ（ちょうど現在の民族紛争と似てますね）。そこで、国家と宗教を切り離して、宗教の上位に国家をおいてしまえばいい。どんな宗教をもつかは個々人の自由で、国家の一員〈市民・公民〉としてはだれもが平等な権利をもつ、という原則を確立する。これはなかなかうまい方法だった。

第二に、国家を「つくりもの」と考えることによって、国家のルール〈法律〉をコントロールできるものにした、ということ。これもすごいことだった。〈掟は神様や御先祖様から伝えられてきたものであり、神聖なのだ。だから守らねばならないのである〉という考え方のほうが、人類史のうえではむしろ一般的だったはず。けれども、〈社会契約〉の考え方はルールの絶対視・神聖視を取り払ってしまう。ルールは市民たちの

〈自己保存〉のために存在するものなのだから、その正当性も彼らの同意にかかっている。ルールはこうして、変更可能なものとなったのだ。

第三に、個々人の「自己決定の自由」を最大限認めたこと。ルールに決められたことは守らなくてはならない。しかしそれ以外はまったく個々人の自由にまかされるのだ。ロックははっきりと、〈ルールは同意にもとづくものだけで、それ以外は自由〉という原則を確立した。

正義と幸福は合致しなければならない

ルソーも、「自己決定の自由」をとても重要だと考えていたし、自己保存こそ人間性の第一の掟だ、といっていた。だったら、ロック流のルール思想に対して、ルソーがつけ加えようとしたのは何だったのだろうか。それこそ、人間が美しい心を取り戻すことを願う「道徳的」な関心だった。

といっても、「人間、よいことをしなくちゃいけない」「人類愛こそ大事だよ」と、道学者ふうに説教をしようとしたのではない。そうではなくて、人間のなかにもともとあったはずの〈あわれみ〉の心が死に絶えずに伸びていけるような社会的条件をつくること。そこにルソーの視線は向けられていたのである。

『社会契約論』の準備草稿のなかで、ルソーはこう語っている。文明社会のなかでは、個々人の利益と愛他心とは背反するものになっている。社会の進歩は人間の欲求を増大させ、増大した欲求は人間を結びつけるにいたった。だがその結合は、互いを利用しようとするだけのもの、分裂的・闘争的なものでしかない〉。こういう文明社会のなかで人類愛を説いたとしても、それはまったくリアリティを欠いた、うわっつらの言葉にすぎなくなる。ルソーはこの草稿のなかで、人類愛を説く「賢者」と、自己の利益を求める「独立的な人間」との対話を描いているが、それは、ルソーがこの問題をはっきり自覚していたことを示している。

賢者は独立的な人間に対して、「社会の法を守れ」「一般の福祉を考えよ」と説教する。独立的な人間はこう反論する。〈私が自分の利益を他人の利益と折り合うように努めたところで、むなしいだけだ。皆が法を遵守(じゅんしゅ)するのだったら意味もあるだろうが。強者が私に加える悪に身をさらしたままでいる、なんておかしな話はない。だったら強者を自分の味方にして弱者からの横領品を強者と分かち合うほうが、私の利益にとっても安全にとっても、正義よりは役立つだろう〉

では、どうすればいいのか。そこにルソー自身が登場して、『社会契約論』のプランを独立的な人間に示す。「いっそうすぐれた事物の構成のもとでは、善行は酬いられ、悪行は罰せられ、正義と幸福との魅力的な合致があることを、彼に見てもらおう」。すると「彼は、見かけの利益よりも十分に納得のゆく利益のほうを、優先させることを学ぶだろう。(中略)そして、最後に要約すると、彼がそうあろうと望んでいた残忍な盗賊から、十分な秩序を持つ社会のもっとも堅固な支え手へと変身するであろう」(「社会

契約論〈ジュネーヴ草稿〉」、作田啓一訳[2]）

ルソーの、正義に対してとっている態度を、ぼくはとてもおもしろいと思う。正義が行なわれないことを嘆くのでもないし、個々人の利益を無視して自分だけが「信念の人」になろうとするのでもない。正義を信じないニヒリストになるのでもない。彼がめざすのは、「正義と幸福の合致」が可能になるような社会の仕組みをつくることだった。それは、正義を求める心や他人の幸福をも願う気持ちが、つぶされないで伸びていくような社会的条件を整備することだった。

『社会契約論』——モラルにより支えられる共同体

『社会契約論』の骨格を、ごく簡単にまとめてみる。

①国家は、〈社会契約〉によってつくられたものであり、その目的は成員の「共通利益」を守り推進するためのものである。

②国家は、明文化されたルールである「法」が支配すべきである。法のもとでは全員が平等である。

③法は、国家の成員の共通利益にかなったものでなくてはならず、それは「人民集会」の決議によって決定される。こうして法は、〈一般意志＝成員の共通の意志〉を表現するものとならなくてはならない。

ルソーは、自発的につくられた小さなサークルのように、国家を成員による「自覚的な形成物」にしようとした。そして、このような国家においてこそ、人々は自由と〈あわれみ〉とを取り戻せる、と考えた。

なぜなら、この国家では、特権階級のつくった法を強制されることがないからだ。ここでの原則は、自分たちで法をつくって自分たちで従うことである。これこそ、自治であり自由だろう。もちろん、法に規定されていること以外は個々人の自由にまかされている。

また、法や政策が成員の共通利益（より正確には「個々人の私的な利益の共通部分[3]」）をきちんと体現してつくられていくならば、人々は他の成員と国家に対して信頼をもつことができる。法案を審議するさいにも、自分個人の利益を配慮するのはもちろんだけれど、同時に他人の利益をも配慮するようになるだろう（逆に、いかに民主主義国家の体裁を整えていても、実際には法や政策が強者に有利なようにしか働かないなら、個人は他人の利益を配慮するよりも、強者や政治家にうまく取り入って自分の分け前をかすめとることを考えるだろう）。

「なんてオメデタイ考え方だ！」と思う人もいるかもしれない。でも、ルソーだって、そううまくいかないことをよくわかっていた。人間は、まず自分の利益を考えるもの。ほうっておけば、共通利益の名のもとに自分だけが得するような法案をつくろうと画策したり、政府の実権を握って好き放題にやろうとするかもしれない。

そこでルソーは、専制を防ぎ、実際に法と政治とが共通利益を体現するものとなるために、いろいろと制度的な工夫をこらしてもいる。例えば、人民集会が一部の人々にコントロールされないために、自由な発言の権利をきちんと保障すること。また、集会では、政府の構造をどうするか、行政をまかされている人々を支持するかどうか、をかならず議案として提出すべきこと。これは、政府の暴走を防ぐための方策だった。

しかし、ルソーの力点は、制度的工夫よりもむしろ、「公民としてのモラル」を確立するところにおかれていた。

それは、「社会契約の神聖さ〈国家の神聖さではない〉」を成員がしっかりと理解することによって生まれるはずのモラルである。〈国家は、共通の利益を守る目的でみんなでつくったものなんだ。だから、法や政策を提案したり議決をしたりするときにも、共通利益をちゃんと考えなくちゃいけない。そして、自分たちでつくった法なんだから、決めた法にはちゃんと従わなくちゃいけない〉というわけである。

こういう公民的モラルが「気風」となって人々のあいだに定着することを、ルソーは期待した。そのために、社会契約の神聖さと神の存在などの最小限の教義をもつ〈公民的宗教〉なるものを考えてもいる〈これにヒントを得て、若きヘーゲルは〈国民宗教〉を構想することになる〉。

『社会契約論』をどう考えるか

ルソーの発想は、〈自発的につくられたサークルがうまくいっているように国家を動かしていこう〉というものだった。そして彼は、これをうまく動かすために「公民としてのモラル」を強調したのだ。

しかし、この公民的モラルにまったくリアリティを感じないどころか、反発する人もいるだろう。

そもそも、国家と小さなサークルとはちがう面がある。サークルをつくる場合には、ひとつの共同体に属することに自分から合意したのだ。でも、「ひとつの国家に属することの合意」をある年齢になると宣言するなんてことは、私たちにはない（アメリカで外国人が市民権を獲得するときには、こういう宣言が求められるらしいけれど）。私たちは「たまたま」日本に生まれたのにすぎないのだ。しかも、社会を少しずつでも動かしていける、というシステムも実感も私たちはあまりもっていない。そう実感できない以上、いくら民主主義といっても「自治」とはいえない。だから、「社会契約」も「公民的モラル」もまったく嘘くさく感じてしまうのだ。とくに日本社会は平和でそれなりに豊かだから、社会のことなんか考えなくても生きていけるし。

しかしこれを逆にいうと、社会を少しずつでも動かしていけるという可能性（ルール改変の可能性）が実感される、ということが重要なのだ。

ある人たちがすごく困っていて、それを訴えた。それが社会の他の人々に聴き取られて、なんらかの対策が立てられたとする。訴えた人々にとって、これは「不都合の解決」以上の意味があるだろう。これは、他の人々に対する信頼を回復することでもあるからだ。

　また、彼らの困っているところが聞こえてきて、「そりゃあまずいよ、解決しなきゃ」と思った人々にとっても意味がある。だれだって自分の生活が大事だし、自分なりの目的を追求することがいちばん大事ではある。しかし、「できれば自分だけでなく、他人も幸せでいてほしい」という感覚だって、まったくないわけではない。そういう思いが少しでも実現することも、ひとつの悦(よろこ)びなのだ。

　かつての市民運動や広い意味での社会運動の多くは、国家権力＝大資本＝人民の敵、という公式のもとにあった。そういう発想からいったん自由になって、困った問題に関して具体的に制度的に実現していけるような柔軟な運動のかたちがつくれるかどうか。例えばそういうことを、ぼくは考える。

「自分たちで少しでも動かせる」という自由の感覚がなければ、「自分やまわりの親しい人々だけでなく、社会の他の人々の幸福をも願う」という気持ちも、伸びていくことはできない。けれど、少しずつでも困った問題が解決していける、という感覚が得られるなら、他の人々の幸福を願う気持ちが、少しずつでも広がっていくことができる。そしてそのことは、この社会に生きる人々に対する信頼の感覚、また「人間も捨てたもんではないわい」という、人間に対する信頼感を少しずつ広げるだろう。そうなってきたとき、ルソーがいったような「ともに互いの利益を配慮し合って社会をつくっていく」という契約条項も、まったくのフィクションではなくなって、実感されるものになっていくかもしれない。

もちろん、こうした政治の営みは、かつての政治運動がそうだったような「最高に価値ある生き方」を与えるものではないだろう（これが楽しくて楽しくて、という人がいてもそれはそれでいいけれど）。しかし、政治の営みは、生きることを支えるもののひとつにはなりうるかもしれない。そのためにも、どういう運動なり政治なりのスタイルがつくれるか、ということが課題となる。これは、ここでは詳しく語れないけれど、なんといっても「言葉」を発するスタイルが問題になるだろう。独善的な正義に陥らずに、共感の橋を互いのあいだにかけられるような言葉をつくれるかどうか。また、政策なり法律なりの実現可能性を真剣に考慮できるかどうか。おそらくそういうことが問われるはずなのだ。

ルソーが提起した、共同体とルールの基本的な考え方、そして、自由と〈あわれみ〉の回復という課題は、いまでも重要だ、とぼくは考えている。

国家の上にたつルール

しかし『社会契約論』の構想には、現在の私たちからみると、いくつか抜け落ちている面もある。

第一に、他国との関係や国際社会のルールについては何も語っていないことだ。

契約国家は、宗教対立や民族対立を超える原理だった。けれども、国家間の緊張と対立が厳しい状態では、いくら契約国家といっても、それは「国家への献身」を人々に要求する「運命共同体」になってしまう。ルソーもまた、〈いったん戦争が起こったときには兵役を拒むことはできない。君の自由・身体・所有権は国家のおかげで守られているのだから〉といっている。

国家間の対立がおだやかになっていくためには、国家の上位にたつルールが必要になる。そして実際、二度の世界大戦と冷戦を経験した現在では、明確なかたちではないけれど、国連を中心とした国際社会のルールが形成されつつある（国連なんて信用できない、という人もいるだろう。しかし国連を否定するよりも、どういう国運であればいいのかを考えるほうが大切だ、とぼくは思う）。国家間の対立がほどけていくという方向があるかぎり、国家は「献身」を要求するものではなくなってくる。「契約物としての国家」という考え方は、ふたたび意味をもってくるはずだ。

第二に、法や政策の基盤となる共通利益をどうやって定めるか、ということが現在の私たちにとっては問題となってくる。

ルソーが念頭においている国家のイメージは、比較的小規模な都市国家だった。つまり、彼の故郷のジュネーヴ共和国と、古代ギリシアのポリスである。比較的暮らしぶりの似た人たちによって小さな国家が直接民主主義的に運営されている、というのが彼の基本的なイメージだったのだ。

そういう場所とちがって、大規模で、様々な異なった利害が衝突し合う現代の国家では、共通利益を取り出すのは難しい。〈異なった利害を調整して折り合いをつけ、合意を調達していく〉、こういう発想が必要になってくる。さらに、経済政策などについては、どういう政策が長い眼でみて共通利益となるのかを判断する能力が必要になってくる。

その点でいうと、のちの『法の哲学』のヘーゲルはその判断能力を「官僚」にゆだねた。巨大な国家においては、充分に教育を受けた官僚こそが共通利益を取り出せると考えたからだ。この構想についても、私たちは検討してみなくてはならない。また、『法の哲学』のヘーゲルは、国家を自発的・自発的な形成物とみなすのではなく、むしろ「個々人を包み込む全体」として描いているようにみえる。なぜヘーゲルはそういう国家像を描き上げねばならなかったのか。――第六章では、そのこともふまえてヘーゲルの国家論を検討してみたい。

2　自律としての道徳――カント

自分のルールの普遍性

カント（一七二四～一八〇四年）についても、簡単にふれておこう。カントというと、認識論を展開して自然科学を基礎づけた『純粋理性批判』（一七八一年）の著者というイメージが強いけれど、当時の学生や知識人にとっては、『人倫の形而上学の基礎づけ』

（一七八五年）や『実践理性批判』（一七八八年）などの道徳論もまた、大きな影響力をもっていた。

　カントの考えの画期的なところは、「道徳的価値」を、外側から命じられる掟から切り離して、純粋に個人の内面に求めたことにある。教会の教えとか、君主の命令に従うことには、道徳的価値はない。そうではなく、個人の内側にある「理性の声」に従うことこそ、真に道徳的な行為なのだ。

　この理性の声は、こう命ずる。〈君の行為の格率（君なりのルール）は、だれもが採用しうるような普遍性をもつものか、と問うてみよ。そうであるときにのみそれを行なえ〉。このような「道徳法則」がどんな人のなかにも存在している、とカントはいった。

　この道徳法則、ちょっとわかりにくいですよね。具体的に考えてみよう。

　例えば、「明日歴史の試験があるけれどちょっと勉強不足だ。カンニング・ペーパーをつくってしまえ！」という場合。このときぼくは、「あんなに一所懸命勉強したのだから、一度くらいズルをしてもいいはずだ」と思っている。つまり、「みんなの認める正当なルールであっても、個人的な事情があれば自分を例外にしてもよい」という「格率」を採用していることになる。しかし、この格率はとうていみんなの採用できるものではない（これをみんなが採用してしまえば、そもそもルールというものが成立しなくなる）。だから、これはまちがった格率であり行為である、ということになる。

　カントの考えでは、人間が行為するときには、かならずその人なりの理屈――「自分の行為は……の理由で正当なのだ」——がある。そしてこの理屈のことを〈格率＝主観的ルール〉という。カントが主張しているのは、人間は自分なりのルールをもつだけではなくて、「自分のルールは勝手なものではないか、ほんとうに普遍性があるのか」とみずからに問いかける存在でもある、ということなのだ。

こういいなおしてみると、カントの主張はそれほどおかしなことではない。でも、私たちからみて違和感があるのは、「道徳的生き方こそが人間の最高の生き方である」と彼が考えていたことだ。

カントにとっては、この良心の声＝道徳法則を最大限に発揮すること、つまり「つねに自分の行為の正当性を判断したうえで、信念をもって行為すること」こそ、最高の生き方だった。それこそが、真に「自由」な生き方だと彼には思えていたのだ。外側の権威や命令に無批判に追従したり、自分の欲望の奴隷になること（＝他律）は恥ずべきであり、みずからを律する「自律」にこそ、理性をもつ人間としての尊厳があるのである。

私たちのごくふつうの感覚からすると、幸福（幸せ、悦び）をめざして生きるのが当然であって、そのさいに「他人を傷つけたりルールを破ったりしてはならない」ということも無視できない、というのが大多数の意見だろうと思う。しかし、カントにとっては、道徳と幸福、理性の声と感覚的な欲望とはまったく別のものだった。道徳的な生き方が幸せをもたらすとはかぎらないが、それでも人はひたすら「道徳的完成」——感覚的欲望に負けてズルをしないようになること——をめざして努力しなければならないのである。

「それじゃああんまりだ」と思いますよね。カントもそのことには気づいていて、だから彼はこうもいっている。〈道徳的完成に近づくことによって、人は幸福に「値する」人間になる。そのとき、神様が幸福を与えてくださることを期待してもよい〉と。このように、結局は神様をもちだして道徳と幸福とを結びつけてしまったけれど、カントのホンネは、あくまでも「ズルをしない強い意志力をもつ義しい人間になれ」というところにあった。彼はやはり、「道徳と信念の人」だったのである。

3　ヘーゲルたちの夢

古代の自由な共和国

さて、いままでルソーやカントの思想にふれてきたけれど、若きヘーゲルと友人たちは、それをどのように受けとめていたのだろう。

まずいえるのは、フランス革命・ルソーの共和国・カントの道徳性が、彼らのなかでほとんどひとつになっていた、ということだ。しかもそれは、古代ギリシアのポリス――とくに民主制の共和国アテネ――という具体的なイメージをとっていた。

ソクラテスやプラトンのようなギリシア哲学、ホメロスやソフォクレスなどのギリシアの劇作を、ヘーゲルと友人たちは熱心に読んでいた。当時のドイツには古代ギリシアを賛美する風潮があったのだ。自由人たちによる自由な共和国があり、そこでは美しい文化が花開いていた、と彼らは信じていた。

例えば、スイスのベルンで家庭教師をしていたときのヘーゲルの草稿に、こういう文章がある。

ギリシア人ローマ人は、自由人として、自分たち自身が立てた法律に従い、自分たち自身が自分たちの指導者として立てた人物に服従し、自分たち自身が決めた戦争に従軍し、自分たち自身のことがらにおのが財産、おのが情熱を傾け、幾多の生命を捧げた。——彼らは教えを学びもしなかったが、あくまで自分たち自身のものと呼べるような最高の道徳原理を、行為を通じて、実践したのである。公的な生活でだろうと、私的な、家庭の生活においてだろうと、だれもが自由人だった。だれもが、自分なりの法則に従って生活していた。自分の祖国、自分の国家という理念が、そのためにこそ自分が働き、それによってこそ自分が動かされる、眼にこそ見えないが、気高いものであった。これこそが、自分にとってこの世界での最終目的、いや、自分の世界の最終目的であった。(「想像力に富むギリシアの宗教とキリスト教という実定的宗教との相違」、一七九六年ころ)[4]

この文章は、若きヘーゲルの理想をよく表わしている。すぐわかるように、みずから立法しみずから服従するルソーの共和国と、カントの道徳性とが、古代の自由な共和国という具体的イメージのなかで結びついている。けれど、このように結びつくことによって、この共和国はひどく理念化されてしまっている。

ルソーも、国家が危機存亡のときには戦わねばならない、といったけれど、「国家こそが生きる目的」だとはいっていない。しかし、ヘーゲルのイメージする共和国は、「そのためにこそ自分が働き、それによってこそ自分が動かされる」ものになっている。つまり、人々の生きる目的であり生きる根拠になっている。

私たちの多くが、このような理想を受け入れられないだろう。なぜなら、私たち一人一人がそれぞれ自分の課題や目的を抱いて生活しているのがあたりまえで、国家は個々人の生活のための諸条件を整えるものでしかない、と感じているからだ。さらに、ひとたび国家が生きる目的であるとされてしまえば、個々人の自由は束縛され、国家への献身こそ正義となってしまうことを直観しているからだ。ナショナリズムの高揚が総力戦をもたらしたこと、ファシズムやスターリニズム、また社会主義の失敗を、私たちは経験ずみなのだ。

しかし、ヘーゲルはまだそういうものを経験していない。彼のなかにあるのは、〈人間のなかには高貴なものがあるんだ、ただ生命や財産のために生きているんじゃない〉という確信だった。そして彼にとっては、カントこそこの「高貴なもの」が人間のなかに存在することを証明した人物だった。〈キリスト教は一方に「絶対的な権威と能力をもつ神」をたて、他方に「罪深く、弱く、救いを神に仰ぐしかない人間」をおく。キリスト教からすると、人間はつねに無力なものでしかない。けれども、人間には「よいこと」をなしうる力がある。人間には「人間を聖霊と同じ列に高める自由の能力」[5]がある。これをカントが証明してくれた〉

しかし、カントのめざす「個人の道徳的完成」にヘーゲルは満足していない。〈個人が自分だけの幸せを求めるのではなく、ともに共和国という全体をみずからつくりだし、それに貢献すること。そしてその共和国によって自分が支えられること〉。それこそ、人間のもっている高貴な道徳性の真実の実現である、とヘーゲルには思えていた。彼が求めていたのは、**現実に生きられている**道徳的理念としての共和国だったのだ。

のちの『法の哲学』でのヘーゲルは、個人が私的な利益を求めることを積極的な権利として認めている（彼も若いころからすると、ぐっとリアリストになっている）。しかしそこでもやはり、〈人間の生は私的利益だけでは満足できないはずだ。共同体に貢献し共同体とつながっているという感覚をもてなければ、人間の生は貧しいものになってしまう〉と彼は考えている。人間の生きる根拠としての共同体。このイメージは、ヘーゲルの生涯をつらぬくものなのだ。

ぼくも、私的な利益——マネー・ゲーム——だけでは人間の生はつまらないと思う。しかし、共同体に貢献すること＝善と考えるべきではない。人々のために役立つことが、人間にとってひとつの大きな「悦び」であること、これは事実だ。けれどもそれは、だれもがそうすべき「善」ではなく、あくまでもひとつの悦びとして受けとめるべきものだ、とぼくは思う。このことも、『法の哲学』を扱うときに考えてみよう。

共和国の夢――国民宗教

〈自由な人々がともにつくりあげる共和国。人々はそこに生きる根拠を見出し、いつでも全体のために献身しようとする高貴な道徳性が実現されている〉。そういう共和国の夢をヘーゲルたちは実現しようとしていた。シェリングは哲学の場面に進出して、道徳的自律を説く「思想界の革命」――カント、そしてカントの後継者とみなされていたフィヒテの流れ――に参加する。他方のヘーゲルは、〈国民宗教〉の構想とキリスト教批判にとりかかる。

ルソーの公民的宗教にヒントを得て、ヘーゲルはキリスト教に代わる国民宗教というものをつくりだそうとしていた。それは、「国民の魂のなかでほとんどの場合まどろんでいる自己の品位の感情が目覚めるように[6]」するためのものだった。

「品位」とは、国民が自分たちでもって自分たちのルールをつくることができる、つまり、自発的・創造的でありうるという自信であり、同時に、道徳的な高貴な存在たりうるという自信でもある。国民宗教はこういう自信と品位を目覚めさせることによって、公的なもの（政治や国家）に積極的に関わろうとする態度を養うべきものだ。〈絶対的な権威（神）に隷従する「他律」的なキリスト教に対して、みずからを律する「自律」的な精神を生み出すこと〉。国民宗教はそのための手段として構想されたのだ。

ヘーゲルはまた、キリスト教の精神についても研究する。〈絶対的な権威を信仰するキリスト教はなぜ生まれたのか。絶対的な権威はなぜつくりだされたのか〉――しかし、キリスト教の研究と批判は、結果的に、それまでのカント的な立場を大きく転換させることになる。

次の章では、若きヘーゲルの思想の遍歴をたどってみよう。

第二章　愛は世界を救えるか

若きヘーゲルの求めたこと

この章で描いてみたいのは、「哲学者以前」のヘーゲルの思想のドラマである。それは、ヘーゲル哲学の形成過程を追うためでもあるが、この時期のヘーゲルの苦闘が、それだけでもとてもおもしろいものだからだ。

ぼくは二十代半ばのころ、若きヘーゲルの残した草稿をあれこれと読んだ時期がある。そのころぼくは、すごくヘーゲルの言葉に共感して、夢中になっていた。

彼は「知」とか「体系」を嫌っていた。理屈や知や真理を語る人が、しばしばそこに優越感をひそませていること、そういうことにヘーゲルは敏感だった。彼は理屈よりもむしろ、素朴な魂の美しさを求めていた。彼はまた、「掟」を守ることで自分の義しさを誇るような生き方に抵抗があった。掟や義しさを超えたもの、つまり「愛」こそ人間を美しくする、と彼は考えていた。

そういうヘーゲルが、ぼくはとても好きだったのである。けれど、哲学者になってからのヘーゲルは、ほとんど正反対の立場に変わってしまったようにみえる。

哲学者ヘーゲルは、「体系としての知」こそ真の知である、とことあるごとにくり返している。法律の意義をわきまえること、「自分が国家によって支えられ、国家に尽くしている」と知ること、つまり国家への献身のほうが、愛よりも高次のものだと語るようになる。

〈反知性主義〉から〈知性主義〉へ。〈愛〉から〈法律と国家の重要性〉へ。ヘーゲルはなぜ、このように変わってしまったのだろうか。かつてのぼくは、「これは堕落だ」と思っていた。いまのぼくには、それなりにわかるところがある。この変わり方が全面的に正しかったとは思わないけれど、少なくともヘーゲルは堕落したのではない、と思うようになった。彼は自分の「夢」を捨てたわけではない。むしろ、夢を生かしつづけるために、自分の立場を自覚的に変えていったのだ。

愛の宗教が人間を解放する

自由に憧れ、共和制を志向する若きヘーゲルは、同時に人間の魂の美しさを求めていた。制度の変革だけでなく人間の魂の革命が必要なのだ、と彼は考えていた。そして、最初のうちはキリスト教に代わる〈国民宗教〉に、その可能性を見出そうとしていた。

キリスト教は、超越的・外在的な権威、つまり絶対的な力をもつ神によって人間を支配する。それも、たんに外から命令するだけではなく、内面から支配する（従わないならば、地獄に落とされる）。さらにキリスト教の司祭や牧師は、現実の権力者たる王や貴族と結託して民衆を支配している。〈超越的な権威に脅かされ、そこから発する「掟」に隷従しなくてはならない〉という構造において、キリスト教と専制権力は共通しており、互いに結び合っている。――ヘーゲルにとって、彼の生きている時代は、そういうものに映っていた[1]。こういう在り方を超え出るような魂の在り方を探ること。これが若きヘーゲルの課題だったのだ。

この問いを考えていくなかで、ヘーゲルは、道徳性を基盤とした〈国民宗教〉の構想を放棄してしまう。彼がつかんだ人間の解放への道は、〈愛〉だった。そして、人々のなかに愛をよみがえらせる役割を果たすのは、国民宗教ではなく〈愛の宗教〉になる。しかし、愛も宗教も不充分だと見定めたとき、彼は哲学者への道を歩み出すことになるのである。

この〈愛の宗教〉へいたる道すじは、ルソーとカントに対して距離をとっていく道すじでもあった。若きヘーゲルが社会とキリスト教を批判するときの根拠は、なんといってもルソーの「自由」とカントの「道徳性」だった。しかし、これらに対する疑念がヘーゲルに芽生えてくる。

自主独立の自由を求めさせるのは、ひょっとすると自己中心的な欲望ではないのか。世界と共同性に対する憎しみと不信こそが自由を求めさせるのではないか、という疑問。それはまた、自由は人間にとって絶対的な価値なのか、という疑問につながる。〈「自主独立の自由」という超歴史的な批判基準には根拠があるのか。社会批判の根拠はいったいどこに求められるべきなのか〉という問いを、ヘーゲルは抱え込むことになる。

また、カントの「自律」はほんとうに人間のモラルの根拠といえるのか、という疑問。それは、「自分は自律をめざしている、だから自分は義しい生き方をしているのだ」という自己正当化の論理にならないか。もしそうだとすれば、超越的な規範に従って自己正当化するのと、結局、変わらないのではないか。ヘーゲルが〈愛〉を唱えるとき、人間のなかのモラルの根拠を求めようとする独自な思索を私たちはみることができる。

このヘーゲルがたどった道すじを、私たちもともにたどりなおしてみよう。そして、ヘーゲルの解決の仕方がほんとうに納得のいくものだったのか、考えてみよう。

1　世界と人間の分裂

絶対的な神は共同体との離別から生まれた

若きヘーゲルが〈愛〉と〈愛の宗教〉について模索していた時期の草稿は、『キリスト教の精神とその運命』（一七九八〜一八〇〇年）と呼ばれている。彼の残した未発表の草稿のなかでも、もっとも重要なものとされてきたものだ。そこで彼が課題としたのは、〈超越的・絶対的な権威の信仰はなぜ生まれてきたのか。権威信仰からの解放はどのようにして可能なのか〉という問いをとことん考えてみることだった。

彼は、旧約聖書を検討することから始めている。そこには「ユダヤ民族の精神」が描き出されている。ユダヤ民族はみずから絶対的な権威をもつ神を崇拝し、神から命じられた律法の奴隷となった。こういうもっとも権威信仰的な宗教と生き方を生み出し、キリスト教の母胎となったユダヤ民族の精神とは、どういうものだったのか。このことをヘーゲルは、旧約聖書から読み取ろうとするのである。

取り上げられるのは、ユダヤ人の始祖アブラハムである。「彼の精神こそが彼の後裔（こうえい）たちのすべての運命を統（す）べていた統一であり魂である」からだ。では、彼はどんな人物だったのか。

> カルデアに生まれたアブラハムは、すでに若くして父とともにその祖国を立ち去っているが、いままたメソポタミアの広野で、その家族からもきっぱりと別れたのだった。それというのも、まったく独立自存な人となり、みずから首長とならんがためだった。すなわちこの離別は、侮辱や放逐を受けたために起こったものではなかった。（中略）アブラハムを民族の始祖とさせた最初の行為は離別［分裂、引き裂くこと］である。すなわちそれは、共同生活の絆を断つこと、愛の絆を断つことであり、それまで人間や自然とともに生きてきたその関係を全面的に断ち切ることであった。（『キリスト教の精神とその運命』、［　］内は引用者の補足、以下同じ）[2]

アブラハムは、独立自存の人となろうとした。独立してあることこそが、彼の求めるものだった。彼は、大地の一片たりとも自己の世界の一部として受け入れたり愛したりすることはなく、人間たちのなかにあってもつねに「異邦人」でありつづけようとした。彼にとっての全世界は、よそよそしい疎遠なもの、自分と対立するものでしかなかった。そしてアブラハムは、自分に対立する世界を、神を通じて間接的に「支配」しようとする。

対立している無限な世界に対してとりうる唯一の関係、すなわち支配の関係は、アブラハム自身の力では実現不可能なものであったから、この関係は彼の理想（Ideal）〔である神〕に委ねられた。もちろん当のアブラハム自身もこの理想〔神〕の支配下にあったわけであるが、ほかならぬ彼の精神の中にその〔神性の〕理念（Idee）があり、それに仕えたわけであるから、彼はこの理念の恩恵を受ける身となったのである。（前掲書(3)）

この文章は、ユダヤ人のいわゆる「選民思想」を説明しようとしたものだ。整理してみると、世界と自分との疎遠さ（世界と自己の分裂）↓絶対的な力をもつ神をつくりだす↓神の命令にひたすら従うことによって自分と自分の民族が神の唯一の「寵児（ちょうじ）」となり世界の支配者となる、という構図になる。

神を通じて世界を支配する　　世界から疎遠になる

自由は自己中心性の産物か

この論理は、のちのニーチェのキリスト教批判と驚くほど似ている。ニーチェはこういっている。〈抑圧された無力な人々が、神という絶対的なものを打ち立てた。「神は弱く貧しく心清い者こそをお救いになる」というわけだ。神の背後には、弱者が強者に対して抱く復讐心（ふくしゅうしん）（ルサンチマン）が隠されている〉と。ニーチェは、弱者が観念の世界で自己を正当化し優位に立とうとする「倒錯（とうさく）」を指摘したのだ。

しかし、微妙にちがうところもある。アブラハムは、現実を支配するほどの強者ではないが、弱者でもないからだ。彼は、抑圧された力なき人というよりも、あらゆる諸関係から身を引くことによって「独立自存」を求める人物なのだ。この独立自存には、世界を支配しようとする権力欲も隠されているわけだけれど。

おそらく、ヘーゲルがアブラハムをこのようなかたちで描いたうらには、自主独立を求める近代人への批判意識が芽生えていたのだと思う。例えばルソーも自主独立の自由を求めた。自由の背後には、自分は自分として立っていたい、まわりの人間関係によって左右されたくないという気持ちがある。しかしそれは、なごやかな共同性を拒否して、ひたすら「おのれ」を求めようとする、自己中心的なものではないのか。そして、それは根源的には、世界に対する憎しみの感情から発生してくるのではないのか。

もし、そう考えるならば、自主独立を保とうとする自由・自律と、権威信仰である他律とを単純に対立させて、自由のほうにマルをつけておくわけにはいかなくなる。自由を求める感情が世界への憎しみから生じる自己中心性であるなら、それは絶対的な権威をつくりだしてそれに隷従する態度と、根っこでは通じていることになるだろうから。自主独立を求める人間が、絶対的な権威を呼び寄せてしまうというパラドックス。

ここでのヘーゲルは「自由」をネガティヴに語るところまではいっていないが、自主独立の精神に疑いをもちはじめているのは、たしかである。

さて、アブラハムに戻ってみる。彼の信仰と選民思想は世界との疎遠な感覚から生まれた、とヘーゲルは説明してみせた。けれど、このことを当人のアブラハムは決して自覚していない、ということが重要だ。アブラハムにとってみれば、神の存在も、神のくだす律法も絶対的なものであり、みずからはそれに従うしかないものである。〈世界との疎遠な感覚から、神をみずからつくりだしたこと〉、このことは、当人にとっては隠された事態なのだ。

そうだとすれば、世界との「和解」が可能になるためには、当人がこの事態に気づくことがなければならないだろう。自分が世界に対してもっている憎しみの感情と、神を想定することで世界を支配しようとしていたことに、彼自身が気づかなければならない。ヘーゲルが和解への鍵として取り上げようとする「愛」は、たんなる感情ではなくて、このような自己の在り方への深い了解（気づき）を伴うものでなくてはならないことになる。

アブラハムの子孫のユダヤ人たちは、この精神のゆえに悲惨な運命をくり返すことになった。彼らも憎しみの精神を忘れて他民族と和合することもあった。しかしそうなるとユダヤ民族としての結束が弱くなり、結果として容易に他民族に支配されてしまう。そこで自分たちの神の崇拝に立ち戻って独立を達成すると、それはそれで神と律法に対するまったくの隷属状態でしかない。ヘーゲルはこのように語って、イエスの登場へとつないでいく。

2 愛による人間の解放

愛は律法を不用にする

ヘーゲルは以前から、イエスその人と制度的に確立したキリスト教を区別して考えていた。〈キリスト教は結局、権威信仰に陥ってしまったけれど、イエスその人はちがう。彼は「道徳性を説いた人類の教師」だったのだ〉。こういう見方からイエスの生涯を描き出そうと試みたこともある（『イエスの生涯』、一七九五年）。しかしここでのイエスはもう道徳性の教師ではなく、〈愛〉を説いた人物である。愛を説くことによって、ユダヤ人の悲惨な運命を乗り越えさせようとした人物として、イエスは描かれるのだ。

では、愛とは何だろう。それはまず、律法を超え出たものだ。ユダヤ人は超越的な神からくだされた律法に隷属していた。とくにパリサイ人と呼ばれる人々は厳格な律法主義を唱えて、律法を守ることこそ義しい生き方である、と主張していた。それに対してヘーゲルは、イエスが「山上の垂訓(すいくん)」で「私は律法を成就するために来た」と述べているのを引用しながら、こういっている。〈この律法の成就とは、愛のことなのだ。なぜなら、愛は律法を否定しないが、律法を不用にしてしまうからだ。愛は、律法に特有な「義務・命令」の意識を取り払うものなのだ〉

これは、とてもよくわかりますよね。例えば、「隣人を愛せよ」という言葉があるけれど、「神様の命令だから愛さなくてはいけない」と思うことと、「隣人に対しておのずと愛情がわいてくる」こととは、大きくちがう。何かの行為が命令や義務として受け取られる場合、その行為を支えるのは自発的に行為する悦びではなくて、「義務にかなっている」という正当性の意識だろう。とくにパリサイ人の場合には、この正当性の意識を得ることがまったくの自己目的になってしまっている。

ヘーゲルはこういう自己正当化の意識を、醜(みにく)いものとしてとことん否定しようとしている。なぜなら、義務にかなっているという意識は行為に対する意味づけであって「行為には属さないひとつの不純物」だからだ。しかも、それはかならず「おのれを義しいと信じて他人をさげすむ」ことにつながる。イエスも「人の前で善行をしないように」「右手のしていることを左手に知らせてはならない」と語って自分の義しさを誇ることを戒(いまし)めていたではないか。

ヘーゲルはこのように、「命令や律法に従う義務の意識」と「相手を愛し、そのために行為すること」とを、根本的に対立させたのだ。

「掟」は対立から生まれ、対立を生む

では、命令や律法や法律、一般的にいって掟（ルール）について、ヘーゲルはどう考えていたのだろう。彼はいう、〈掟とは、全一なる生命の破壊を表わすものだ〉

ここには、少し説明が必要だろう。当時のヘーゲルは、〈もともと人間と人間、人間と自然は美しく調和して一体となっていたはずだ〉というロマン主義的なイメージをもっていて、この「調和的な全体」のことを〈生命〉と名づけていた。この調和的な生命が傷つき分裂するからこそ、掟は成立するのである。

〈なごやかに人々が交わって生命の調和的統一が保たれているかぎり、わざわざ「掟はこうなっている」という必要はないはずだ。だれかがその交わりを傷つけるからこそ、「……であらねばならない」という掟を決めたりいいだしたりする必要が出てくる。盗む者がいなければ、「盗むな」という命令は必要ではない〉

つまり、掟はなごやかな交わりが破壊され、人々が対立することから発生する。しかし、掟はこの対立を真に解消することはできず、むしろそれを固定化してしまうことになる。なぜなら、ほんとうに対立が解消するということは、盗んだ者と盗まれた者とのあいだにふたたび愛が通い合い、生命の統一が回復することだろうから。掟は対立する者どうしを真に和解させるのではなく、むしろこの両者の上に君臨して命令をくだすだけなのだ。

こういう愛の立場から、ヘーゲルはカントの道徳性をも徹底的に批判しはじめる。以前のヘーゲルは、「外側の権威に従う他律」と「みずから洞察する自律」とを対立させて、後者こそ高貴な道徳性であると考えていた。しかし、命令に従うという点からすれば、外側の権威に従うのも、みずから義務を洞察したうえでそれに従うのも根本的には同じことではないか。どちらも、掟を守ることによって自分の義しさの意識を得ようとするだけで、愛と悦びから行為するということを知らないのである。

ルールを否定できるか

ちょうど、ポスト・モダニズム、特にドゥルーズ＝ガタリが「多方面に錯乱する欲望」の立場からいっさいの道徳とルールを否定したように、ここでのヘーゲルも、「愛」の立場から義しさと掟をとことんしりぞけようとしている。ぼくは、ヘーゲルの言い分をとてもよくわかる。〈愛と悦びを知らずに、ただひたすら「義しく」生きようとする生き方。それって、変だよ。貧しいよ〉

――驚く人もいるかもしれないけれど、若きヘーゲル、ニーチェ、ポスト・モダニズム、この三者はまっすぐにつながっている。道徳的な義しさではなく悦びこそ生き方の根底にすえられるべきだ、という彼らの主張は、それまでの哲学とキリスト教の人生観に対する根本的な異議申し立てを意味していた。

ぼくは、生き方という面では彼らの考え方に賛成する。けれども、そこからルールと義しさ（正当性の意識）をいっさい否定してしまうことができるのか、と思うのだ。

例えば、「人権」というのもひとつのルールだろう。ルールだから、強制という面をやはりもっている。ひどい凶悪犯がいて「あんなヤツはぶっ殺してしまいたい」と思ったとしても、彼が裁判を受ける権利は、権利として認めなくてはいけないのだし、リンチをしてはいけない（これは、とくに被害者やその家族にとっては、ひどく辛いことかもしれない）。しかし私たちのほとんどが、犯罪者の権利の保護をやはり認めるだろう。「感情的には嫌だけれど、それはやはり認めなくては」というように。それは私たちが、人権の尊重は私たちが共存していくための必要不可欠なルールだと考えているからだ。そして、勝手にリンチをしようとするような行為を、「それは不当だ（正当でない）」と思うのである。

つまり、ルール一般がダメなのではない。私たちが社会をなして生活するかぎり、かならず様々なトラブルが発生するからだ。トラブルを防止するための手段としても、トラブルが起こったときにそれをなるべく合理的に解決するための手段としても、ルールを定めておく必要がある。問題なのは、そのルールが私たちの認めうる合理性をもっているかどうか、ということなのだ（そして「社会契約」の思想は、まさに社会のルールを合理的なものにつくりかえようと意図するものだった）。

実際ヘーゲルも、しばらくして、〈法律なき社会は存在しえない〉という問題につきあたることになるだろう。

愛のよみがえりについて

ここでのヘーゲルは、掟と義しさのみを認める精神を愛の立場から批判しようとしている。けれども、ただ批判するだけでは意味がない。なぜなら、掟と義しさしか知らない人々がみずからのなかに愛を取り戻すことが必要だからだ。もしそうできないなら、愛もむなしく彼らに対立することになってしまう。では愛は、どうやって彼らのなかによみがえることができるのだろうか。

彼がこの草稿で提出しようとした「愛のよみがえり」の論理は、研究者たちによって「愛による運命の和解」と呼ばれてきた。そこでのヘーゲルは、掟と義しさを守ろうとするユダヤ人を直接取り上げないで、むしろ掟と義しさを破壊した人間、「犯罪者」を登場させている。そして、この犯罪者のなかに愛のよみがえりを見届けようとするのである。

〈犯罪者と掟とは和解しうるか〉――まずこう問うところから、ヘーゲルは始める。犯罪者は、掟と正義とを自分の利益のために侵した人間である。他人から盗んだり、他人を殺したりした犯罪者を、掟は絶対に許しはしない。掟は現実の力（警察や裁判官）と結びつき、犯罪者を追いつめ、刑罰を科すだろう。では、刑罰の執行が終了すれば犯罪者と掟とは和解したことになるのか。そうではない、とヘーゲルはいう。なぜなら、彼は「盗んだ」のであり、その行為をなかったことにすることはだれにもできないからだ。「盗むな」という掟の視点からすれば、彼はいつまでも「罪人」なのである。裁判官も警察も法律も、もう彼を追いかけはしないけれど、それは「威嚇（いかく）的な立場へと引き下がったまでのこと」だ。

しかもこの掟は外側にあるだけではなくて、自分自身のなかにもある。自分のなかの掟はいつまでも自分を責めさいなんで放さない。「刑罰をうけたということが、良心の呵責（かしゃく）、すなわち悪い行ないをしたという意識、おのれ自身を悪人と思う意識を、いささかも変えるわけではない」からだ。こういう不安に耐えられずに、裁判官やまわりの人々のお情けにすがって「不誠実な物乞（ものご）い」をしようとする場合もあるかもしれない。でも、これがほんとうの解決にならないのは明らかだ。結局のところ、掟を絶対化する視点からすると、掟と犯罪者は永久に和解しえないことになる。

では、犯罪者に救いはないのか。ヘーゲルはいう。〈生命〉という場所からの視点においてはじめて和解は可能になる、と。

失われた共同性との和解

私たちはふつう、犯罪を掟の侵害（ルール違反）だと考える。刑罰を掟の侵害に対してくだされるものと考える。しかし犯罪とは根源的には〈生命〉の侵害なのだ。人間どうしが、また人間と自然とがなごやかに調和しているとき、生命は美しい統一として保たれている。その美しい統一を、犯罪という行為は分断するのである。そのとき、損なわれ傷つけられた生命は彼の敵となり、避けることのできない運命的な力として彼に報復しようと迫ってくる。

「運命として襲ってくる罰は、刑罰よりもはるかに厳しいものだ」とヘーゲルはいう。刑罰や復讐者が襲いかかるだけではすまないからだ。以前に彼が取り結んでいた人々とのなごやかな関係が一変し、それらすべてが敵対的なものとして彼自身にはむかってくる。

しかし犯罪者が、襲いかかってくる敵対的な運命を「これはみずから招き寄せたものなのだ」と気づくなら、事態は変わる。自分が犯罪という行為において傷つけたのは、根源的には掟でも他人でもない。周囲と取り結んでいたなごやかな関係こそ自分の生の基盤となっていたものなのに、それをみずから傷つけ破壊してしまったのである。犯罪者は何よりも、自己自身の生をダメにしてしまったのだ。そう気づくとき、彼のなかには失われた生命の合一、失われた共同性への憧憬が浮かび上がってくる。ヘーゲルはいう。

> この憧憬は、すでに一つの改善〔癒し〕(Besserung)あるといってよいだろう。なぜなら、この憧憬は生命の喪失の感情であるから、この失われたものを、生命として、すなわちかつて自己と親密であったものとして認めるものだからである。すなわちこの認知そのものが、すでに生の享受なのである。(前掲書[4])

彼はもう、復讐者や刑罰やまわりからの非難を、「やっかいなこと」と考えたりはしない。これは、みずから引き起こした「運命」であり、そういうものとして彼に与えられる罰だからだ。だから彼はそれを甘んじて引き受け、心底から生命の合一を求める。そのとき、敵対的となった生命（運命）と、犯罪者との和解の可能性が生まれてくる。掟と犯罪者は和解できなくとも、対立している生命どうしは合一できるからだ。

ヘーゲルは、失われた生命の合一を求める憧憬を、ふたたび「愛」と呼んでいる。彼はいう。「おのれ自身をふたたび見出す生命のこの感情こそ愛にほかならない。そして、この愛において運命は和解するのである[5]」

自己中心性への「裁き」

この論の意味するものを、ふりかえって考えてみよう。まず印象に残るのは、普遍的な生命の分断と、その反作用として襲いかかってくる運命（分断された生命からの反撃）という強烈なイメージである。

このイメージは、かつてのぼくの心のなかに深く入り込んで、焼きついて離れなかったものだ。自分の将来や学問のこと、つまり、自分が「ひとかど」の人物たりうるか、ということばかりが気になって、恋人がどういう気持ちでいるか、にはなかなか気づかなかったこと。家族や友人たちとの「関係」がほんとうに大切なものだとは、腹の底ではぜんぜん思っていなかったこと。そういう鈍感さと自己中心性に対して、確実に反作用がやってくる。ツケがまわってくる。当時のぼくは、このイメージをそういうふうに自分にひきつけて受けとめていた。

ヘーゲルの語るユダヤ人の運命の場合にも、まったく同じことがいえる。生命から自分を引き離し、超越的な神をつくりだして自分を正当化する、そういう自己中心性に対して、普遍的な生命の側からの反撃が起こる。ユダヤ人のこうむる悲惨な運命とは、生命の側からの反撃にほかならないのだ。

そう考えてみると、「愛による運命との和解」とは、普遍的な生命の側からくだされる自己中心性への「裁き」の物語であり、そして、この裁きを通じて生命が統一を回復するにいたる物語である、ともいえるだろう。体系期のヘーゲルを読んだことのある人だったら、「全一なる精神の分裂と再統合」という図式の原型はなるほどここにあったのか、と思ったかもしれない。

この普遍的生命の分裂と再合一というイメージに、私たちはいろいろな個人的な体験を読み込んだり、場合によったら何か深淵（しんえん）な意味を読み取ったりすることもできる。けれど、この「愛による運命との和解」の思想には、このイメージに解消しきれないものが確実にあって、それがこの思想をどこか感動的なものにしている、とぼくは思う。それは、これが普遍者の物語であるだけでなく、「犯罪者」という一個人が自分を捉え直し、新たに自己を発見する物語でもあるからだ。

でも、彼の気づいたこと、発見したことは、正確にはいったい何だったのだろうか。

世界を愛し肯定する

ヘーゲルが直接に語っているのは、こういうことだ。犯罪とは、掟の侵害でも自分と無関係な他者の侵害でもなく、まさに自分自身の侵害であったこと。犯罪者は、そのことに気づく。これは同時に、他人との信頼に満ちた関係こそ自分が生きていくうえで欠かせないものである、ということの自覚でもある。

これを平板にいえば、「共同性の自覚」ということになるだろう。しかし、この言葉でも、ヘーゲルのいおうとした内実はうまく伝わらない、とぼくは思う。

そもそも、犯罪者はどうして犯罪をおかしたのだろうか。ヘーゲルはここでは明言していないけれど、ユダヤ人と同じく、彼のなかには他者と世界を憎む気持ちがあったはずだ。憎しみの気持ちが、犯罪行為をなんらかのかたちで「正当化」する論理を彼のなかにかたちづくる。そうでなければ、信頼関係をみずから破壊したりはしないはずだ。

そうだとすれば彼は、自分自身のなかに世界に対する憎悪があったこと、そしてそれを正当化しようとする気持ちがあったこと、を了解するのでなくてはならない。その了解と同時に、世界に対する憎悪と自己正当化ではなく、世界に対する愛が自分にとってもっとも大事な、必要なものであったことに彼は気づくのだ。

ほんとうに必要なものは、「義しい」生き方でも「復讐心」でもない。自分にとって必要なのは、世界を愛し肯定すること、つまり、自分と他者と世界とを肯定し、いとおしむこと。犯罪者が気づいたのは、このことだとぼくは思う。

私たちは生きながら、様々な憎しみや不満を抱かずにおれない。その憎しみが、どこかで「自分を正当化」する理屈に化けていることがある。しかし、私たちはそういう在り方をしていることに気づかない。それが、自分をかえって貧しくさせていることにも。私たちはどこか、「ツッパって」生きているところがあるのだ。

このヘーゲルの思想は、そういう人間が抱いてしまう貧しさと、同時に自分のなかにも、何か美しいものへの憧れが潜んでいること。そのふたつを私たちに「気づかせる」のである。

ヘーゲルは、この美しいものへの憧れを、「愛」と呼んでいた。そのときの愛とは、家族や恋人や仲良しの友人のあいだに通っている感情とは、もうちがったものになっている。それは、世界に対する愛、世界と自分と他人とを肯定し、いとおしむ感覚であり、しかもはっきりと「自分にとって必要なもの」としてつかみとられたものなのだ。

自分にとって必要なものとして自覚され、つかみとられた「愛」。ヘーゲルは、犯罪者による「運命」の捉え返しというかたちで、人間の解放の論理をようやくかたちづくることができたのである。

3　それでも愛は世界を救えない

愛には限界があるのか

しかしヘーゲルは、ようやくつかみとったばかりの「愛による人間解放」という道すじに対して、それははたして可能なのか、と問いかけずにはおれなくなる。実際、イエスはユダヤ人に愛の精神を語ったけれど、結局は十字架にかけられてしまったのだ。律法と義しさしか知らない人々、つまり、愛を知らない人々に対して、愛は勝つことができなかった。

ユダヤ人から迫害されたとき、イエスが取りうる選択肢はふたつあった、とヘーゲルは考える。ひとつは、ユダヤ人を攻撃して身を守ることだ。しかしこれは、みずからの愛の原理を裏切ることになる。もうひとつは、他者との闘いを避けて、自分たちだけの小さな愛の共同体（教団）に生きることだ。イエスが選択したのは、後者だった。

しかし、この選択肢を取るかぎり、外の世界は敵意に満ちた愛なき世界のままにとどまる。愛は世界を救うことができなくなってしまうのだ。美しい生命の統一を実現するはずの愛は、きわめて部分的で限られたものになる。さらに、愛の教団自体もそのために「不純な」ものになるだろう。教団はつねに外部の世俗の世界と対立しつづける。愛の教団であったはずのものは、外に対しては排他的で、場合によると破壊的な狂信者集団と化してしまうだろう。そして歴史をたどるなら、教団は結局、世俗の権力と結びついて、ひどく抑圧的なものになってしまったのだ。

こう考えたとき、ヘーゲルは愛について、それが世界を救う原理たりうるかどうか、とあらためて検討せざるをえなくなる。

愛はたしかに、人々のあいだに通う「合一の感情」だ。しかしそれは二人や数人、せいぜい小集団のなかで通い合うだけで、それ以上には広がらないのではないか。つまり、愛はもともと狭い範囲にしか通用しない。

さらに、愛は所有権や法律をほんとうに「超え出る」ことはできないのではないか。たしかに、愛し合う者どうしのあいだでは権利も法律も不用になるだろう。しかし、権利と法律はあいかわらず世界のなかで働きつづけ、対立も処罰も起こりつづける。権利と法律なき世界は考えられないのだ。イエスは所有物とその権利を超えて高まることを要求したが、それは現代の世界にはあてはまらないだろう。「所有の運命はわれわれにはあまりにも強大になってしまっているから、（中略）それをわれわれから分離することはできない」[6]とヘーゲルはいう。権利と法律を超え出た愛を求めるかぎり、世俗の世界と対立した小集団を形成する以外にないだろう。

もうひとつある。愛は長続きしない、ということだ。愛の感情が自分のなかに満ちていても、それをいつまでも感じていられるわけではないからだ。私たちが現実を生きるかぎり、焦りや妬（ねた）みや憎しみをかならず経験せざるをえないのだ。

つまり、愛はそのままでは世界を救えない。では、どうすればよいのだろう。狭い範囲でしか通用せず、しかもすぐさま過ぎ去っていく愛に、広がりと永続性を与えることはできないか。

信仰——世界と他者と自分がひとつになる

そこでヘーゲルは、ふたたび「宗教」に着目する。イエスの死後、教団のなかには「復活したイエス」への信仰が生まれた。このイエスの像は、人々の愛がシンボライズされてひとつの「かたち」をとったものだ。そして人々は神（イエス）を信じることを通じて、愛の感情を思い出すのである。ヘーゲルはこういっている。「『神を愛する』とは、生の全体において自己を限りないものとして、無限なるもののうちに感ずるということである[7]」

信仰とは、自分と無限なものとをひとつと感じること、つまり、世界と他者と自分とがひとつにつながれていることを実感することだ。信仰のなかで、愛の感情がよみがえる。つまり、愛は宗教へと姿を変えることによって、広がりと永続性を獲得するのである。

こうしてヘーゲルは、かつての国民宗教ではなく、愛を人々のなかに想起させるものとしての役割を宗教に期待することになる。キリスト教を廃して国民宗教を興すのではなく、権威信仰へと堕落したキリスト教をほんらいの「愛の宗教」へと変革する。そういう道すじをヘーゲルは考える。

しかし、ヘーゲルはこの道を進まなかった。彼はこの草稿ののちも数年のあいだはキリスト教の改革という路線を捨ててはいないが、関心はもう「哲学」へと移っていく。もしヘーゲルがまっすぐにこの路線をつき進んだなら、彼は哲学者ではなく、特異な神秘主義的宗教家として名を残すことになったかもしれない。しかし彼が次にとりかかったのは、宗教論ではなく、ドイツの統一を訴える政論（『ドイツ憲法論』）と、彼自身の哲学体系のスケッチ（『一八〇〇年体系断片』）だった。愛でも宗教でもなく、哲学こそ、彼の求めるものになっていく。

なぜ、ヘーゲルは宗教の改革路線を進まなかったのか。それは、宗教もやはり不充分だからだ。

キリスト教の歴史は、宗教が権力的なものとなっていく過程だった。信じ祈っているときには神と自分はひとつであっても、ふだんは、神は自分とはまったくちがった特別な権威ある存在だと人々は思っている。つまり、神が「絶対的な権威」として君臨する可能性を、宗教は排除できない。

理由はもうひとつある。宗教が愛を想起するものだとしても、宗教の世界と世俗の世界の対立は、やはり残るからだ。権利や法律や権力の支配する世俗の世界に対して、宗教は無力なものにとどまるだろう。愛の共同体と現実世界の対立を、宗教は超えることができない。

つまり、愛も、愛を形象化した宗教も、やはり世界を救えないのである。ヘーゲルはこうして、愛を断念し、宗教の改革も断念し、哲学への道をつき進むことになるのだ。

けれど、ちょっとふみとどまって考えてみよう。

愛は生の肯定を呼び覚ます

そもそも、愛は世界を救うものでなくてはならなかったのだろうか、とぼくは思う。ヘーゲルは愛に、過大なものを要求しているのではないだろうか。

犯罪者のなかに愛がよみがえるとき、彼は、いままで忘れてしまっていた自分と他者と世界を肯定する感覚を思い出し、それに憧れるのだった。それは、愛こそが自分にとって必要である、という自覚をもたらすものでもあった。

もちろん、いったん愛を思い出したとしても、人はすぐにそれを忘れてしまうもの。だから、愛を想起させるものとして宗教を考える。このことも、ぼくはよく理解できるように思う。ぼく自身は無宗教な人間だけれど、例えば音楽の与える感動のなかには、確実にそういうものがある。すぐれた音楽や文学は、世界に対する肯定的な感覚と憧れを呼び覚ますところがあるのだ。ぼくはそれだけで、とても貴重なことだと思う。愛が世界中に満ちあふれてユートピアが実現されなくても、自分のなかに憧れと生きる力が呼び覚まされることが、大切なのだ。

しかしヘーゲルの場合、愛の意味合いはぼくの感じ方とはずいぶんちがうところがある。愛は「感情における合一」と定式化される。普遍的な生命の存在を根底にすえたヘーゲルにとって、愛は他人との合一であり、また他人との合一を介した普遍的生命との合一を意味していた。「分離された者たちが、一方は愛する者、他方は愛されている者であり、したがってどちらも一なる生けるもののひとつの器官であるときにのみ、愛のこの合一は完全である」[8]（この時期の草稿「愛」）

つまりヘーゲルにとっての愛は、生命の調和的統一を実現するもの、「世界を救う原理」でなくてはならなかったのだ。あらゆる人々が和解しあい、生命の調和的統一が具現化する、そういうユートピアをヘーゲルは求めている。しかしユートピア実現の原理としては、愛も宗教もたしかに「弱い」のだ。

ぼくはあくまで「自分にとって」という場所から考える。ヘーゲルは世界を救おうとする。これはひとつには、生きている場所がちがうからだ。ヘーゲルにとって、ドイツの現実はあきらかに歪（ゆが）んでいると感じられていた。隣国で革命が起こりナポレオンからの侵略が続く時代に、「新たな社会をつくりあげねばならないこと」は、彼にとって至上命令だった。世界の運命と自分の運命とは、彼のなかで固く結びついていたのである。

しかし、一人一人の人間が、生きる力を、自分と他者と世界に対する肯定的な感覚をどうやって呼び覚ますことができるのか。この課題はやはり残るはずだ。若きヘーゲルのこの草稿からおよそ九十年たって、ニーチェは『ツァラトゥストラ』（一八八三〜八五年）を書いて、キリスト教に対する厳しい批判と「生の肯定」を述べることになる。ニーチェは若きヘーゲルの思想を知りもしなかったけれど、彼のやり残した課題をふたたび取り上げて、それをさらにつき進めた。

愛の共同体が世俗と対立してしまうことを確認したとき、ヘーゲルは思っていただろう。〈現実をくぐりぬけなければならない〉と。法や権利、経済、国家権力のような領域をしりぞけてはならない。それらの現実のなかに入り込みながら、なんらかのかたちで「合一」を可能にするような道を探らねばならないのだ。

以降のヘーゲルは、イギリスの経済学者スチュアートの本を読み、またフランス革命の原理だった人権と法、そして国家権力についてあらためて考えはじめる。それは、いったん自分が否定しつくそうとした、掟・正義・自主独立の自由について、あらためて考え直すことでもあった。こうしてヘーゲルの思想は大きく転換していくことになる。

4　理想を時代に根づかせる

現実と対峙（たいじ）する

『キリスト教の精神とその運命』に続いて、ヘーゲルは『ドイツ憲法論』（一八〇〇～〇二年）という政治論文（未発表に終わった草稿）を執筆している。十八世紀末から十九世紀初頭のこの時期、フランスとのたびかさなる戦争にドイツ諸邦の連合軍は敗北しつづけ、ライン左岸はフランスに割譲されてしまう。この事態に対して、近代的な統一国家を形成すべきことを訴えようとしたのがこの草稿なのである。

この草稿で注目すべきことは、ふたつある。ひとつは、現実のなかに入り込むことをみずからに課したヘーゲルが、めざすべき国家像をはじめてかたちにしたということ。その内容を簡単にみてみたい。もうひとつは、理想と現実の対立を克服する新たな発想をヘーゲルが手にしているということだ。愛という理想が現実に対して無力であることを、彼は確認せざるをえなかった。だったら、どういうふうに現実を批判し、新たな現実をつくりうるのか。ヘーゲルは「批判の基準そのものを現実のなかからくみとる」ことをめざす。「時代の精神」が、新たなキー・ワードとなるのだ。

国家的統一の必要

まず、彼の提示する国家像のほうからみてみよう。

ドイツは神聖ローマ帝国を名のってはいたが、事実上いくつもの小国に分散していた。しかしそれは「もはや国家ではない」とヘーゲルは断言する。「ひとつの人間集団は、その所有物の全体を共同して防衛するように結合されているときにのみ、国家と称することができる(9)」からだ。つまり、外に対してきちんと「防衛」できること。これが国家といいうるための資格なのだ。

そのためには国家権力という中心点がきちんと存在して、そのもとに「兵力と外交とそれに関わる財政」が集約されていなくてはならない、と彼はいう。ちょっとびっくりした人もいるんじゃないかな。愛に満ちた世界を模索していたはずのヘーゲルが、正面から「国家権力」の必要を訴えるようになったのだから。

「ああ、ついにヘーゲルも国家主義者となったか」、そう思った人もいるかもしれない。統一国家の必要を訴える点ではたしかにそうともいえるけれど、ヘーゲルは決して「ドイツ民族の優秀性と一体性」を訴えたのでもないし、国民の自由を無視して「国家こそすべてだ」と叫んだのでもない。むしろ、ヘーゲルが訴えているのは、国家権力がきちんと存在して対外的・対内的安全を確保すべきだ、という一点だけに限られている。

ヘーゲルははっきりと、〈かつては習俗や言語や宗教の同一性が人々の結合のためには不可欠だったが、近代国家においてはそれはもう不可欠な要件ではない〉といっている。また、〈国家権力は国民の自由を最大限認めるべきであって、国家が国民の生活のすみずみまでを監視するようなことはあってはならない〉ともいっている。具体的にいうと、経済の領域は基本的に国民の自由にまかせて、政府が行なうのは例えば工業が農業を圧倒しそうなときに調整するにとどめる。また、職業団体の自治権や地方の自治権を広く認めるべきである。自治によって「活気と誇りある自己感情」が得られるからだ。

まとめてみよう。ここでのヘーゲルの考え方は、国家は外に対する防衛と国内の安全を確保するためのものであり、広く自由を認めることによってこそ国家はむしろ安定する、というものだった。これはそれなりにまっとうな考え方だとぼくは思う。けれども、この論文でのヘーゲルは、人権と共和制の考え方をもう絶対のものとはみていない。

無視された人権

権力者が一人なのか、複数なのか、血筋によるのか、選挙によるのか、そういうことは、「集団がひとつの国家的統一をなすべきである」という「必然的なことがら」に対してはどうでもよいことであり、国民のあいだに市民的権利の平等があるかどうかもどうでもいい。実際に農奴や市民や貴族が国のなかにあっても、ひとつの国家をなす妨げにはならない。こう彼はいう。

しかしこれは、ヘーゲルのもともとの発想からすると、ちょっとおかしなことだ。かつての彼は、圧倒的な権力をもつ専制君主のくだす法律にひたすら従うことを「他律」と呼んで批判していた。権力と法律の抑圧性（押しつけられること）を克服する、という課題を彼は抱えていたはずなのに、それはどこかにいっている。

もともと、一人一人に平等な権利を認めて合議制をとるという「人権と共和制」の思想は、権力と法律を他律から「自律」へと変えるために構想されたものだ。自分たちで認めた権力者であり、自分たちで認めた法律だからこそ、それはもう強制されたものではなくなる。ルソーとカントから学んだヘーゲルは、そのことをよくわかっていたはずなのだ。ここでのヘーゲルは、国家的統一を願うあまり、権力・法律・人権がいかにあるべきか、いかにして人々は美しい共同性をかたちづくることができるのか、という課題をわきに押しやっているようにみえる。

たしかにその点では不満が残るけれど、ヘーゲルは理想と現実の対立を克服する新たな発想をつかみはじめてもいた。この『ドイツ憲法論』の「第二草稿序文」を読むと、そのことがよくわかる。そこでヘーゲルは、実際家と理想家という二種類の人々について語っている。

一方の実際家は、いわば一般大衆だ。彼らは自分の現実の生活を受け入れて生きている。法律がどんなおかしなものであろうと、国王がどんなに権力的であろうと、さからおうとはしない。自分に許された限界の範囲内でその人なりに生活を営んでいる。

他方に理想家がいる。理想家には、大衆が「限界の範囲内」で生きていることがよくみえている。そしてそれが人間の「本性」にふさわしくないことも。だから、彼は現実の生活に参加しようとしないで、自分の心のなかで人間本性にふさわしい生活を美しいイメージとして思い描いて、それを楽しもうとする。

けれど、そのままの彼の状態は「絶えざる死」である、とヘーゲルはいう。なぜなら、いくら美しいイメージであったとしても、それを「生きたもの」として現実のなかに見出すことができないなら、ほんとうの満足が得られるはずがないからだ。そこで彼が現実へと向かおうとするなら、革命家となって「現存の世界の否定的なもの」を廃棄しようと努めるしかない。しかし、それはふたたび新たな苦悩——フランス革命の恐怖政治のような——をもたらすことになる。

ヘーゲルの語る「理想家」とはイエスでもあるし、革命をめざしてきた自分のことでもある。イエスはユダヤ人に愛を説いたが、十字架にかけられた。弟子たちはイエスを追憶しながら美しい共同性のイメージをかたちづくったが、それは自閉した小集団のなかでのことだった。さらにここでのヘーゲルは、現実に対して打って出る暴力革命の路線もしりぞけようとしている。

現実から目をそむけて内界に閉じこもれば、「絶えざる死」。理想を掲げて革命を試みても、力と力のぶつかりあいを生み、新たな「運命」を招き寄せるだろう。——では、どうすればよいのか。もう手の打ちようがないように思えるけれど。

しかし、ヘーゲルは自分なりの出口をすでにみつけていた。この新たな発想は、「時代の精神」という言葉に込められていたのである。

社会批判の根拠

ヘーゲルは続けてこういっている。「現代の現象という現象はすべて、古い生活にはもはや満足が見出されなくなったことを示している」と。大衆はいままで自分たちに許されてきた生活にもう満足せず、無意識のうちに何かを求めようとしている。理想家も生活に対して憧れを抱くようになっている。だから「これら二種の人々の態度には、互いに近づこうとする努力がある」。

時代の精神が大きく動いている。よりよき生活の雰囲気が現代に漂っている。いままで続いてきたドイツの国家制度は、もう長くはもちこたえられないだろう。ちょっと長いけれど、ヘーゲル自身の文章を引用してみる。

> ドイツの国家制度という建物は、過ぎ去った数世紀につくられたものであり、もはや現代の生命によって支えられてはいない。この建物のもろもろの形態には、一千年以上にわたる運命の全体が刻み込まれており、それらのうちには、はるか以前に過ぎ去った幾時代の、はるか以前に消滅した幾世代の正義と権力とが、勇気とおびえとが、栄誉と血と困窮と幸福とが住んでいる。今日生きている世代が展開し活動させることを誇りとしている生命と諸力とは、これらの諸形態には少しも参加せず、この建物に少しの関心もなく、これらの諸形態からなんの糧をも得ていない。この建物は、その柱や唐草模様とともに、世界の時代精神から遊離して立っている。
> （『ドイツ憲法論』[10]）

「ずるいよ」と思った人もいるかもしれない。だって、ヘーゲルのいうのは「現実のほうで変わってくれる」ということでしょ。だったら、理想と現実の対立なんてもともとなかったことになる。うーむ、たしかにそうもみえますよね。しかし、ヘーゲルが「時代精神」という場所から考えようとするのは、理想と現実の対立をただ解消して、現実を**そのまま受け入れてしまう**ことではなかったのだ。むしろそれは、理想家であった自分が**現実に絶望してしまわないための**方法、自分の**理想を鍛え直して強くするための**方法だったのだ。では、それはどういうものだったのだろう。
まずは、この引用文に含まれている考え方を整理してみる。
①ひとつの社会や時代には、それなりの「精神」がある。それが「時代の精神」だ。これは、人々が意識的・無意識的に共有している価値観や世界観のこと、とひとまずおさえておいていい。
②社会の法律や制度（建物）は、この時代精神によってかたちづくられており、支えられている。
③時代精神（人々の価値観・世界観）が大きく変動するとき、いままでの制度は壊れて新たな制度がつくりだされる。
これを「社会変動を理解するための公式」として受け取ると、つまらない。そうではなくて、理想が無力なものにとどまらないためにはどうすればいいのか、いいかえると、社会批判の「根拠」はどのように設定しうるのか、という問題に対する解答をここにみるべきなのだ。

自由と共同性の夢を時代のなかに捉え直す

時代精神という場所から考えるということは、まず、超歴史的な人間本性や、いつの時代にも唯一正当であるべき社会制度を想定しない、ということだ。つまり、理想を固定的で超歴史的なものとは考えないこと。かつてのヘーゲルは、自由と自律を、それから愛を、人間の「本性」とみなし、そして共和制こそが人間本性にふさわしい制度だと考えてきた。けれど、ここでの（そして、これ以降の）ヘーゲルは、〈人間ほんらいの在り方という場所から現実の社会制度や人々の意識を批判する〉という批判のスタイルをすっかりやめてしまうのである。

　でもこれは、「いままでの理想はぜんぶダメ」といって投げ捨ててしまうこととはちがう。それはむしろ、それまでの自分の理想（自由・愛・共和制）を、歴史という地盤のなかでもう一度捉え直し、鍛え直すことを意味していた。そうしてはじめて、「理想家」は大衆と出会う可能性を手にすることができるだろうから。

　この「鍛え直し」には、大きくいってふたつの意味がある。ひとつは、自分の理想がどういう歴史的現実から生まれてきたものなのか、について自覚的であること。もうひとつは、自分の理想の実現可能性をきちんと視野におさめることだ。

　ルソーが自由とあわれみの取り戻しを願い、カントが自律のモラルを説き、そして自由・平等・友愛を標語に掲げてフランス革命が起こったこと。これらはたんなる偶然ではなくて、時代精神の動きのなかに根拠をもつはずだ。人間性と社会制度の理想を、時代精神の歩みのなかに根づかせなくてはならない。ヘーゲルは約七年後の『精神の現象学』のなかで、この課題を果たすことになる。

　この作業は、いままでの理想をそのまま歴史的に根拠づけるだけではなくて、理想を反省し、修正することを意味してもいた。「個人の自由」という原理がそれだけで絶対化されれば、それは共同性の破壊につながるだろうし、「共同性」の原理がそれだけで絶対化されたときにも、個人の自由は押しつぶされるだろうから。自由への憧れと共同性への憧れというふたつの夢を、時代精神の歩みのなかで「ひとつ」の夢として、しかも現実のなかに根拠をもった夢として示すこと。『精神の現象学』は、そういう課題に答えようとしたものなのだ。

この捉え直し・鍛え直しは、もうひとつの方向をとる。自由と共同性の夢を実現するための具体的な条件を探ることだ。人々のなかに新しい生活を求める動きがある。これはたしかだ。しかし、それがどういうかたちをとりうるかはまだわからない。ドイツの具体的な現実をふまえたうえで、自由と共同性の夢はどういうかたちで、つまり、どういう制度として実現されうるものなのか。以降のヘーゲルは、イギリスの選挙制度や経済学、諸外国の国家制度を研究しながら、社会制度のプランを様々に構想することになる。それが確定したかたちをとったのは、この草稿から約二十年後の『法の哲学』においてである。

＊

理想家だった青年ヘーゲルは、大人になったのだ。彼は自分の理想を歴史的現実のなかで修正し、現実のなかに理想の実現可能性を探ろうとする。そして彼は、愛でも宗教でもなく、精神の歴史的形成をたどる「哲学」への道を歩むことになる。

第三章　自己意識は自由をめざす――『精神の現象学』の構想

ヘーゲルの主著『精神の現象学』

ヘーゲルは、三十歳になった一八〇〇年、イエナ大学で活躍していたシェリングに手紙を書いて就職を依頼し、翌年からイエナ大学の私講師となった。そして体系のための様々な草案を書きつづけた。このイエナ時代の最終決算として、ヘーゲルはついに、『哲学体系第一部・精神の現象学』（一八〇七年、以後『現象学』と略す）を発表する。そのとき彼はもう三十七歳になっていた。それまでのヘーゲルはシェリングの支持者・同調者とみられがちだったが、ここではじめてヘーゲルは自分独自の哲学をかたちにすることができた。『現象学』は、文句なしの、ヘーゲルの「主著」といっていい。

発表されたときは不評で、ほとんど黙殺に等しい扱われ方だったけれど、この本はとてもいきいきしている。表題が二つあって（もともと「意識経験の学」という名前を彼は考えていて、その古い表題もいっしょに印刷されてしまった）、目次も混乱している。かなりあわただしく執筆したらしく、くどかったりわかりにくい箇所も多い。けれど、ようやく自分なりの発想をつかんでいままさにそれを展開しつつある、というような生々しさがこの本にはある。そしてこの発想は、いまでも検討に値するものだ。この章では、この発想をなるべく明快に解きほぐしてみようと思う。

1　『現象学』とは何か

意識の成長物語――知と社会制度の形成

『現象学』の主人公は、「意識」である。最初はとても素朴だった意識が様々な経験を積んでより深く自分と世界とを知っていき、ついに〈絶対知〉へといたる。よくいわれるように、『現象学』は意識の「成長物語」というかたちで描かれる哲学なのだ。

でも、それっていったい何を意味するのだろう？

一言でいうなら、『現象学』とは、人類の精神の形成過程を追跡しようとする学問である。人類はいままで、様々な知と社会制度を生み出してきた。自然科学のような様々な学問、学問というより人生観や世界観というべきもの、また社会や道徳についての様々な思想。ほんとうに様々な知の形態を人類はつくりだしてきた。他方で、人類は様々な社会制度をつくりだしてもきた。戦争状態もあれば、階級社会もある。神と宗教の支配する社会、社会の掟に飲み込まれていて「個人」というものが存在しない社会、絶対君主の支配する社会もある。

〈あらゆる知と社会制度とを人間精神の所産とみなしたうえで、その形成過程を明らかにしようとする学問。そういう学問がつくれるはずだ〉。ヘーゲルの基本的な発想はこういうものだった。

この学問のためには意識の成長物語のスタイルをとるのがよい、と彼は考えた。意識は経験を積むことによって、いままでの知を改めて新たな知を形成する。まったく同様に、意識は経験を通じていままでの社会制度を改め、新たな制度をつくりだす。このように、意識の成長物語というスタイルで、あらゆる知と社会制度の成り立ちを解明してみせることができるだろう。――なんと空恐ろしいことを考える人だろうか！　それはともかく、このような途方もない課題を果たそうとする学問こそ、『精神の現象学』だったのである。

先ほどもふれたように、この学問はもともと「意識経験の学」という名前で構想されていた。このネーミングはヘーゲルの発想にピッタリだとぼくは思うのだけれど、彼は最終的に『精神の現象学』という表題を選んだ。なぜなら、登場してくるそれぞれの意識は、すべて人間精神のひとつの現われとみなすことができるからだ。だから、「精神の現象」の学問＝「精神の現象学」ということになった。

『現象学』の目的としたこと

どんな学問かは、だいたいわかった。でも、これはいったい何のために書かれたのだろうか？

第一に『現象学』には、現実の様々な事件や動きを判定するための基準を定める、という意味が込められていた。

結論からいうと、『現象学』は〈いま人類は、自分の自由と他人の自由を認め合ったうえで、社会のルールをより合理的なものにつくりあげるという方向に進みつつある〉と主張するものだった。そういう歴史の流れから、現実の様々な事件や動きのよし・あしが評価されねばならないのだ。

〈愛の宗教〉を構想していたときには、権利や法律をすべて否定しようとしたこともあったけれど、ここでのヘーゲルは、人権やルソーの考え方――法は人々の〈一般意志〉の表現でなくてはならない――をはっきりと肯定し、フランス革命の人類史的な意義を認めている。『現象学』の後半部でフランス革命とカントを取り上げながら、〈個人が自主独立の自由を求め、そして社会制度に対してもきちんとした「理」を要求すること〉を、人類の経験が生み出した必然的な要求としてヘーゲルは語るのである。この歩みについては、第五章で詳しくみることにしたい。

第二に『現象学』は、近代人のとるべき「モラル」とはどういうものか、モラルの根拠があるとすればそれは何か、という問いに答えようとするものでもあった。

〈何がほんとうに道徳的な態度なのだろうか。カントの道徳性はいつわりではないのか〉。愛による人間解放を考えはじめたときから、ヘーゲルはカントに対してこのような疑問を抱いていた。この疑問に対しても、『現象学』は精神の歴史をたどることによって、ヘーゲルなりの答えを出そうとしている。彼の出した答えは、共同体の掟への忠誠でも、何かの理念への忠誠でもなく、カントの自律でもない。そして、後の『法の哲学』のような「国家への貢献」ともちがうものだった。

精神の歴史は、共同体の掟と個人が一体だったポリスから、明確な「私」の意識が析出されて、それが次第に絶対性を獲得していく過程でもある。その結果、「私」は絶対的な権能をもつものになって、自分のなかで善悪を自由に判断する力をもつことになる。しかし「私」は、自分の判断を他者に向かって開かねばならないことを、最終的に認めることになるだろう。なぜなら、自分のなかに「共同的であろうとする意志」が存在することを確認することになるからだ。個人は絶対的な権能をもつけれど、それにもかかわらず、自分のなかに「共同的であろうとする意志」が存在することに気づく。だからこそ、自分の判断が誤りうることを認め、他人に向かって自分の判断を開こうとする。——ヘーゲルは最終的に、このようなかたちで人間のモラル（の根拠）を説いた。そしてこの自覚こそ、事実上の〈絶対知〉なのである。

ぼくはここには、深い洞察があると思う。このくだりはカントの道徳性を取り上げた直後の〈良心〉という章で語られているのだが、このヘーゲルの思想についても第五章でよく考えてみたい。

第三に、体系知への野心から『現象学』は書かれた。当時のドイツでは、フィヒテやシェリングだけでなく、いまではあまり名前の知られていない人たちも含めて、ほんとうに多くの人たちが何かに憑かれたように様々な「哲学体系」を試みていた。しかしそれらは「真理の体系」といえる資格をもっていない、とヘーゲルは考えていた。それまでにないまったく新しい発想のもとで、「真理の体系」といえる資格をもつ哲学をつくりだしてみせること。これが『現象学』に託したヘーゲルの野心だった。

真理の体系なんてものを、私たちは信じない。ぼくも、信じない。けれど、真理の体系を可能にしようとして彼が編み出した発想法には、とてもすぐれたものがある。ぼくはこの発想をなるべく明快なかたちで取り出して、現代哲学の考え方、とくにフッサールやハイデガーの発想と比較してみたい。そして、ヘーゲルの場合にはなぜ「体系」が可能だったのか、を考えてみようと思う。——そしてこのことが本章の中心課題となる。

2 『現象学』の〝原理〟

人間の「意識」の在り方

『現象学』の課題はあらゆる知と社会制度の形成をたどりなおすことにある、とぼくはいった。しかしそれは、具体的な歴史学的な研究、例えば科学史や精神史の研究とは異なる種類のものだ。なぜなら『現象学』は、ある根本的な原理から出発して、あらゆる知と社会制度を解明しようと試みるものだからだ。

では、その原理とは何か？——それは、人間の「意識」というものの在り方を深く洞察することによって得られたものだった。無理を承知で要約してみると、以下のようになるだろう。

①あらゆる対象は意識の場面において経験される。意識の「外側」を考える必要はない。――根源的な場面としての「意識」

②意識は自分の知を「反省」することができる。反省こそ、意識を進展させる原理である。――意識の「反省」能力

③意識は本質的に「自己意識」であり、〈自己〉を安定させよう・拡大しようとする欲望をもつ。たんなる反省というよりも、本質的にはこの欲望こそが意識の進展の原理である。――「自己」意識

これだけではよくわからないと思うけれど、これから少しずつヘーゲルの発想を解明していこう。

（1）根源的な場面としての「意識」

意識されることによって世界は存在する

〈あらゆる対象は意識の場面において経験される。意識の「外側」を考える必要はない〉――これはちょっと荒唐無稽(こうとうむけい)な話に聞こえるかもしれない。私たちのふつうの語感からすると、意識という言葉はかなり狭い範囲のものだからだ。例えばフロイトだったら、無意識の欲求が人間のなかにあって意識はほんの表層にすぎない、と考える。また、

意識されていること（知っていること）に対して、知られていない広い現実がある、と私たちは考える。つまり、広い海に浮かぶ島のように、きわめて狭く限定された領域として、私たちは「意識」というものをイメージする。

けれど、ちょっと見方を変えてみよう。「意識の外側」を考えているのも意識なのではないか、と。たしかに、私たちは意識の外側にいろいろなものを想定している。「無意識」の領域、知られざる現実、絶対に認識されない「物自体」、あるいは「神」。たしかにそれらは、感覚的に経験され意識されるものではないけれど、やはり意識されているのだ。例えば、無意識。「なるほど、意識の背後に無意識があると考えたほうがいろんな説明がつくなあ」というふうに私たちは考える。このとき、無意識の存在を考えて納得しているのは、意識なのである。

神についても同じことになる。「絶対に不可知の存在としての、端的な外部としての神。それについてはだれも語ることができない」と思う。しかし、神をそういう「不可知なもの」とみなしているのは、意識なのである。

そう考えてみるとき、意識に対する「絶対的な外側」を、私たちは想定することができないことがわかる。むしろ、意識こそが根源的な場面であって、そこにいっさいの対象や知が登場してくるのだ、と考えるしかなくなる。手でさわれる感覚的な対象（物）も、物理学的な法則も、現実の彼方（かなた）に思い描かれる至福の世界も、自分自身がどういうものかということさえ、意識の場面に登場してそこで経験されるのだ。

これは、二十世紀初頭にフッサールが創始した「現象学」と、基本的に同じ考え方である（フッサールはヘーゲルをまったく読んでいなかった。だからフッサール現象学とヘーゲルの『現象学』には直接のつながりはない）。両者には大きなちがいもあるけれど、「意識を根源的な場面と考える」というかぎりでは、まったく同じ発想をしているのだ。でも、こんな面倒な発想をとることの「意味」は、いったいどこにあるのだろうか。

経験の実質に迫る

それは、意識の場面とそこでの経験に「内在」することによって、私たちの経験の実質を問うことができるようになるからだ。

私たちはふつう、唯一の同じ現実に対して様々な見方があると思っている。ところが、いっさいを意識の場面で経験するままにみようとすると、現実というものは固定的な項目ではなくなってしまうのである。

例えば、食塩があるとしよう。料理をする人はこれを「調味料」として取り扱うだろう。でも、化学者にとっては、それはNaClという化学式をもつ「物質」なのだ。両者をわきからみていれば「同じものを別々の仕方で取り扱っている」というふうに、たしかにいえる。けれども、料理人にとっての食塩と化学者にとってのそれとは、まったく別のものとして経験されているのだ（もちろん、両者を「同じもの」と考える意識の経験もまた存在する）。もっと広い現実に関しても同じことがいえる。同じ日本社会といっても、障害者の経験する日本社会と健常者の経験する日本社会とは、まったく異なったものかもしれない。

　経験の実質を問うためには、固定的で同一にとどまる現実（客観）を想定するのではなく、経験されるかぎりでの対象の在り方を取り上げねばならない。ヘーゲルはよくこういう言い方をする。〈認識とは固定的な対象にあれこれの述語をくっつけること、と考える人がいるが、それは誤っている〉と。なぜなら、対象に対する見方が変わる（認識が変わる）ということは、意識経験の場面に内在するかぎり、対象そのものの変化を意味するからだ。

　このことは、主観の側についてもいえる。「私」という固定的な主観が様々な対象を様々に経験する、というイメージを私たちはもっている。しかし、「私」とは、「魂」のような固定的なものとしてあるのではない。料理をするときの私と化学者としての私は、ぜんぜん別の目的をもち、ぜんぜん別のルールに従ってふるまっているのだ（会社にいるときの私と家庭にいるときの私を考えてもいい）。経験の実質を問題にするかぎりでは、このふたつの私を別々の主観として取り扱うべきなのだ。

『精神の現象学』＝「意識経験の学」は、主観と客観を固定的な項目と考えるのをやめて、そのつどの経験における主観と客観の在り方をみる、という方針をとる。化学者主観に対するNaCl、料理人主観に対する食塩、というように。これは、私たちの経験の実質に迫っていくためには、とてもすぐれた方法だった。

化学者としての私・料理人としての私

世界の見方を変える「知」

では、それぞれの経験の種類を分けるもの、経験の「ちがい」をつくりだすものは、何なのか。ヘーゲルの考えでは、それは広い意味での「知」なのである。先の例でいうと、対象を「調味料」とみなすか、「NaCl」とみなすか、が経験の質を分けるのだ。

このことは、私たちのあらゆる経験を通じていえる。「恋愛こそが人生の目的だ」と信じて、世界に関わろうとするか。「大衆はだまされている。正義を社会に実現しなければならない」と信じて、世界に関わろうとするか。私たちが様々な対象や現実に関わるときに決定的なのは、対象や自分をどのようなものとみなしているか、という意味での「知的な契機」なのである。

私たちは、知という言葉をかなり狭くつかうことが多い。勉強したり本で読んだりするような「知識」という意味で。そしてそのとき、知と現実とはしばしば対立的に捉えられる。あの人は頭でっかちで現実を知らない、というように。しかしヘーゲルが取り上げようとしている知とは、そういうものだけではない。

私たちは、まったくの裸の現実を経験しないし、経験できないのだ。私たちの出会う現実はかならずなんらかの知として現われる。といってもいい。あそこは「喫茶店」で、一服するところであり、これは「机」で、仕事をするところである。そんなことをいちいち意識しないけれど、私たちの出会うものはかならずそういう知として存在する。これは自分自身についても同じだ。私はあるときは会社の一員として、あるときは家族の一員としてふるまう。いちいち意識してはいないけれど、自分自身も「何者か」として把握されている。

知という言葉には意識的・能動的なニュアンスがあるから、ハイデガーの用語を借りて「了解」といってもいい。私たちは自分・他人・世界の諸事物・世界に対して、つねになんらかの了解をもち、ふるまうのである。『現象学』は、このような自分と世界に対する了解について、それにはどのような種類がありどのように形成されてきたか、を問題にする学問でもあるのだ。

意識経験の場面から考えるというヘーゲルの発想は、こうしてまったく新しい学問のスタイルをつくりだした。それは、次のようにまとめることができるだろう。

①固定的な主観と固定的な客観を廃棄して、私たちの意識経験に内在しようとする。

②それは、経験の実質を成り立たせている「自分と世界との了解」という広義の知の種類と形成過程を問おうとする。

（2）意識の「反省」能力

反省によって新たな知がつくられる

次に考えねばならないのは、意識がこのように新たな知をつくりだすことができるのはなぜか、という問題である。ヘーゲルの考えでは、それは意識に〈反省〉という能力があるからなのだ。

　彼のいう〈反省〉は、内容的には私たちがふつうにつかう「反省」とほとんど重なっている。例えば、「世間も他人も知ったことか、快楽だけがすべてさ」と信じている人がいたとする。最初のうちは人生の目的＝快楽ということになんの疑いもない。けれど、さんざん他人に迷惑をかけた結果、だれも自分のことを見向きもしなくなって、ぜんぜん楽しくなくなったとしよう。そのとき彼は「反省」しはじめる。「快楽は大切だけれど、そのためにも他人を無視してはまずいな」と。

　ヘーゲルが〈反省〉と呼ぶのは、〈自分自身の知を自分自身で検討し吟味すること〉である。簡単にいえば、考えることといってもいい。あたりまえのことだけれど、意識は考えることができるから、新たな知をつくりだせるのだ。

　ただ、ここで注意すべきなのは、意識はつねに反省能力をフル回転させているわけではない、ということだ。「……である」と確信していて疑いのないときには、〈反省〉は働いていない。反省が働き出すのは、自分の考えではうまく処理できない事態に遭遇するからである。そのときはじめて、意識はいままでの自分の知をふりかえって検討し、そして、新たな事態に対応する新たな知をつくりあげることができるのだ。

　しかしそうやってつくりあげられた新たな知も、またすぐさま「あたりまえ」になる。そしていちいち考えたりしない、反省を欠いた状態になる。

〈直接性〉——「じかに」わかること

反省によって得られた知が、反省を欠いた「あたりまえ」になること。これは別に堕落でもなんでもなくて、むしろ意識のもつ積極的な本性なのだ。

例えば、数学の定理を理解したり、自動車の運転を覚えたりすることを考えてみてほしい。あれこれ考えつつ運転を覚えるけれど、マスターしてしまえば何も考えずに動かせるようになる。だから、運転しながら行きたいところを考えたり、話をしたりすることもできるわけだ。数学でいえば、ベクトルの定義をマスターしてはじめて、ベクトルについてのいくつかの定理を理解することができる。それらの定理をマスターすれば、今度はそれを応用してまた新たな問題を解くことができるようになる。こうして、できることがより高次になっていく。

つまり、「いちいち考えずにすむようになる」という契機があるからこそ、意識は「ながら」もできるし、そこを出発点として新たな経験を積み、さらに新たな知を形成することもできるのだ。

この「考えずにすむこと」を、フッサール以降の『現象学』は、意味沈殿とか意味の身体化と呼んできた。ヘーゲルの言葉づかいでは、このことを「直接性」と呼ぶ。いちいち考えなくてもじかにわかる、ということだ（反対に、あれこれと反省し思いめぐらすことを「媒介（ばいかい）する」ともいう）。

まとめておくと、〈反省の結果得られた知が直接性となることによって、それを基点とした新たな経験が可能になる〉。

直接性は意見の対立を生む

ところで、直接性という契機は、意見の対立を生み出すものでもある。

自然科学は別にしても、世界観や人生観という面では、私たちの意見はしばしば対立する。異なった世代のあいだで対立したり、同じ世代のなかでも意見のすれちがうことは多い。そして、双方ともに「自分こそ真理だ（まっとうな価値観だ）」と主張し合うなら、いわば、真理と真理が対立し抗争することになる。

ヘーゲルはこう考える。ある人が「これこそ正しい」と確信しているとき、そこにはその人がそう信じるにいたった経緯があるはずだ。つまり、どんな「真理」もあらかじめ存在しているわけではなく、それが形成されてきた経験を前提にしている。意見が対立するのは、経験のプロセス（反省）が忘却されて直接性になってしまい、「俺の価値観こそまったくとうぜん」となるからだ。

これは、とてもすぐれた発想ですよね。互いが自分の価値観や考え方を絶対化して「これがほんとでしょ」と言い張っているかぎり、対立はやまない。けれど、互いが「自分がなぜこう考えるにいたったのか」を率直に話せるならば、簡単に合意できなくても、どこかで共感し合ったり、「でも、それはこう考えるべきなんじゃないか」といいあったりすることもできる。一般的にいって、「自分の考え方がどうやって生まれてきたか」をよく自分のなかで捉え直しているとき、他人にもそれを説明できるし、また他人の意見をよく聴くこともできるのだ。

「固定的な思想」を形成されてきた経験の場に引き戻す

そのことはさておき、ヘーゲルは、意識のたどる「反省→直接性」というプロセスを念頭において『現象学』を構想した、といっていい。

ヘーゲルは「固定的な思想を流動化する」ことが必要である、という。つまり、絶対化・直接化されたもろもろの知や意見を、それが形成されてきた経験の場に引き戻してみなくてはならない。そのうえで、あらためてそれらの形成過程を「もっとも低次の知から始めて段階的にたどりなおすこと」を彼はめざす。このことは新たな学問を形成するはずだ。「意識の歩みの総体」を記述する新たな学問によって、おのおのの意見の絶対性・直接性ははぎとられ、かつ、この「総体」のなかでしかるべき「位置」が指定されるだろう。つまり、相対的にはそれらの真理性が認められることにもなる。

このような学問を描き出すにあたって、ヘーゲルはふたつの視点を用意した。ひとつは、〈意識にとって〉という視点である。これは当事者の視線であって、意識の経験を意識に対して現われるがままに叙述することになる。もうひとつは、〈われわれにとって〉という視点であり、これは意識の経験を外側から観察するものだ。〈われわれ＝筆者と読者〉の立場からは、前段階の意識と現段階の意識のちがいを比較したり、当事者は気づいていないが外からは明確にみてとれるものを指摘することができる。

このふたつの視点をヘーゲルが設定したのは、意識が自分の見方に封じ込められているからである。それぞれの意識はそれなりの「真理」をもっていて、〈意識にとっては〉それは絶対であり、前段階で自分の経験したことは忘却されている。〈われわれ〉という視点は、固定的な思想を流動化してそれらのあいだのつながりをつける、という課題を果たすために要請されているのである。

この新たな学問のなかでは、こうして、もろもろの「真理」はその絶対性を奪われてしまうことになる。そのとき、ほんとうに真理と呼べるものはどこにいくのか。ヘーゲルのなかには、ふたつの考え方が共存している。

①「意識の歩みの総体」こそが真理である。――個々の知や「真理」ではなく、意識経験の歩みの総体としてのみ、真理ということがいえる。ヘーゲル自身もこういっている。結論にだけ真理があると考えてはダメだ、全体こそ真理である(1)、と。

②意識の歩みはより深く真実な知へと進み、絶対知へといたる。――意識は経験を積むことによって、私と世界についてより深く知っていく。

どちらにしても、反論があるだろう。①の考えはすごいけれど、経験と新たな知の形成にそもそも「終着点」がありうるだろうか。経験も知も、原則的に「開かれた」ものではないだろうか。とすれば、経験の「総体」を語ることは不可能なのではないか。また、ヘーゲルは単線的な発展を考えているけれど、複線的な発展だって考えうるはずだ。

②については、私と世界についての「真実の知」なんてそもそも成立しないだろう。

この疑問はまったくもっともだ、とぼくも思う。これは、ヘーゲルの「体系」はなぜ可能になったのか、という問題に通じる。これについては、もう少しあとで考えてみたい。

（3）「自己」意識

自己と世界は相関している

次に考えてみたいのは、意識はたんに様々な対象を映し出すスクリーンのようなものではない、ということだ。なぜなら、意識は〈自己〉という特別な対象をもっているからだ。ヘーゲルの考えでは、意識はとくに自覚していないときでも、いつでも自己という中心をもっていて、それとの関わりで物や他人や世界を認識しているのである。その意味で意識はつねに〈自己意識〉なのだ。

これは、ハイデガーの人間存在の捉え方と基本的に共通する考え方である。ハイデガーは、現存在（＝人間）の基本構造を、つねに自分の可能性（自分がどうありうるか・ありたいか）を配慮している存在、として捉えている。例えば、医者になりたいと思っている人にとって、彼の世界はそのことを中心にできあがっているだろう。彼にとって医学書は貴重だし、テレビで患者や病気に関わるニュースがあると熱心にみたりする。音楽こそが生きがいという人にとって、いままで買いためたCDはすごく大切な宝物である。このようにハイデガーは、世界とはなんらかの欲望に相関して現われるものという考え方を、とても首尾一貫したかたちで述べている（『存在と時間』、一九二七年）。

ヘーゲルは可能性や欲望という言葉こそつかわなかったけれど、〈自己〉という言葉をつかいながらほとんど同じことを考えていた。ハイデガーの〈可能性〉の内容が人によって異なるように、ヘーゲルの〈自己〉も固定項ではない。だから、何を〈自己〉とみなすか、ということが問題になる。

『現象学』の例でいうと、「私の快楽の実現」に〈自己〉を見出す意識もあれば、「社会正義の実現」に〈自己〉を見出す意識も登場する。また、同じ人でも場面によって異なった〈自己〉をもつこともある。のちの『法の哲学』でいうと、人間は家族の一員、経済社会の一員、国家の一員として、それぞれ異なった〈自己〉をもつのだ。

〈自己〉をどういうものとみなすか、に応じて、その人の〈世界〉の現われ方が決まる。自己と世界とは別々に存在するのではなくて、相関的に現われる。これは、それ以前の哲学にはみられない、画期的に新しい考え方だった。

〈自己〉はどうやってかたちづくられるのか

では、様々な異なった〈自己〉は、どのようにして形成されていくのだろうか。

ヘーゲルは、自己意識の根本的な在り方を、〈他と関わりながら自己同一を達成しようとすること〉といっている。これ、言い方は難しいですよね。けれど、それほど複雑なことではありません。

意識は自分の〈自己〉をかくかくのものとみなし、その「確かさ」を保持しようとする。自分はまちがいなくかくかくの自分である、という〈自己〉の確実性（自己の同一性、アイデンティティ）を得ようとするのが、意識の基本的な傾向なのである。

しかし、私の〈自己〉の確実性を脅かすものが、意識には登場してくる。意識は閉ざされた場面ではなくて、つねに「他なるもの」——他人・自然・社会など——に向かって開かれている。だから、私の〈自己〉はつねに脅かされてもいるわけで、いままでの〈自己〉では対応できなくなったときに、意識は新たな、より包括的な〈自己〉のかたちへと移行することになる。

つまり、〈自己同一性↓それを脅かす他なるもの↓より包括的な同一性〉という歩みを、意識はたどるのである。

このヘーゲルの発想は、生命体をモデルにして構想されたものだから、そのことを念頭におくと、わかりやすい。動物や植物は、他なるもの（外界）に関わって、食物を摂取したり不用物を排出したりする。しかし、他なるものに関わりながらも、つねに自分の身体の同一性を維持している（キュウリを食べたとしても、自分がキュウリになってしまうわけではない）。

ヘーゲルの考えでは、人間の意識も基本的に同じである。私は様々な他なるものに関わるが、つねに同じこの「私」でありつづけているからだ。しかし、動物は身体の同一性を基本的には変えられない（進化論の発想をとれば別だけれど）のに対し、人間の意識の場合には、環境に対応して「私の中身」を変えてしまうことができる。環境に対応して〈自己〉の内容を変容させながら、より強力な〈自己〉をつくりだそうとすること。ヘーゲルは、意識の動因をこのようなものと考えたのだ。

これはなかなかすぐれた考え方で、このことで説明できることがらも多い。例えば、幼児が成長していくと、いままではお母さんにいつでも甘えていられたのに、それが許されなくなってくる。甘えていい〈自己〉が許されなくなると、その代わりに勉強ができてほめられる〈自己〉をつくりだす、というふうに。

自己同一性の根源にはエロスがある

けれども、ヘーゲルのこの考え方はまちがいとはいえなくても、抜け落ちているところがある。

ヘーゲルは、自己同一性を保ってさらにそれを拡大・強化することを、人間存在の根本衝動と考えている。しかし、なぜ人間は自己同一性を保とうとするのだろうか。なぜそれが脅かされたとき、新たな自己をつくりだそうとするのだろうか。こういう問いが、ヘーゲルには欠けている。

ぼくの考えでは、人間が欲望する存在であって、エロス（悦び）をくみとろうとして生きているものであるからだ。先の例でいうと、幼児の〈自己〉は「甘えること」にあ

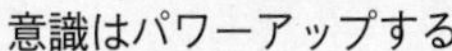

意識はパワーアップする

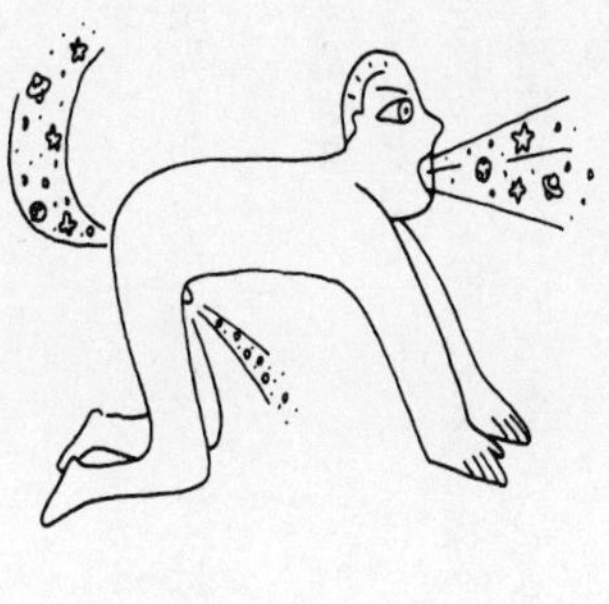

身体は同一性を保つ

り、その内実は「甘えることでもってエロスを受け取ることができるという可能性」なのである。つまり、〈自己〉をたんなる「同一性」と考えるべきではない。むしろ〈自己〉とは、どういうかたちで自分がエロスをくみとりうるかということであり、欲望のかたちとして存在するものなのである。だから、自分のいままでの仕方ではエロスをくみとれなくなったときには、新たな〈自己〉のかたちをつくらねばならない、ということにもなる。

「同一性に対するズレをくり込んで新たな同一性をつくりだす」という考え方はまちがいとはいえないが、「いままでのエロスを得る可能性が危機に瀕することによって新たな欲望のかたちを形成する」と考えるほうが、私たちの意識経験の実情に即しているとぼくは思う。

ヘーゲルの『現象学』は、それをハイデガー的な欲望論的立場から読み替えてみるとき、その豊かさも限界も明らかになる。ぼくはそう考えている。

〈自己意識〉は自由をめざす

さて、ヘーゲルの「道具立て」については、そのおおよそを紹介することができた。[2]彼はこの道具立てを使って、人間の意識の様々な諸形態を導き出し説明しようとするのだけれど、先ほども指摘しておいたように、意識のこの歩みに「終着点」があるのはなぜか、という問題が残っている。

それは、ヘーゲルがはっきりとひとつの「観点」を採用しているからだ。つまり、様々な意識形態の歩みは、人間の意識が次第に「自由」を獲得していくプロセスという観点から整理され、記述されているのである。この中身を簡単に示しておこう。

人間の自己意識は、「他に関わりつつ自己同一を達成しようとする」ものだった。この自己同一性を脅かすものには、基本的にいって次の三つがある。——自然、他人、社会である。この三つのそれぞれに関して、自己意識はおおよそ次のような経験を積んでいくことになる。

①自然について——自然は人間の生存を脅かす。人間はもともと、狩猟や採集によって自然から食物を得て暮らしていた。しかしこれは自然に対する依存でもあって、人々は自然災害に身をさらしたまま生きている。

そこで人間は、「文明」と「自然に対する知識」をつくりだす。農業を発明したり、風雨を避けるための家をつくったりする。また混沌とした自然を法則的に「理解」し、そこにきちんとした合理性があることを認め、納得しようとする。こうして人間は疎遠な自然を次第に人間化＝〈自己〉化していくことによって、自然に対する自由を獲得しようとするのである。

②他人について——いくら「俺様は偉い」と思おうとしても、他人はそれを無視したり、バカにしたりできる。他人が「あなたは偉い」と認めてくれなければ、私は満足できない。ヘーゲルの考えでは、人間の〈自己〉は他者からの承認を求めるものなのだ。

人間どうしは、「俺のほうが偉いのだ」ということを他人に認めさせようとして、闘争したり不平等な社会関係（主人と奴隷）をつくりだしたりする。また、他人からの承認を無視して、自分を優越させる理屈を勝手につくって自己満足しようとしたりもする。しかし最終的には、互いが自由で独立した人格であることを認め合う、という対等な相互の承認に向かっていくことになる。この対等な承認においてこそ、人間は自由を実感できるだろう（この承認は、社会制度の面でいうと、対等な権利をもつ市民というかたちで表現されることになる）。

この過程はまた、自己意識が自分の〈自己〉をより普遍的なものへとかたちづくっていく過程でもある。自己意識は最初のうちは「排他的なこの私」を〈自己〉とみなしているけれど、最終的には「人格」や「市民」という普遍的なものを〈自己〉として認めるようになっていく。

③社会について——人間は支配・被支配という不平等な社会関係や、神のもとで万人が平等である（つまり平等に奴隷である）ような社会、成員は平等だけれど「個人」というものが存在しない社会、などをつくりだしてきた。ヘーゲルの考えでは、人間は次第にそういう社会に満足できなくなってくる。個人の自由と平等な権利を要求し、さらに、社会のルールも自分たちの納得する合理的なものでなくてはならない、と考えるようになる。そのような精神の変革過程をヘーゲルは詳しく描いているけれど、フランス革命はこの精神の変革の「結果」なのだ。

社会制度を自分たちの納得のいく合理的なものにすることによって、社会制度は自分たちにとって疎遠なものではなくなり、人間はそこに〈自己〉を見出すことができるようになる。つまり社会制度は強制ではなくなって、むしろ人間の自由のために不可欠なものと感じられるようになる。

自然と他人と社会制度という三つの「他なるもの」のなかに〈自己〉を見出すことができるようになり、自由が達成されること。ヘーゲルが、自己意識という道具立てを使って描こうとしたのは、このような「人類が自由を達成していく過程」だった。

「観点」を明示する必要

「意識の経験」に終着点があるのも、こういう人類史的な観点をヘーゲルが採用しているからである。私たち個々人の経験はもっともっと多様だし、それはまた別の観点から整理したり描いたりできるはずだ。しかしヘーゲルが問題にしているのは人類のレベルであって、しかも「自由な精神と社会制度の成立」という観点からの整理なのである。

ぼくは思うのだが、「『現象学』は特定の観点からの意識経験の記述である」とヘーゲルははっきりと言明すべきだったのだ。しかし彼は「真理の体系」というかたちで『現象学』を提出している。このことはヘーゲルにとっても、ひどく損なことだった。

この章の冒頭で、『現象学』には現実の様々な事件や動きを判定するための基準を定めるという意味があること、さらに、近代人のとるべき「モラル」とはどういうものかという問いに答えようとするものであること、をぼくは指摘しておいた。それは『現象学』の内容からみても、ヘーゲルの思想全体の脈絡からみても明らかなのだが、『現象学』自身は自分のことをそういうふうには語っていない。『現象学』はあくまでも「真理の体系」であるという態度を前面に押し出している。

どこかに絶対の真理があるはずだ、と思っている人にとって、「真理の体系」には魅力がある。『現象学』には「何か神秘的な真理がここに描かれているのかもしれない」と思わせるほどの「迫力と難解さ」があるから、かえって人を惹きつける面もあった。しかし逆にいうと、絶対の真理なんて存在しないと思う人にとっては、それはただのゴミでしかない。だから、真理への幻想がなくなるにつれて、『現象学』は読まれなくなってしまったのだ。

学問はあくまでなんらかの観点のもとで成立する。そして、その観点をはっきりと明示しているほうがよい。これは学問や思想の「原則」である、とぼくは考えている。

3 『現象学』の構成

『現象学』の構成を確認しておこう。『現象学』は、三つの大きなパートから成り立っている。

（1）意識経験の歩み＝意識の諸形態

ヘーゲルは、意識の種類を大きく三つに区分している。①意識、②自己意識、③理性である。

①意識――これは「対象意識」と呼んでもいいもので、眼の前に存在する対象の「真理（真相）」は何かを追求しようとする意識である。

この意識の欠陥は、対象と自分とをまったく無関係なものとみなしている点にある。例えば、意識は「物理学的な法則」をあくまで対象の真理だと考え、そこに自分はまったく関与していないと考えている。しかしそこには、自分でつくりだした法則を自分で眺めてその合理性に満足を覚える、という動機が働いているだろう。対象意識は無自覚なだけで、じつは〈自己〉という中心をもつ自己意識なのである。

②自己意識――あらゆる意識が本質的に自己意識であることは、前に述べた。しかしここで述べられるのは、狭義の自己意識であって、それは「排他的なこの私」を〈自己〉とみなす態度である。相手とけんかして自分を認めさせようとする「闘争」、不平等な社会関係である「主人と奴隷」、その他様々な自我意識の諸形態が描かれる。全体の歩みとしては、意識が自分の恣意やわがままを削り取って、他人と共有しうる社会秩序をつくりだすところまで進む。

③理性――理性も自己意識の一種だけれど、「みんなにとって」という視点を獲得するにいたったものだ。「私にとって」だけではなく、「みんなにとってどうなのか」を考

えるところに、理性がある。

理性は自然を観察し、また正義を掲げて社会制度に反抗を試みる。理性は自然にも社会にも「みんなの納得しうる合理性」を要求し、そのことによって、自然・他者・社会のなかに〈自己〉を見出そうとするのである。

(2) 精神＝歴史的な精神の歩み

「意識経験の学」としては、パート1だけで終わりにしてもよかったはず。しかし彼は続いて、それよりもはるかに具体的な、歴史的な精神の歩みを描いている。

「精神」とは、個々人の精神でもあるけれど、むしろ人類や社会のレベルで考えられた「普遍的・共同的な精神」である。それは、個々人の心と行為に浸み透っているだけではなく、同時に「社会制度」というかたちをとって具体化されているものでもある。

しかし、制度と人々の精神とは、なんの矛盾もなく完全に一体化しているわけではない。ある社会制度の経験は新たな精神をつくりだし、それは新たな社会制度を要求することになるからだ。こういう歩みが、歴史の流れを追いつつ語られていく。

この歩みは大きく三段階になる。
①個人と共同体の一体――個人が共同体に対する信頼のうちに安らいでいる段階。個人は共同体の一員としてのみ存在していて、「この私」の意識は存在しない。ここでは、古代ギリシアのポリスが念頭におかれている。

②「この私」の出現――共同体に対する信頼が消失し、「私」の意識が出現する。そして、私と世界（共同体）とは疎遠なものとして対立することになる（この時代の経験は、私の意識を理性にまで鍛え上げることになるだろう）。ここでは、ローマ→封建時代→絶対王政→フランス革命という歩みが念頭におかれている。

③私と共同体との和解――絶対的な私の意識をもちながら、同時に共同体と自分が深くつながれていることを自覚する段階。これが、ドイツの精神として語られる。

この区分からわかるように、ヘーゲルがとくに念頭においているのは、「私としての私」という、純粋な自己意識の出現である。「私としての私」の自覚をもつようになった個人は、経験を積んで理性となり、ついに社会制度を合理化しようとするフランス革命をもたらす。他方で理性は、共同的なものと自分の関わりについて深く了解するにいたる。

つまり、パート1で描かれた意識の諸形態（意識・自己意識・理性）は、具体的な歴史的な精神の歩みのなかで、ふたたび取り上げられるわけである。

（3）宗教と絶対知

ヘーゲルは宗教の歴史を、「精神と社会制度の歴史」から区別して独立の章にした。〈宗教こそ、個人と共同体の関係の在り方を、全体としてある物語（イメージ）のかたちで示すものである〉、と考えていたからだ。専制的な君主の支配する古代オリエント。

平等な個人のつくりあげる古代ギリシアのポリス。個人と共同体が分裂したローマ以降の世界。おのおのの社会形態における共同体と個人の関係は、神と人間の関係というかたちでイメージされる。

ヘーゲルは、様々な宗教を描きながら、最終的な宗教のかたちとして、キリスト教を評価することになる。しかし、キリスト教に満足していたわけではない。宗教は共同体と個人の関係を「イメージ」するものでしかないからだ。宗教の歴史に続く〈絶対知〉の章で、ヘーゲルは、自分の哲学こそが宗教に代わって共同体と個人の関係を「概念的に把握するもの」であると主張するのである。

さて、次の章では、パート1の流れを追ってみよう。

第四章　わがままな意識は大人になる——自己意識から理性への歩み

　この章では、『現象学』の第一部である狭義の「意識経験の学」、つまり「意識・自己意識・理性」という部分について、その歩みをたどってみよう。しかし、人類の歴史は実質的に「自己意識」から始まること、かつ「意識」の章の内容は「観察する理性」という箇所で再論されるので、「意識」の章はカットして、「自己意識」から話を始めることにしたい。

1　自己意識——欲望・主奴関係・自由

人類の歴史をたどりなおす

　ヘーゲルが自己意識の章と、つづく理性の章で試みているのは、自己意識という人間存在の捉え方にもとづいて、人類の歴史を最初からたどりなおすことだ。自己意識の章では、動物的な欲望から明確な〈自己〉の意識が発生してくる過程、労働と文明の発生、ローマ時代の個人主義的倫理、そして中世のキリスト教までがたどられていく。ヘーゲルはこのような実際の歴史を念頭におきながら、その人類史的な「意味」を解明しようとしているのだ。では、その「意味」とは何なのだろうか。

人間は最初は、「この私」だけを〈自己〉と考えている。だから闘争もするし、支配・被支配の関係をつくりだしもする。さらに、キリスト教の絶対的な神（ないし教会）の支配下で、万人の平等な奴隷状態をも経験する。そういう経験を通じて、人間は自分と他人が同じ平等な人間であることを学び、それと同時に「この私にとって」だけでなく、「みんなにとって」という視点を獲得して「理性」となっていく。

つまりヘーゲルは、中世キリスト教までの歴史を、排他的で個別的な自己意識から、「みんなにとって」という視点を獲得した普遍的な自己意識にいたる歩み、として描いているのである。こうして中世は、近代の「理性」を用意することになるのだ。

この自己意識の章は大きく三つに分かれている。まず、①動物的な欲望の態度から始まり、②互いに闘争した結果主人と奴隷という支配・被支配の関係にいたり、次に、③自由を求めるいくつかの自己意識の形態を通じて、最終的には教会の支配のもとで「普遍的な意志」を形成することになる。この歩みを追っていこう。

（1）欲望

眼の前のものを食う

自己意識の定義は、〈「他なるもの」に関わりつつ「自分は自分である」という自己の確かさを得ようとすること〉だった。ヘーゲルはこういう自己意識の考え方を用いて、あらゆる人間の意識を導こうとするのだけれど、ときどき無理が出てくる場合がある。自己意識の最初に登場する「欲望」についても、そのことはいえる。

欲望とは、具体的には、眼の前にあるものを食うという動物的な態度のことだ。これはまだ明確な〈自己〉の意識さえもたず、ただ自然界から食物を探して食うだけのもっとも原初的な意識の形態なのである。

ヘーゲルの考えでは、眼の前にあるもの（他なるもの）を食うことは、それを否定して「無」と化す行為である。この意識は〈他なるものなどなにものでもない、自分こそ確実に存在している〉と確信していて、その確信を食べることによって証明しようとしているのである。

しかし、これはかなり無理な考え方だとぼくは思う。当の意識にとってみれば、うまそうだから食う（食うことにエロスがある）だけの話で、自分の確かさの証明なんてことを考えているはずがないからだ。

ヘーゲルは、人間はエロス（悦び）を求める存在であると考えるのではなく、あくまで自己の確実性（確実な自己同一性）の追求を人間存在の根本とみなしている。そして、他から脅かされない確実な自己同一性の実現こそ、「自由」を意味するのだった。そういう眼からみるために、物を食う欲望の態度を、自由を実現するためのもっとも原初的な営みであるとみなしてしまうのだ。人間存在を、エロスからではなく自己同一性の達成から考えてしまうこと。この点がヘーゲルの人間論の本質的な欠陥なのである。

欲望の経験

それはともかく、本文に戻って欲望の経験をみてみよう。欲望は他のものを取って食い、満足する。けれど、食ったと思ってもまた欲望はわいてくる。欲望の満足にはかぎりがないから、絶えず新しい対象が必要になる。欲望の対象は「無」であって食うことでそれを証明したと思っていたのに、むしろ自分が対象（自然）に依存していたことに気づくのだ。「この満足において自己意識はむしろ対象の自立性を経験する」[(1)]へーゲルはいう。対象のほうから自発的に自分を肯定してくれるのでなくては、真の満足、真の自由は得られない。そういう対象とは、自然ではなく、他の自己意識（他人）である。他人が「あなたは自立しています、私はそれを認めます」といってくれてはじめて、私は自分の自立性を確信できて自由になれるのである。しかし、自己意識どうしはすぐに相手を認めたりはしない。自分を認めさせようとする「闘争」が始まるのである。

（2）自然からの離陸――死を賭けた闘いと主奴関係

承認をめぐる死を賭けた闘い

自分こそ「自立」しているという（主観的）確信を、（客観的）真理として確証するために、二人の自己意識は闘争する。それは死を賭けた闘いにならざるをえない、とヘーゲルはいう。この闘いの勝敗を決定するのは、どれだけ明確な〈自己〉をもっているかという点にかかっているからだ。

原初的な「欲望」の態度は、腹が減ったら食うというものだった。そのつど腹が減ったり眠くなったりという、自然な欲望をそのまま満たそうとして生きていた。しかし、ここで闘う二人は、自然な欲望とはもうちがったものを求めている。〈自立した自己〉という、いわば観念的なものを満たすために彼らは闘うのである。だから、自然な欲望からどれくらい距離をとれているか、〈自立した自己〉をどれほど強く確信しているか、ということが勝敗を決定することになる。

苦痛に負けず命を失うことも恐れずに、徹底して自分の自立性をつらぬきとおそうとした側が、勝者となり主人となる。他方で、苦痛は嫌だ、命は惜しいと思った側が、敗者となり奴隷となる。

こうして、主人と奴隷という最初の社会関係、支配・被支配の関係が成立するのだ。

主人――支配による自立

主人は完全に自立性を達成し、自由になったようにみえる。対人関係でいうと、奴隷を支配して、奴隷に自分の自立性を認めさせている。自然（物）との関係でいうと、奴隷に物を加工させて自分はそれを享受していればいい。主人は自然からも自由になったのだ。

ところが、主人は自立的なものにとどまりえない、とヘーゲルはいう。この承認関係が、相互性を欠いた不平等なものでしかないからだ。主人は自分では「自立している」と思っているだろうけれど、その自立性を支えているのは奴隷なのである。だから、奴隷が自信をつけて自立性を主張しはじめるなら、主人の自立はただちに危うくなってしまうだろう。

このヘーゲルの論の立て方には、「関係」というものに対する独特な着眼がある。――人間の自立性は、他人や物との関係を通じてしか達成できない。しかし、関係は自立性の崩壊の可能性をつねにはらむ。関係を取り結んでいるかぎり、自立性と非自立性、受動と能動というような規定は、原理的に逆転しうるものなのだ。

「精神」の章にも、同じような例が出てくる。絶対君主は、自分は王だから絶対の権力をもっていると思っている。けれど、王が王なのは、貴族たちが彼を王と認めてひれふしているからだ。そしてそういう関係がある以上、逆転も可能なのである。貴族たちは口でおべっかをつかいながら、権力を自分の都合のいいように利用し私物化する。いつのまにか、貴族のほうが実権を握っている。

自己意識の〈相互承認〉関係こそ自己意識の目標だ、というヘーゲルの考え方は、安定した自立性は完全な相互性によってしか得られない、という意味でもある。これは共同性の理想でもあるけれど、論理的には「関係を介しての自立性」という発想にもとづいたものでもある。

奴隷——欲望をコントロールすることによる自立

さて、奴隷のほうはどうだろうか。奴隷は、自立的であるという自己意識本来の在り方を、自分においてではなく、主人のなかにみている。自分は非本質的であり、主人こそが本質的である、と思っているのだ。しかし奴隷のほうにこそ、真に自立的な自己意識への発展の可能性がある、とヘーゲルはいう。そのさいの契機となるのが、〈畏怖（おそれ）〉と〈奉仕・労働〉である。

奴隷が主人の命令に従うのは、殺されるのが怖いからだ。〈畏怖〉とは、主人に対する恐怖というより、本質的には「死」への恐怖なのである。ヘーゲルは、死への恐怖は自分の存在全体に関しての不安であって、あれこれの物やそのつどの欲望に対する執着から奴隷を引き離すものだ、という。

奴隷はもともと、そのつどの自然な欲望を否定できなかったから、奴隷になったのだった。しかし、つねに死の不安に脅かされることによって、奴隷のなかにもそのつどの自然な欲望とはちがった、「自分という存在」の意識が目覚めてくる。こうして奴隷も明確な〈自己〉をもちはじめる。

しかも奴隷は、実際に主人に対して奉仕し労働することによって、自然な欲望から解放されていく。つまり、ガマンすることを覚えるのである。「労働は欲望の抑制であり、消失の延期である」[2]。物をつくったり田畑を耕したりすることは、そのつどの欲望を「延期」することで可能になる。主人はもっぱら享受しているだけなのに、奴隷は自分の欲望をコントロールすることができるようになるわけだ。奴隷は、「死への恐怖」にさらされつつ労働し、主人よりももっと強力な〈自立した自己〉を自分のなかにつくりだしていくのである。

労働にはさらに、決定的な意味がある。奴隷は、労働によって自分の自立性をはっきりと「確信」することができるようになるからだ。

奴隷は、田畑を耕したり壺をつくったりする。ヘーゲルにいわせると、労働は自分を物に刻みつける行為である。荒野を田畑に変えることは、自然を自分の一部に変えることと、自然を〈自己〉化する行為なのである。奴隷は自分を持続するもの（壺や田畑は持続する）として直観することができる。このことによって、奴隷は自信をつける。自分のなかに自然を形成しわがものにする力があることを奴隷は自覚し、自分が主人に負けない自立した存在であることを確信するにいたるのだ。

これはまた、自然からの人間の自立をも意味する。食物を自然から取って食うだけだったとき、人間は自然にまったく依存した存在にすぎなかった。しかし人間は労働することによって、荒々しい自然を少しずつ田畑に変え、作物を蓄積して悪天候にそなえることもできるのである。

ヘーゲルが主奴関係に見出したのは、人間がいったん支配されることを通じて、自然から離陸していく過程だった。それは「自立した自己の意識」の獲得であり、同時に「文明」の獲得でもあった。

（3）自己意識の自由――ストア主義・スケプシス主義・不幸な意識

思考することで自由を得る

こうして自信をつけた奴隷が主人を打ち倒し、平等な社会関係をつくりだす、というストーリーを期待する人もいるだろうけれど、ヘーゲルは社会関係から眼を転じて、視線を人間の内面の在り方へと移している。これから登場するのは、「思考する自己意識」の諸形態なのである。

なぜここに「思考」が登場するのか、については、ヘーゲルの説明はすっきりしない。労働によって世界を〈自己〉化し人間化したことが前提となって、次には「世界はかくかくのものだ」と考えることもできるようになる。そう受け取るしかない。

それはともかく、ここで重要なのは、「思考」ということが自由を達成するための新たな方法であるということだ。ヘーゲルは、思考とは概念の労働だといっている。つまり思考とは、世界を概念化する（世界像をつくる）ことによって世界をわがものにし、〈自己〉化する行為なのである。自分でつくりだした思想のなかでは、自己意識は自由を実感できるだろう。

ヘーゲル哲学も、世界に対して思考する態度をとるものといえる。世界の物事に対して一喜一憂する代わりに、現実のなかの合理的なものを見つめようとする態度をヘーゲルは選択してきたのだった。

しかしここで取り上げられるのは、そういうつきつめられた思考の態度ではなく、むしろ勝手な理屈をつくりあげて自己を正当化しようとする意識なのである。ほんらいの思考は「みんなの納得する合理性」をそなえるべきものだが、ここでの「思考する自己意識」はまだ自己中心的で、「みんなにとって」という態度を身につけてはいない。この「みんなにとって」という態度をつくりあげる過程が、これから語られるのだ。

取り上げられるのは、〈ストア主義〉〈懐疑主義〉〈不幸な意識〉。これらは、ローマ時代から中世の時代精神を念頭においたものだけれど、私たちの青年期の自我のかたちを思わせるものだ。つい、ぼくもそうだったなあ、こんなヤツいるよなあ、と笑ってしまいます。

ストア主義――世界と自己の自分なりの「説明」

世界の概念化（自己化）の最初のかたちが、〈ストア主義〉である。ストア主義は紀元前のギリシアに始まってローマ帝政時代に栄えた思想で、情念や欲求や快楽によって乱されることのない心の静けさ（アパテイア、無感動）を得ることを自己の理想としていた。自制心と意志力によってこの平静さを実現した人は、「賢者」と呼ばれた。そして、この平静さの保持こそ自然の大いなる法則に従うことである、と考えられていた。

私たちが禁欲的な人のことを「ストイック」というのは、このストア主義からきている。ストア主義者は、どんな状況に直面しても「心の平安、心の平安」とくり返し、「これこそ自然に従うことだ」といいつづける。そのかぎりでは、鎖につながれていても内面は自由なのである。ヘーゲルはストア主義の本質を、世界と自己の自分なりの「説明」によって、どんな状況をも切り抜けて自由を得ること、とみなしている。何かの思想を固持してそこに閉じこもっていることだ。

ヘーゲルは、この思想はごく一般的で抽象的なものでしかなく、この自由も不充分なものだ、という。「これはたしかに一般的には崇高であっても、実際には内容の広がりには決して到達することがないので、やがて倦怠(けんたい)を買いはじめる」(3)。そこで意識は、放置していた多様な現実に向かわねばならない。

懐疑主義――否定しつづける自己

懐疑主義も、紀元前のギリシアに始まって紀元後しばらく続いた思想である。これは、善悪や認識には絶対的なものは何もない、という徹底した相対主義を説くものだった。

ヘーゲルによると、懐疑主義は、ストア主義が放置していた現実と生活の様々な物事に関わって、それが「無」であることを示すものである。具体的にいうと、どんな主張にもその反対の主張が同じ権利をもって対抗しうる、ということをひとつひとつ示していく。そういう否定の作業によって、かえって絶対の自己確信（私は絶対的なものはないという真実を知っている、私こそ真の知恵者である）に達しようとするのである。これは、相手の言うことにいちいち反対して、いつでもメタレベル（上位）にたとうとする人に似ている。

この自由の不充分さは、絶えず否定しつづけることによって自分の同一性を守らなければならないというところにある。ちょうど、欲望が絶えず自然を食いつづけねばならなかったように。絶対の自己確信にあるとうぬぼれながら、じつはつねに様々な現実の諸規定に関わりつづけなければならないのだ。

そのことに気づくとき、意識には、自分が偶然的・相対的なものでしかないと思えてくる。意識はしかし、絶対的な自己同一性の追求をやめてしまったのではなく、その絶対性を彼岸に投影する。それが、「不幸な意識」である。

不幸な意識――理想と現実の格差

この意識は、うつろわない永遠なもの、「不変なもの」に憧れる。

生活上の様々な物事に関わっていると、不変なものが意識されてきて、現実の自分との格差に悲哀を感じる。不変なものをめざして高く昇ろうとしても、やはり自分が個別的・偶然的なものでしかないことを意識して、苦しむ。つまり不幸な意識とは、到達しえない絶対の理想と、現実のみすぼらしい自分とのあいだで引き裂かれる意識のことである。

ヘーゲルがここで念頭においているのは、キリスト教のことだ。神と現実の自分との絶対的な格差。若きヘーゲルは、こういう絶対的・超越的な神の観念を徹底して批判していた。しかしここでのヘーゲルは、キリスト教を人類の歴史的な経験として受けとめて、むしろそれに積極的な意義（自己意識の普遍化という意義）を与えようとしているのである。

キリスト教は神と個人を一体とする教えである

不幸な意識は永遠なる神と自分との格差に絶望しているけれど、それが統一されることを心の底では求めている。ユダヤ教の神が個人をまったく超越した「裁く神」であるのに対し、キリスト教は不幸な意識の要求に応えようとするものなのだ。ヘーゲルの考えでは、キリスト教の核心は〈絶対的で永遠なる神と偶然的な個人が一体である〉という点にある。

キリスト教の教義の中心に、「受肉」の思想がある。つまり、イエス・キリストは、父なる神が人間のかたちをまとったものなのだ。〈われわれ〉からみると、この受肉の教義こそ、神と人間が同じものであるということを意味している。人間は偶然的で個別的な存在ではあるが、同時に「神の子」でもあり、そのなかに永遠な神的なものを宿しているのである。しかし、信者たちはそのことに気づくことができず、自分とイエスとは隔てられていると感じている。このような信者たちの「経験」を、ヘーゲルは三つの段階に分けて描いている。

中世キリスト教の経験

ひたすら神（イエス）を思慕し信仰しているとき、そのなかで神と自分はひとつになっている。けれど、意識はそう自覚しているわけではないから、イエスと自分はやはり別の存在であって、イエスを感覚的な個別的存在だと思っている。だから、トルコ人に占領されたイエスの聖墓を回復しようとする十字軍の運動も起こったのだ、とヘーゲルはいう。

この十字軍の失敗は、神をより精神的なものとして捉えさせることになる。〈神は個別的存在ではなく、彼岸にいて人間を裁くものでもない。神はいっさいをおつくりになった。日々の恵みだけでなく、人間自身の能力を含めて、いっさいの現実が神からの贈り物なのである〉。このように、意識は日々の生活のすべてを神に帰して、神に感謝する。この感謝のなかで、神と人間はひとつにつながっている。――しかしこの感謝には、まだ嘘がある。「感謝する自分は偉いというおごり」が残っているからだ。このことに気づいたとき、意識はこの「私の個別性」を徹底的に否定しようとする。

そこに登場するのが、神と自分のあいだをとりもってくれる「教会」である。意識は教会にすべてをゆだねる。自分で決意する自由を投げ捨てて教会の教えにすべて従い、自分の労働の成果も譲り渡そうとする。意識は、「私」をすべて教会へと外化＝譲渡するのである。しかしこのことによっても、不幸な意識は最終的に自分と神をひとつと受けとめることはできない。「不幸な意識は不幸な意識にとどまる」のである。

不幸な意識から〈理性〉へ

しかし〈われわれ〉からみると、この「私の外化」を通じて、不幸な意識は、「みんなにとって」という観点をもつ〈普遍意志〉へと成長している。

教会のもとに人々が集まり、徹底的に従う。これは、ある意味で「奴隷」になることだ。けれど、そのことによって、人々は互いを「神の子」として承認し合うことになる。私と他人とは等しく「神の子」なのだから、まったく無関係なものでも、対立するものでもなくなる。自己意識は、以前は他者と闘争して主人になろうとしたり、自分の内面になんらかの理念をもつことで「この私」の優位を得ようとしたりしたけれど、いま、他人も私も同じ本質をもつことを知る。そして、互いをそういうものとして「認め合う」ことを学ぶのである。

さらに、このような平等な〈相互承認〉の成立は、個人のなかに「みんなにとって」という新たな視点をつくりだすことになる。〈みんなにとって正しいこと、みんなにとって真実であること〉という新たな視点を意識は獲得し、それを求めることになる。そういう、普遍的なものを求める意志の在り方を、ヘーゲルは〈普遍意志〉と呼ぶ[4]。

もちろん現時点では、普遍意志の内実は教会が一方的に「与える」ものでしかなく、個人は教会の意志に徹底的に隷属している。しかし、教会という権威を取り外してしまったとき、個人は、みずから普遍的なものを洞察したうえでそれを実現しようとするだろう。このような態度こそ、ヘーゲルのいう〈理性〉なのである。

「服従」——共同体のルールを学ぶ

人類の精神は自由と共同性を達成する方向へと進んでいくはずだ、とヘーゲルは考えていた。それは、個々人が互いを平等なものとして認め合い、社会の秩序（ルール）が合理的なものとなって、人々がそれを「自分のもの」として納得して受け入れるような社会への方向である。

しかし、そこにいたるためには「服従」ということが必須の段階である、と彼は考えていた。人類は、ある絶対的な権力なり絶対的な宗教的権威なりに服従させられる、という経験によって、同じ共同体の成員として互いを承認することを学び、共同体における共通のルールの必要を学ぶ。その後にはじめて、ルールを「民主化」することも可能になる。——ヘーゲルは明確にそう語ってはいないけれど、ぼくは彼の考え方はこのように理解してよいと思う。

このことを裏づける資料がある。『現象学』を書いたのち、ヘーゲルはギムナジウムの校長を十年ほど務めて十代半ばの生徒たちに哲学を講義したが、そのときの『現象学』の講義ノートが残っているのだ。

そこでの自己意識の章は、かなり簡略化されている。欲望→承認を求める闘争→主奴論と続くのは同じだが、そこから〈普遍的自己意識〉という短い節をへて、すぐさま理性へと移行しているのだ。その主奴論のところに、次のような注意書きがある。

ペイシストラトスはアテナイ人たちに服従を教えた。その上で彼はソロンの法を実行した。アテナイ人たちが服従を学んでしまえば、彼らには支配は不用であった。（『中級用意識論』、一八〇九年以降、§三六）(5)

ペイシストラトスは、紀元前七世紀の「僭主(せんしゅ)」。アテネが貴族制から民主制へと移行するときの、ちょうつがいの役割を果たした人物である。ソロンが改革を行なって富裕な平民にも参政権を与えようとしたとき、それに貴族も下級平民も不満を抱いた。その機に乗じて、ペイシストラトスは平民と結んで、政権を奪取してしまう。彼は自分の一族に官職を独占させる一方で、中小農民の育成に努めている。その後、僭主政治は打ち破られて、アテネに民主政治が確立される。

ヘーゲルの言い分が歴史事実としてどれほどあたっているか、はぼくにはわからないのだが、彼の「考え方」はよくわかる。成員男子す
べてを平等な市民として承認する、ということは、いったん（準）民主的なルールを強制されることによってはじめて可能になった。最初は強制であっても、人々は次第にその新しいルールになじみ、それを納

得するようになる。すると今度は、支配者自体も新たなルールの側から打ち倒されることになる。

このように、この講義ノートでは、主奴関係の段階に不幸な意識と同じ役割を食わせようとしているのである。そして、主人（僭主）が打ち倒されることによって、「普遍的な自己意識」が成立する。

> 普遍的自己意識は、他人と異なる特殊な〈自己〉の直観ではなく、自体的に存在する普遍的な〈自己〉の直観である。そこでそれは自分のうちに自分自身と他のもろもろの自己意識のあることを承認するし、また他人によってそう承認されるのである。（前掲書、§三八）[6]

アテネでいうと、私はみんなと同じ「市民」になった。ヨーロッパ中世でいえば、私はみんなと同じ「神の子」になった。服従の経験によってはじめて、「この私」ではない、みんなと同じ資格をもつものとしての、普遍的な〈自己〉という新たな自己意識のレベルが成立するのだ。

ペイシストラトスの僭主制をクレイステネスが打ち倒して民主制を確立したように、オリジナル『現象学』のほうでも、不幸な意識から「理性」へと進む。

不幸な意識は普遍的な神の子としての自覚をもっていても、教会への絶対服従のもとにあった。理性は、神と教会という超越項を取り払ってしまう。しかし、もとの自己意識に戻るわけではない。それは普遍的な〈自己〉を見出し実現しようとする意欲（普遍意志）を内側にそなえた、あらたな自己意識のかたちなのである。

2　理性――観察する理性・行為する理性・社会のなかの理性

理性――みんなの納得しうる合理性を求める態度

理性とは、「みんなの納得しうる合理的なもの」を世界のなかに見出そうとし、また実現しようとする自己意識である。理性も自己意識（の一種）だから、〈自己〉の自立性と確実性を求めるものだけれど、その求め方がいままでとはちがう。

これまでの自己意識は、他者と闘争して自分を認めさせようとしたり、自分のなかに理想をつくって自分を支えようとしたり、他人の考えをとことん否定することで上位にたとうとしたりしてきた。つまり、他者や現実に否定のエネルギーをぶつけることで、〈自己〉を救おうとしてきたのだ。外側に対する否定を通じて〈自己〉を確立しようとするのが、いままでの、いわば「青年期」的な自己意識だった。

しかし、理性は外側の世界をもう「否定」しようとはせず、むしろ世界のなかに歩み出してそのなかに〈自己〉を求めようとする。自然を観察してそのなかに合理的な法則がつらぬいていることを確かめ、このことによって、自然をよそよそしい混沌ではないものにする。また社会に対して、それをみんなの納得できる合理的な秩序につくりかえようとする。さらに、あらためて「社会と個人はどういう関係にあるのか」をきちんと認識しようとしたりもする。

理性はこのように、世界を「よそよそしいもの」から「自分たちの納得できるもの」に変えていくことによって、世界のなかに〈自己〉を見出そうとするのである。

この章では、理性が自然の世界や社会のなかに理性的な秩序を見出そうとして、様々な経験を積む過程が描かれる。この章の終わりにいたって、理性は、社会と自分とが深くつながっていること、つまり個人と社会の関係における「理」を、自覚するにいたるだろう。

理性の章の歩みは、三つに分かれている。①自然の世界を観察して自己を見出そうとする「観察する理性」、②社会的な世界（社会秩序）のなかに自己の信ずる理性的秩序を実現しようとする「行為する理性」、③社会的秩序のなかに自己を見出している、いわば「社会のなかの理性」という順番で進行する。歴史的には、ルネサンス以降の時代を念頭においていい。

（1）観察する理性

自然を思考の産物に読み替える

この理性は、自然物を記述したり、分類したり、自然のなかに抽象的な「法則」を見出そうとする。また、生命体を観察して、環境と個体の関係をつかもうとする。さらに、人間に眼を転じて、手相や頭のかたちによってその人の気質や運命を知ろうとする。こういう自然科学的な営みが、「観察する理性」という名で語られているものだ（手相術や骨相学になると、エセ科学といったほうがよさそうだけど）。

ヘーゲルは、このような自然科学的な営み＝観察する理性の根底に働いているのは、自然や人間を観察してそこに〈自己〉を見出そうとする衝動である、という。

なにか妙なものを感じて納得のいかない人もいるだろう。あくまで自然は自然であって自分ではないはずだ、と。しかしこれは、なかなか説得力のある考え方なのだ。

自然科学者はもちろん、〈自己〉を見出そうなどと思って自然観察をするわけではない。けれど、自然を分類したり法則化しようとする行為の「動機」はどこにあるのか、といえば、自然を理解して「わがもの」にしたいからだ、といえるだろう。科学者は自然のなかに理性的な秩序があるはずだと信じ、それを発見しようと努め、様々なことがらを統一的な数学的な法則のかたちに整理できたときに満足を覚えるだろう。この営みは、自然を雑多な混沌から人間に近しいもの＝理解可能なものに変えていこうとするものだ。その意味で、自然科学者の観察は自然を〈自己〉化していく営みといいうるのである。このことを、もう少し詳しく述べてみよう。

自然観察は自然物の記述・分類に始まるが、それにとどまらずに抽象的な概念や法則にまで進んでいく。この進行は、感覚と結びついた個々の雑多な具体的事例（バラバラのもの）を、統一的に理解しようとすること、といえるだろう。そしてそのために、科学者は抽象的な概念をつくりだす。例えば、自然科学でいう「物質」。これは私たちが知覚している具体的な「物」とはまったく別のものであって、味も色も匂いもない「概念における存在」である、とヘーゲルはいう。

　これは、たしかにそのとおりなのだ。私たちが出会う具体的な「物」には、それぞれの味や色や匂いがあるし、またある物にある液体をかければ、そこから気体が発生したりする。物のもつ具体的な性質やその変化、という事実を統一的に説明するために、自然科学は、物の本質を味や色や匂いを欠いたもの——原子や分子の集まりとしての物質——とみなすのである。

　つまり、記述→分類→概念と法則、という自然観察の歩みは、最初は自然に対して感覚的・受容的に接する態度に始まって、次第に感覚を脱落させて、思考によって自然を能動的に構成していく歩みである、といっていい。一言でいうと、感覚的な自然をますます純粋な思考の産物に変えていく歩みなのである。

　こうして、思考する者（理性）が思考の産物をつくりだして、それをみながら満足を覚える、というところにまで進む。自然的世界は思考の産物へとつくりかえられ、そこに科学者は、〈自己〉＝私のつくりだしたもの、を見出すのである。

　このヘーゲルの考え方は、自然科学を、あらかじめ存在している自然の法則を「発見」するものであり自然を「模写」する営みだ、とみる考え方をひっくり返すものだ。

自然科学は、人間のあるレベルでの欲望――自然を統一的に理解して、そこに満足を覚えようとする衝動――にもとづく営みであること。それは、自然を感覚的なものから思考の産物へとつくりかえようとする、きわめて能動的な営みであること。このことをヘーゲルは、自然のなかに〈自己〉を見出そうとするという言い方でもって、きわめて説得的に語っているのである。

観察する理性は理性の働きを認識しない

しかし、この「〈自己〉を見出すこと」に、ヘーゲルは、自然を理解可能なものにするということ以上の意味合いを重ねている。それは、〈理性は自然の理解にとどまらず、いいいい理性自身の働きを知ろうとするところまで進んでいく〉というものだ。その発想からすると、観察する理性はまだまだ不充分な、未完成な理性にすぎないことになる。

科学者は自分の思考の産物をみて満足を覚えるけれど、自分の思考の働きそのものには無自覚である。例えば、科学者は様々な物事を「結果」と見立ててその共通の「原因」を探ろうとし、そうすることによって、何かの力とその法則を見出すだろう。けれど、もし〈原因―結果〉という思考の枠組みが働かなかったとすれば、力と法則も見出されることはない（つまり、存在しない）ことになる。つまり、自然認識は思考の働きがあってはじめて成立するものなのだ。しかし彼はそのことを自覚しないから、あくまでも、力と法則は自然そのものに属していてそれをそのまま取り出したのだ、と考える

（もし、人間理性とは異なった、いわば宇宙人的理性から自然をみるならば、その自然認識はまったくちがったものになるはずだ）。ヘーゲルにいわせると、「意識は理性ではあるにしても、理性そのものを対象にしていない」のである。

自然の法則的認識が人間の思考の産物であり、そこには人間が思考するさいの「一般的な枠組み＝カテゴリー」――質・量、原因・結果、相互作用等々――が働いていること。このことを最初に明確に指摘したのは、カントである。彼の『純粋理性批判』は、まさに、人間理性の働き方（仕組み）を対象とするものだった。

この考え方をヘーゲルも受けついでいる。彼の考え方からすると、理性が理性の産物（自然の諸法則）を対象にしているうちは、まだ理性は完成していない。理性は自然の法則的認識からさらに進んで、理性の働きそのものを対象にするところにまで進まねばならない。ヘーゲルの考えでは、そのとき理性ははじめてほんとうに〈自己〉を見出したことになるのである。

この、理性（思考）の働きそのものを取り出して対象にする学問――カントの『純粋理性批判』に相当するもの――を、ヘーゲルは『論理学』と名づけている。これを彼は、『現象学』から六年後になってようやく出版することになる。

観察する理性は、結局のところ、理性の働きそのものを自覚するにはいたらない。そのことを確認してから、ヘーゲルは続いて「行為する理性」を登場させる。

(2) 行為する理性――快楽・心情の法則・徳の騎士

社会秩序との対立と和解

観察する理性は、自然的世界に法則的なものを見出そうとする理性だった。それに対して、行為する理性が活動する場面は、共同的な秩序をもった社会的世界である。彼はそこに〈自己〉――自分が目的や理想とするもの――を実現しようとする。

ヘーゲルは、行為する理性を、理性的な「自己意識」とも呼んでいる。この理性も、〈自己〉を確立し実現しようとするという点では、以前の自己意識と同じ面があるからだ。しかし大きくちがうのは、社会秩序の成立がすでに前提になっているという点である。だから、求め実現しようとする〈自己〉の中身も以前とは大きくちがう。

例えば理性的自己意識は、他者との闘争ではなく他者（異性）との恋に夢中になる。また、理想を抱く場合でも、個人の人生上の理想ではなく社会的な理想を抱く。ストア主義も不幸な意識も生き方上の理想を求めていたけれど、ここでは「みんなにとっての理想の社会秩序」が追求されるのだ。つまり、「理性的」自己意識が求めるのは、なんらかの意味で普遍的な〈自己〉なのである。

しかし、理性的自己意識は、他人や社会秩序と最初から完全に調和しているわけではない。むしろ、この自己意識が経験するのは、社会秩序との衝突や対立である。社会秩序は個人に襲いかかる冷酷なものにみえたり、不正が横行する歪んだものにみえたりする。しかし最後には、現存する社会のなかに理性的な秩序を見出し、社会秩序と和解することになるだろう。

問題になるのは、この「社会との和解」の意味なのだが、さっそく行為する自己意識の経験をたどりつつ、この意味を探ってみよう。

情熱的な恋と社会の掟

最初に登場する自己意識は、快楽（情熱的な恋）を求めるものだ。彼は社会の掟も知識も理論も投げ捨てて、恋とエロチシズムのなかに生の歓喜を得ようとする。

「彼の最初の目的は、個別的なものとしての自分を他の自己意識［異性］の内に自覚しようとすることであり、つまりこの他者を自分自身となそうとすることだ(7)」とヘーゲルはいう。つまり、「この女を俺のものにしたい」と思う。しかしこの想いを実現して「快楽」を得たとき、この目的の予想外の真実が明らかになる。この個別的な自分を相手のなかに実現しようと思っていたのに、その結果として「二人の自己意識の統一としての普遍者」、つまり子どもが生まれてしまうのだ。

社会のしきたりも掟も投げ捨てて快楽を求めたのに、子どもが生まれてしまえば社会的非難を浴びることになるし、親としての責任もとらざるをえなくなる。こうして、快楽をめざした自己意識に、捨てたはずの家族や社会との「つながり」が、当人の予期しなかった厳しい「必然性（さだめ）」として経験されるのである。

——じつはこれは、ヘーゲル自身の経験でもある。『現象学』執筆のころ、下宿先の主婦とのあいだに不義の子どもができてしまったのだ（ヘーゲルはまだ独身だった）。彼はこの子を認知し、以後もいろいろ配慮するけれど、生まれのせいもあったのかグレたりしたようだ。このことは社会的な評判の面でも、のちの結婚生活においても、彼の生涯の頭痛の種になる。

心情の法則を求める自己意識

快楽をめざす自己意識は個別的な目的（私の快楽）だけを求め、社会の普遍的な秩序とまったく対立していた。次に登場する自己意識も同じように現実の法則や秩序と対立するけれど、彼自身が普遍性の要求を内側にそなえている点がちがう。この点で、彼は以前よりもはるかに理性的な自己意識なのだ。

ここでの普遍性の要求とは、「正義」を求めること、である。私にとっての快楽や趣味だけを求める場合には、正義や善は問題にならない。「みんなにとって」という視点が入ってくることによって、はじめて正義や善が問題になるからだ。ここで登場するのは、このような正義や善——ヘーゲルの言葉では〈法則〉——を問題にする、新たな自己意識のレベルである。しかし彼の考える法則は、まだまだ素朴なものなのだ。

彼にとって、個々人の快楽（悦び）こそが「善」である。だから彼は、快楽がそのまま法則（社会的なルール・正義・秩序）にならねばならない、と思う。彼はみんなの快楽を求め、それこそが社会秩序として実現されねばならないと考えるのだ。つまり彼は、「人類の幸福」の実現をめざし、そのことによって自分の「卓越した本質」を発揮しようとする。

彼は、私の快楽と他人の快楽が対立することがあること、また個人が他人を押しのけようとするエゴイスティックな面をもつことを知らない。彼はとても素直に、〈みんながうれしいとぼくもうれしい〉と思っている善意の人なのである。

彼はまた、自分の心情がそのまま普遍性（正義・法則）につながるはずだ、と思い込んでいる。私が「よい」と思うことと他人が「よい」と思うことは対立するかもしれない、なんてことを彼は考えもしないのだ。だから、自分の感ずることはほんとうに普遍性をもつだろうか、というような、検証のプロセスをもつこともない。

つまり、①快楽（悦び）がそのまま法則たりうる、②私の個人的心情がそのまま法則たりうる、と彼は信じている。彼のもつこのような「法則」を、ヘーゲルは「心情の法則」と呼んでいる。心情（ハート）という言葉で、快楽と主観性とをともに表わそうとしているのである。

心情の法則の実現がもたらすもの

彼は、心情の法則を実現すること＝「世直し」をめざす。彼にとって、現実の秩序は暴力的で、個々人の悦びを抑圧するものにみえるからだ。「人類はよそよそしい必然性のもとに隷属している！」と彼は思う。この、個人と秩序の矛盾を解決して、人間的で心ある秩序（個々人の悦びと一致した法則）をつくりだすことが彼の目的となる。そして、世直しをめざす彼の行為はかならず人々の賛同を得るはずなのだ。

しかし、実際に彼が行為して心情の法則を実現すると、どうなるだろうか（社会変革の運動を行なったり、コミューンをつくろうとすることを、念頭においてみよう）。

心情の法則は、実現されるとすぐさま心情から逃れ去ってしまう。心ある秩序をつくろうとしたはずなのに、それが現実的な法則として通用するかぎり、すべての個々人の心情と快楽を満たすものではなくなってしまう。現実的な法則は、ルールであり規則である以上、一人一人の心情から切り離された「掟」としてしか通用しない。つまり、彼が廃棄しようとしたものと同じことになってしまう。——その結果に、彼はショックを受ける。人々の心情（快楽）と法則がそのまま一致すべきだという思想は、彼の行為自体によって、反駁（はんばく）されてしまったのだ。

また、彼の行為を他の人々はかならずしも支持しない。なぜなら、彼がやろうとしたのはあくまで彼にとっての義しさであり、彼の快楽を実現しようとするものにすぎなかったからだ。これはもちろん、自分の心情をそのまま普遍的に通用すべき法則とみなす、という素朴な考え方のせいだ。

しかし、彼はこのことを認めることができずに、錯乱して叫び出す。〈悪いのは大衆だ。あいつらの心は腐っている！　義しい心をもっているのは俺だけだ！〉

いままで彼は、善良な人々を「死せる必然性」が上から抑圧していると考えていた。しかしこの経験によって、現実は以前とちがってみえてくる。現行の社会秩序は押しつけられたものではなく、むしろ大衆自身によって活気づけられた生きた秩序であり、万人の心情が表明された法則なのである。とすれば、むしろ現実の秩序こそ、依拠すべき法則であり正義なのかもしれない。しかし彼はそれを認めることができず、人々の心は腐っている、とか、心の汚い君主や僧侶や役人によって大衆はだまされている、といいつのるのである。

しかし、彼の非難にもそれなりの理がある。安定した現実の秩序を人々が信頼し、それに従っている、ともみえるけれど、じつはそうではないからだ。大衆は個人的な快楽を求めてせめぎあっている。現実とは、個々人がそれぞれの心情の法則――各人が正義や権利とみなすこと――を主張し合い抵抗し合う、「万人の万人に対する闘い」でしかない。このような押し合いへし合いの結果として、安定した秩序のようなものがみえているだけなのである。ヘーゲルの言葉でいうと、「それはもろもろの個別性の定着と解体とがかわるがわる生じる、本質を欠いた無意味な遊戯にすぎない[8]」。現実とは、エゴイズムの相剋する場所なのだ。

こうして理想に燃えていた自己意識は、いまや、大衆のエゴイズムや支配者のエゴイズムを非難するようになる。しかし、彼も大衆も支配者も同じことをやっていたことに、彼は気づいていない。彼自身も勝手に思い込んだ「法則」を実現しようとし、そこに自分の「卓越した本質」を発揮しようとするエゴイストだったのだ。

彼の経験したことを、ふりかえってみよう。彼は最初のうちは、個々人が快楽を求めることは善でありそのまま法則になりうる、と思っていた。しかし現実の世界は、善や法則をタテマエにしながら、その内実では私的利益を求める個人のせめぎあいであることが、わかってくる。つまり、彼が経験したのは、快楽を求める個人と法則とはむしろ対立する、ということだ。彼は個人の〈エゴイズム〉を知ったのだ。

その反省は、自分にも及んでくる。自分の個人的心情がそのまま法則だと思い込んでいたこと、これもエゴイズムだ。こう気づいたとき、個々人の心情や快楽から切り離された〈善それ自体〉という観念が、彼のなかに浮かんでくる。こうして彼は、〈エゴイズムを取り払ってこそ、普それ自体は達成されるのだ〉と考える「徳の騎士」になる。

〈善それ自体〉を求める徳の騎士

この新たな自己意識も、やはり社会を変革しようとする。しかし彼は、自分の幸せとみんなの幸せをひとつながりのものとして求める善意の快楽主義者では、もうない。彼は眉（まゆ）にシワをよせて真剣に〈善それ自体〉を求める禁欲主義者になっている。彼はいっさいの個別的な快楽（エゴイズム）を断ち切り、「それ自体として真でありかつ善であるもの」のもとへと自分を訓練し、「徳の騎士」となってふたたび世間に挑む。

彼の考える〈善それ自体〉は、プラトンのイデアのような、天上界に存在する理想ではない。それは社会制度として「実現」されなくてはならないからだ。彼はこう考える。〈真実の善は、世間には不在にみえる。それは世間のなかに「内なるもの」として潜んでいる。それは個々人のエゴイズムによって顚倒されているだけだ〉。そこで徳の騎士がめざすのは、世間の人々のエゴイズムを廃棄して、真実の善を明るみに出すことだ。彼の目的と世間のうちなる本質とは一致しているのだから、世間との闘いでは自分は必ず勝利するだろう、と彼は信じる。

しかし結局徳の騎士は世間に勝てず、むしろ世間のほうに理があることを認めざるをえなくなる。それは、彼の考えに不充分なところがあったからだ。彼は個人的なものと善とをまったく相反するものと考えて、個人的なものを廃棄しようとしたけれど、「個人」とはそんなに単純なものではない。

たしかに、個人はみずからの私的利益を追求するエゴイスティックな面をもっている。しかし、個人は私的利益を追求することによって、かえって互いに貢献し合ってもいる。アダム・スミスが「神の見えざる手」といったように、諸個人は私的利益のために生産するが、それは結果的に他人の役に立ち、公益となっている。ヘーゲルはいう、「個人が利己的に行動するというときには、個人は自分がいったい何をなしているかを知らないだけなのだ」(9)。

個人は自分の行為を通じて、公共的なものとしての善を現実化している。また、個人に与えられている天賦の才能や能力——役立たせられるべき有用なものという意味で善なるもの――も、個人の行為によってはじめて現実化される。このように、エゴイズムをも含み込んだ個人の行為全体こそが善を実現する当のものであって、「世間」とはこのような個人の行為の行なわれる場面であること、徳の騎士はこのことに気づく。そのとき、彼の抱いていた〈善それ自体〉という理念は力なき抽象物でしかなく、徳と世間との対立も消失している。

「行為する理性」の意味するもの

社会秩序を変革しようとした理性的自己意識は結局挫折して、世間のなかに善はすでに実現されている、ということになった。けれど、この歩みに文句をいいたくなる人は多いだろう。できあがっている現行の社会秩序を無批判に正当化するもの、にみえるからだ。しかし、理性に続く「精神」の章では、ヘーゲルはフランス革命を肯定的に語っている。社会秩序を無批判に正当化する思想を、彼が語るはずがないのだ。いったい彼は、ここで何を語ろうとしたのだろうか。

ひとつは、社会を批判する思想には真の普遍性が要求される、ということだ。正義は独善的なものであってはならない。人々の生きている実質に即したものでなければならない。「私の心は純粋である、私は正義を確信している」、そういう思い込みは、「みんなにとって」を真剣に考えようとしない自己満足なのだ。

もうひとつは、個々人の私的な利益を無視したところに正義は成り立たない、ということだ。エゴイズムを徹底排除して純粋な正義を求めようとする思想を、人はもつことがある。しかし正義と私的な利益を「対立」させるかぎり正義は無力となり、結局他人を見下すような、腐ったものになってしまう。むしろ、「義しさ」と「私的な利益」がどこかでつながっていくような可能性を追求しなければならない。――実際にヘーゲルは、後に『法の哲学』のなかで、そのための具体的な構想を示すことになる。

（3）社会のなかの理性――行為と社会制度

個人の行為の意義

行為する自己意識は、世間を生きる個人の行為と現存の社会秩序を外からみていて、それにイチャモンをつけたり、改革すべしといったりしてきた。しかし、その経験を通じて浮かび上がってきたのは、個人の「行為」というもののもつ独特の意義である。

ひとつには、行為が個別性と普遍性を総合するものである、ということだ。行為は「私の」行為だからエゴイスティックな動機をもつけれど、同時に普遍的・公共的な意義をもつもの（善なるもの）を生み出すのである。もうひとつは、行為が主観と客観を総合するものである、ということだ。行為は、個人のなかに眠っている潜在的な素質や能力――これもそれ自身としては「善い」ものだろう――を、現実化し「客観」化するからだ。

ヘーゲルがこの章で語ろうとするのは、個人が次第にこのような行為の意義を自覚していくプロセスだ。この自覚が深まったとき、個別性と普遍性、主観と客観の対立が克服されて、「人倫の国」――自由と共同性の実現された社会――の理念が実現されることになる。理性はここに、（いちおうの）完成をみることになる。

この章は、とてもおもしろい箇所だ。主観と客観の一致、個別性と普遍性の一致、なんていう言葉はヘーゲル哲学のお題目としてよく知られているが、その中身はいまひとつよくわからないままになっていることが多い。けれど、この章はそのことの具体的な意味を教えてくれるものだ。

とくに注目すべきなのは、個別性と普遍性との関係――別の言葉をつかうなら、個人と社会制度との絡み合い――についての、ヘーゲルの考え方である。個人と社会の関係をどう理解するかというのは、社会科学上の大問題だったが、ヘーゲルの論は、個人の欲望が社会的な制度に織り込まれていることを、じつに的確に言い表わしている。

自分の素質の実現をめざす個人

ヘーゲルはまず、行為が「主観と客観を総合するもの」であるという面から出発する。行為とは自分の内的なものを外に表わして客観化することだ。行為の結果としてつくりだされた客観物を、ヘーゲルは「作品」という。作品のなかに個人は〈自己〉を認めることができるだろう。ぼくの書いた本は、いわば物となったぼくだ。だから、ケナされると、ちょっぴり傷つく……。

「社会という現実（客観）のなかに理性は〈自己〉を見出しうるのだ！」というヘーゲルの言い方に疑念をもつ人でも、自分のつくりだした作品のなかにだったら、自己を見出すことはできるはずだ。

だとすれば、他人や社会を眼中におかなければいい。ひたすら自分の素質を発揮することだけをめざし、つくりだした作品以外のものに眼もくれない、という態度をとればいいのだ。そうすれば主観と客観はつねに一致して、なにものからも脅かされることのない自足した自由が得られるだろう。

そのように考える個人を、ヘーゲルはまず最初に登場させる。彼の考えでは、行為の意義は自分の素質を発揮することにある。だれもがその人なりの「根源的な一定の自然」――生まれつきの素質・才能・個性――をもっている。可能性の闇に眠る潜在的能力を顕在化すること以外に行為の意義は存在しない、と彼は考えている。

行為には目的・手段・行動そのもの・結果というような諸契機があるが、それらはすべて、自分のなかの内なる自然によっておのずと決定されるだろう。何かに関心をもち、やりたくなる――「目的」を抱くのも、自分のなかの自然（素質）が働いたからだ。目的を達成するための「手段」も、才能や力という自然である。それらを働かせて生み出した「結果（作品）」は、自分の内的自然が外的な姿をとったものにほかならない。

こう考える彼は、行為の結果をみて「あーあ、ひどいことになった」とガッカリしたり、「すごいものを俺はつくりだしたぞ」と興奮したりはしない。他人のやったことと比較したりもしない。どんな結果になろうとも、どんな作品ができたとしても、それは自分の内的自然の表現なのだから、等しく肯定されるべきものなのだ。「だからおよそ高揚も起こらなければ、悲嘆も起こらず、また悔恨も起こらない。（中略）個体はおのれにおいてただ悦びだけを体験しうることになる[10]」

個人は自分の作品に満足しない

こうして、主観と客観の一致が果たされて、彼は完全に自足し自由である。理性はついに完成したのだ――というわけには、やはりいかない。

なぜなら、つくった作品をみて「これってできが悪いなあ」と思うことだってあるからだ。つくっている最中は、自分と作品とは一体かもしれないけれど、いったん完成してしまうと自分と作品は別のものになる。だから、反省的な批評するまなざしをもって、自分の作品をみつめなおすのは必然的なのだ。また、彼の作品を他人が批判するかもしれない。「君の絵はこのあたりがイマイチだね」と。そんなことがなくても、人の作品をみたとき、「ああすごいなあ、ぼくのはまだまだだなあ」と思うことだってあるだろう。他人との比較なんて関係ない、と思い込もうとしても、そこにはやはり無理がある。

こうして、行為と作品（主観と客観）のあいだには、ふたたびズレが入り込んでくる。素質の実現だけに力を注ぎ作品をみつめては満足する、という戦略は、うまくいかないのだ。当の作品に自分が満足できないのだから。

そのとき、彼はどうするか。「もっとよいもの」をつくろう、と思うだろう。そのつどの作品で終わり、ではなくて、彼のなかに長期にわたる目的が生まれる。そしてそれは次第に、「自分の表現したい真実」「ほんとうに美しいもの」というような、理念や価値として意識されてくる。そして、こうした理念を実現するために、彼は次々と作品をつくりだすことになる。

私たち、とくに大人が意識的・継続的に営む行為は、このような理念や価値をめざして行なわれる場合が多い。例えば、「ほんとうに美しいもの」を実現するために様々な芸術作品が、「普遍妥当的な真実」を解明するために学問的作品が、「人間の生の真実」に迫ろうとして文学作品がつくられる。もっと日常的な例で、パン屋さんが「ほんとうにおいしいパン」をつくろうとする場合も、ここに入れてもいいだろう。

このような意義と価値をそなえた事柄――行為がそれをめざすもの――を、〈事そのもの〉とヘーゲルは呼ぶ。さっきまで目的・行為・作品を統一していたのは自分の「内なる自然」だったけれど、いまそれらを統一しつらぬいているのは、〈事そのもの〉という理念なのである。

人々の織りなす「ゲーム」

ヘーゲルはさしあたって、個人が自分のなかに抱く理念というかたちで〈事そのもの〉について語りはじめるけれど、先ほどの例でもはっきりしているように、実際にはこれはたんなる個人的な理念ではなく、多くの人々に共有された理念である。なぜなら、私の作品を他人が批評したり、他人の作品を私が批評したり、ということを通じて、おのずとそこに〈事そのもの〉――意義ある何か――という理念が想定され、共有されてくるからだ。

つまり、〈事そのもの〉を実現しようとする行為は、彼だけでなく、多くの他の人々も参加する「ゲーム」になっている。多くの人が、より美しいこと・より真実なこと・より正義であること・より売れること等々をめざし、競い合うことになる。

だましあいのゲーム

しかし、ここで行なわれるゲームは互い、、、をだましあうゲーム、、、でもある、とヘーゲルはいう。

ある人が研究論文を発表した。そこに他の人々が「あなたの研究はもうだれそれがやってしまったことですよ」と告げたとしよう。客観的・公共的に意義あること（＝事そのもの）の実現が目的だとすれば、だれがそれをなしとげようとかまわないはずだ。しかし発表者は、他人からのこの指摘を納得して受け入れたりはしない。「いや、私はただ自分の興味でやってるだけですよ」と負け惜しみをいう。最初に発表したときは、公共的なことに貢献するというタテマエだったのに、次には「自分が」興味をもち行為することにこそ意義があるのだ、というふうに相手をだますのである。

でも、他の人々のほうも似たようなものである。だれかの研究に助力を申し出たり、それをあれこれと批評するときには、〈事そのもの〉のために貢献するというタテマエを表にしているけれど、その内実は、「自分」がそこで大きい顔をするためなのだ。他人の作品をほめるときには自分の寛大さを示そうとし、けなすときには自分の見識の高さを誇ろうとするのである。

――このあたりのヘーゲルの言い方、じつにリアルですよね。学会や文壇や芸術というような世界につきまとう醜(みにく)さを、ほんとうに鋭く指摘している。けれど、「結局はエゴのぶつかりあいなのさ、あんなもの」というふうには、ヘーゲルは考えない。

なぜなら、「自分が認められたい」という欲求は、むしろ不可避なものだからだ。それがなければ、〈事そのもの〉をめざし実現しようとすることも起こらない。だから、〈事そのもの〉がたんなる表面的なタテマエで、エゴがホンネなのだ、と考えるべきではないのだ。いわばどちらもホンネなのである。「自分が認められたい」と「客観的・公共的に意義あることをなしとげたい」とは深く結びついていて、どちらかを切り離すことなど、できはしない。

このことに意識が気づくとき、彼は「だましあいのゲーム」を積極的に受け入れることができるようになる。たしかにこれはエゴの相剋する場面だけれど、そのことを通じて〈事そのもの〉がめざされ実現されていくのだ。それだけではない。彼の活動自体がこのゲームに参加することによって意味あるものになっていること、このことを彼は積極的に承認することになる。

この「ゲーム」――個々人の活動によって生み出され、また逆に個々人の活動を意味あるものにしているゲーム――のことを、ヘーゲルはふたたび〈事そのもの〉と呼んでいる。このときの〈事そのもの〉は、以前のような「めざされる理念」という意味を超え出て、社会的な制度そのものをさす言葉になっている。

個人の行為は制度に織り込まれている

意識は、長い遍歴(へんれき)のすえに、自分の行為が社会的な制度に織り込まれていること、その制度こそが自分の行為を支えているものであることを、自覚するにいたった。この制度において、個人と普遍的な意義ある事とは、内面的に結びついている。個人どうしも、ともにこの制度に参加するものとして、結びついている。つまり、個と個の総合、個と普遍の総合が、社会制度のなかで果たされている。そしてこのことの自覚は、社会と個人の和解を意味するだろう。

ヘーゲルはこの〈事そのもの〉というゲームを提示することで、人間存在の「社会性」のひとつの側面を鮮やかに切り取ってみせた。これは、人間の欲望というものが身体的な快・不快にとどまるものではなくて、〈ある種のゲームを通じて何かを得る〉という構図をもつことを示している。

しかし、ヘーゲルのいう和解に疑問をもつ人もいるだろう。私たちは、学校教育や受験戦争のように、無理やりある種のゲームに参加させられる。そしてそこで「勝者」になれなかったならば、ひどく傷ついてしまうのだ。人間の欲望が社会的なゲーム（制度）に織り込まれているとしても、それがそのまま、社会と個人の和解を意味するわけではない。このことについては、終章できちんと考えてみたい。

ヘーゲル自身も、どんな社会のなかでも個人は社会と和解しうる、とは考えなかった。彼はあらためて歴史上の具体的な社会を取り上げて、そこでの個人と社会制度との関係を描き出そうとする。――続く「精神」の章では、このことが語られるのである。

第五章　私と世界の分裂と和解——精神の歴史的な歩み

私たちもとうとう、『現象学』の第二部、〈精神〉の章に入ります。ここで語られるのは、これまでの〈意識〉の諸形態——意識・自己意識・理性——とはちがって、はるかに具体的な、精神の歴史的な歩みである。

〈精神〉とは何か

ここであらためて、ヘーゲルのいう〈精神〉という言葉の意味を復習しておこう。まず、精神という言葉は個々人の意識だけをさすものではない、ということ。個々人の意識と行為だけでなく、さらにそれを通じて生み出される社会制度も含めて、ヘーゲルは〈精神〉と呼ぶ。彼の考えでは、個々人の意識と社会制度は全体としてひとつの「時代精神」をかたちづくるのである。

しかし、意識と社会制度はなんの矛盾もなく融合しているわけではない。ある社会制度の経験は新たな意識を生み出し、新たな意識は新たな社会制度を要求することになるからだ。この章では、こういう意識と社会制度の歩みが、歴史の流れを追いつつ語られていく。その歩みは、大きく三段階になっている。①「真実な精神」、②「自分から疎遠になった精神」、③「自己確信的精神」である。

1　真実な精神——古代ギリシアからローマへ

ポリス的個人と共同体の一体性

古代ギリシアのポリスを、ヘーゲルは若いころから理想としてきた。個と個、個と全体の美しい調和、自由と共同性を歴史のうえで真に実現した国家こそポリスである、そう彼は考えてきた。だからここでも、ポリスにおける社会制度と個々人の意識を、ヘーゲルは「真実な精神」と名づけている。しかし彼はもう、ポリスを単純に理想化してはいない。

いまのヘーゲルには、ポリスにははっきりした自覚をもった「個」が存在しない、と思えている。ポリス的個人は共同体の掟とまったく一体となって生きているから、掟の正当性を疑ってみたり、掟と異なった生き方を想像してみたりする、というような「距離」をもたないのだ。その意味では、ポリスにおける美しい調和はとても素朴なものなのである。

この個人と掟の一体性が解体してはじめて、「この私」の自覚も生まれてくる。しかしそれは、個人と個人、個人と全体の対立の始まりでもあるだろう。

ヘーゲルがここで描くのは、このようなポリスの精神であり、次にそれが没落していく過程である。そのさい、彼はソフォクレスの悲劇『アンチゴネー』を素材にして、ポリスの制度と人々の精神が崩壊していくようすを描いている。

国家と家族

まず、ここでの社会制度と個人の在り方をみてみよう。社会制度には大きくふたつのものがある。ひとつは「国家（ポリス）」という公共的で明確な法律をもった共同体。しかしそれだけでなく、血縁で結ばれた私的な共同体、つまり「家族（オイコス）」もここには存在している。

国家は、男たちのつくりあげる共同体だ。男は家族のなかで育つが、成年になると公共的なものに眼を向け、そこにアイデンティファイする。国家と法律を自分の〈自己〉＝自分の本分とみなし、国家への貢献に生の意義を見出すのである。

でも、強大な国家権力に無理やり従わされているのではない。この国家は、民主制の国家だからだ。彼らは対等な市民（公民）であり、国家をともにつくりあげているという実感をもっている。そこでの法律も、だれかに押しつけられたものではなく、市民たちの共通の意志の表現となっている。ここはまさに、自由と共同性を実現した「人倫の国」なのだ。

しかし彼らは、素朴に国家の一員としての生き方を信じている。「この法律はきちんとした根拠をもった正当なものだろうか」と考えたり、「国家のために生きるのがほんとうに私の幸福なのだろうか」と疑ったりはしない。よけいな反省をしないで、ひたすら祖国のために生きる。市民の気風はこういうものなのだ。

では、家族のほうはどうか。家族は、男女が結びつき愛し合う場所であり、愛の結晶である子どもを育てる場所だ。家族のために財産を配慮することも必要である。でも、これらは大切だけれど、私的なことでしかない。だから、「祖国こそ命」という市民の気風からすると、副次的な意味しかもたないようにもみえる。国家の側からすれば、家族の機能は「子どもをりっぱな市民として育て上げる」ということにつきるだろう。しかし、家族にはそれだけにつきない重要な意義がある、とヘーゲルはいう。

〈人間の掟〉と〈神々の掟〉

それは、「埋葬」の義務である。どんな人でもかならず死を迎えるが、これに抵抗することはできない。死は、自己意識の外側から襲ってくる暴力である。この「死」に精神的な意義を与えて、それを〈自己〉のたんなる喪失や破壊ではないものに変えること。これを行なうのが埋葬である。家族は死んだ者を埋葬することによって、彼や彼女を祖先の霊のメンバーのなかに加える。これは、〈自己〉意識としての人間が自分の死を受け入れるためには、ぜひとも必要な行為なのである。

このヘーゲルの考え方には、深い洞察があると思う。「死」が現象学で登場してくるのは二回目のことだ。最初は主奴論のところだった。死の恐怖を知ることによって、

〈自己〉の意識がめばえる。死の恐怖を避けるために、労働という制度が生まれる。しかし、死を廃絶してしまうことはできない。できるのは、死に「意味」を与えることだけなのだ。だから、死者をとむらうという制度が発生するのは必然的なのである。

　こうして、ギリシアの世界は明と暗のふたつの世界をもっている。祖先の霊たちが集う暗い冥界(めいかい)が、明るく公共的なポリスの背後に存在しているのだ。家族共同体は、一見副次的で私的な領域にみえるけれど、その本質からいうと宗教的な共同体であって、冥界とつながっている。そしてこの埋葬の義務を執(と)り行なうのは、女たちなのである。男たちが、明るく公共的なポリスの掟――〈人間の掟〉――を本分としているのに対し、女たちは暗い冥界の〈神々の掟〉を本分としている。

　ヘーゲルはさらに、国家と家族、〈人間の掟〉と〈神々の掟〉が互いに結び合っていることを示す。国家どうしが戦うときに、男たちは祖国のために戦い、場合によっては死ぬだろう。男たちにとって、祖国のために戦うことこそ最高の義務であり、最大の意義をもつことがらなのだ。しかし、そのとき死んだ男たちを埋葬するのは、家族（女たち）の役目である。もし、埋葬されずに死骸(しがい)が鳥や獣の餌食(えじき)にされるならば、それは死んだ当人にとっても、家族の女たちにとっても、耐えがたいことになる。家族の執り行なう埋葬が死に意義を与えてくれるからこそ、国家も、個人に対して危険に身をさらすことを命ずることができるのだ。

　しかし、国家と家族、人間の掟と家族の掟がこのように内在的に結びついていることを、人々は自覚していない。男たちは〈人間の掟〉だけを最高のものと考え、それと一体化している。女たちは〈神々の掟〉こそが神聖なものと考え、それと一体化している。要するに、この世界には「個」が存在していない。掟と一体になった人間——ヘーゲルはこれを「人格」ではなく「性格（キャラクター）」と呼んでいる——しか、ここには存在しないのだ。

ふたつの共同体、ふたつの掟の結びつきは自覚されていなくても、ふだんはそのままでごく自然に全体は調和して進行していく。しかし、この無自覚さのゆえに、このふたつが対立し合うということも起こる。ギリシア悲劇『アンチゴネー』を、ヘーゲルはそういう観点から語るのである。

アンチゴネーの悲劇——ふたつの掟の衝突

ここで、簡単に『アンチゴネー』のあらすじを紹介しておこう。

場所は、テーバイという名のポリス。テーバイの王オイディプスには、二人の息子と二人の娘がいた。二人の息子は王位をめぐって争い、片方はテーバイから追放されてしまう。追放された息子ポリュネイケスは、隣国アルゴスと手を組んでテーバイを攻め、兄弟どうし戦って、相討ちしてしまう。

代わってテーバイの王位についたのは、兄弟姉妹の叔父クレオン。クレオンは、ポリュネイケスの埋葬を許そうとしない。彼は祖国に反逆するという大罪を犯したからだ。

〈人間の掟〉の立場から、クレオンは「彼を埋葬するならば厳罰に処す」と布告するのである。

しかし、ポリュネイケスの妹アンチゴネーは、それを受け入れることができない。〈神々の掟〉の立場から、あえてポリュネイケスを埋葬しようとするが、結局つかまってしまう。そしてアンチゴネーは自害する。

ところが、アンチゴネーと国王クレオンの息子とはいいなずけだった。息子はアンチゴネーの死を知って自殺し、息子の自殺にショックを受けたクレオンの妻も自殺してしまうのである。

ヘーゲルの考えでは、この悲劇は国家に対する個人の反逆ではない。クレオンもアンチゴネーも、みずからの信ずる掟に従っただけなのだ。これは掟と掟の衝突なのであり、しかもそれが両者ともに没落していくのである。

この没落は、〈人間の掟〉も〈家族の掟〉も絶対ではなくなった、ということを意味する。それまで、あまりにも自然であり当然であった「掟」、自己と密接不可分に結びついていた掟が没落する。これは、一方でポリスそのものの崩壊、他方でまったくの「個」の自覚を生み出すことになる。

ローマの法的状態

ポリス共同体は、ローマ帝国によって統合される。この広大な帝国では、人々は全体と自分とのつながりを実感できない。自分たちのつくりあげる「作品」としての国家は消滅してしまった。個人はバラバラの個人となってしまった。しかしここでは、ローマ法が制定されている。ローマの市民権をもっていれば、どこの出身者であろうと、権利上は対等に扱われるのだ。

このローマ帝国を、ヘーゲルは「法的状態」と呼んでいる。それは、「法のうえでの平等」ということだ。宗教や出身にかかわらず、だれもが平等な「人格」として認められ、市民として一定の権利が与えられているのである。

この「法的状態」に対するヘーゲルの見方は、両義的だ。ひとつは、巨大な進歩である、とみている面。宗教や民族を度外視して、個人の権利をまったく対等なものとして取り扱う。これは進歩の面だ。しかし他方で、これがたんに法のうえでの平等でしかないことを、彼は批判する。

所有「権」という意味では、私も彼も対等・平等だ。しかし、私は貧乏で、彼はすごく金持ちかもしれない。権利の平等は、所有の内実にはいっさい関わらないのだ。とくに、ローマ皇帝が圧倒的な財力と権力をもっている帝政期では、個々人は皇帝にもてあそばれるだけの存在となる。ヘーゲルはいう。「権利の意識は、それが現実に通用することのなかに、むしろ自己の実在性の喪失と、完全な非本質性を経験する」(1)と。

個人と、世界(権力や富)とは、よそよそしいものとなってしまった。この「よそよそしさ」を解消していく自己意識の運動が、次に語られることになる。

2　自分から疎遠になった精神

〈自己意識〉から〈理性〉へといたる歴史

ここは、実際の歴史からみるとかなり長い時代をカバーしている。そして場所としては、とくにフランスが念頭におかれている。

最初は、封建貴族たちが寄り集まって、国家をゆるやかな統一体として営んでいる段階からスタートする。まだ、近代国家とはいえないような時代だ。つづいて、絶対君主のもとに中央集権的な統一国家が成立し、封建貴族たちも宮廷貴族に変化していく。「朕(ちん)は国家なり」。ルイ十四世の絶対君主制である。

しかし、そのころから商人たちが力をもちはじめ、次第に身分や権威よりも「金」がものをいうようになってくる。観念の世界にも変化が訪れる。キリストに対する素朴な信仰や伝統的な身分秩序を批判する、合理的・理性的な「啓蒙」の態度が登場してくる。ヘーゲルの考えでは、啓蒙は最終的に「フランス革命」にいたり、それまでの身分や社会の秩序を破壊して、一挙に理性的な秩序を打ち立てようとすることになる。

ここでヘーゲルが試みているのは、封建制からフランス革命にいたる具体的な歴史事実を解釈して、それに人類史的な「意味」を与えることだ。

〈自己〉と掟とが直接に一体化していたギリシアから、抽象的で貧しい「法的人格」としての〈自己〉が析出されてくるローマ時代。ここで、〈自己〉と世界とは疎遠になり、対立する。これは『現象学』第一部でいえば、〈自己意識〉の段階に相当する。実際、ローマ時代にはストア主義や懐疑主義が流行し、さらにキリスト教が流入して国教となったのだった。

この〈自己〉と世界とが「疎遠になった」状態から、ふたたび、世界をわがものにし〈自己〉化しようとする運動が始まる。つまりこの章が語ろうとするのは、〈自己意識〉が〈理性〉へと転身していくプロセスなのだ。そしてこの章は、以前に語られたよりもはるかに具体的に、ヘーゲルの考える〈理性〉がどういうものなのか、を私たちに理解させてくれるだろう。

個人と世界の対立＝疎遠化

では、さっそくこの章の内容に入っていこう。まずは、「自分から疎遠になった精神」という、この表題の意味である。

〈自己〉と、自己が眼の前にみている世界とが、疎遠なものとして対立すること。これがこの時代の精神における、いちばん基本的な対立（疎遠化）である。精神が〈自己〉と世界とに分裂してしまったこういう在り方を、ヘーゲルは「自分から疎遠になった精神」と呼ぶ。では、この対立＝疎遠化とは、具体的にはどういうことをさすのだろう。

ここでの対象世界をかたちづくっている基本的な要素として、ヘーゲルは〈国家権力〉と〈富〉を挙げている。国家権力は公共的な正義であり、富は個々人の私的な利益を満たしてくれるものだ。しかし、公共的なものと私的なもの、このふたつとも、個人と有機的に結びついてはいない。

ポリスの生活では、国家は自分たちでつくりあげている自分たちの「作品」だったから、その権力も「自分たちの意志」だった。しかしここでは、国家権力は自分よりはるか上のほうから命令されてくるだけで、自分はそれに参加できない。富についていうと、ポリスの生活では、富はあくまで家族を営むかぎりで必要とされたにすぎないし、貧富の差もあまり目立ってはいなかった。しかしここでは、富はそれ自体として追求される目標になる。だが、だれもが富を平等に獲得できるわけではないから、富豪もきわめて貧困な者もいる。

このように、個人と、国家権力と富とは切り離されている。でも、まったく無関係かというと、そうではない。国家権力は諸個人の行為によって生み出されるものだし、社会全体の富も諸個人の労働の産物ではある。国家権力も富も、〈われわれにとって〉は、人々の「作品」なのだ。しかし、そのことを人々は実感できない。

能力をもつことで世界と関わる

この世界では、個人が国家権力や富を獲得しようと思うなら、そのままの自分では通用しない。「法的人格」だけではなんの役にも立たないのだから、努力が必要になる。

富を獲得しようと思うなら、金持ちに気に入ってもらえるような特技や、商売をやるための能力を身につけなくてはいけない。「私的な利益よりも公共的な正義のほうが大切だ、国家権力に参加して正義を実現したい」と思うなら、彼自身が実際に私的利益を断念してみせて、「有徳の人」であることを実証しなくてはならない。まわりからそう認められてはじめて、国家権力に関わり正義を実現することもできる。

だからヘーゲルは、この世界を「教養の国」とも呼ぶ。個々人は自然なままの〈自己〉を外化=放棄し、自然なままの〈自己〉から疎遠になることによって、この世界で通用するような人間へと〈自己〉を鍛え上げなくてはならないのだ。知恵や技能や徳を身につけなければ、利益（富）も正義（国家権力）も得られない。その意味での「教養=自己形成」を個々人は積まなければならないのである。

そして他方、社会全体の富も国家権力も、個々人が教養を積む行為によって、はじめて存立する。自然的〈自己〉からの疎遠化は、富や国家権力に息を吹き込み、それらを動かす実質的な力なのである（しかしこのことは、いまのところ個々人には自覚されていない）。

整理してみよう。「教養の国」では、個人と世界（国家権力と富）の両項目は、①互いに疎遠なものとして対立しながら、②同時に相互に相手を存立させている。分裂しながら関係し合い結び合ってもいるのである。この関係=統一の結び目となっているのが、「教養」ということになる。

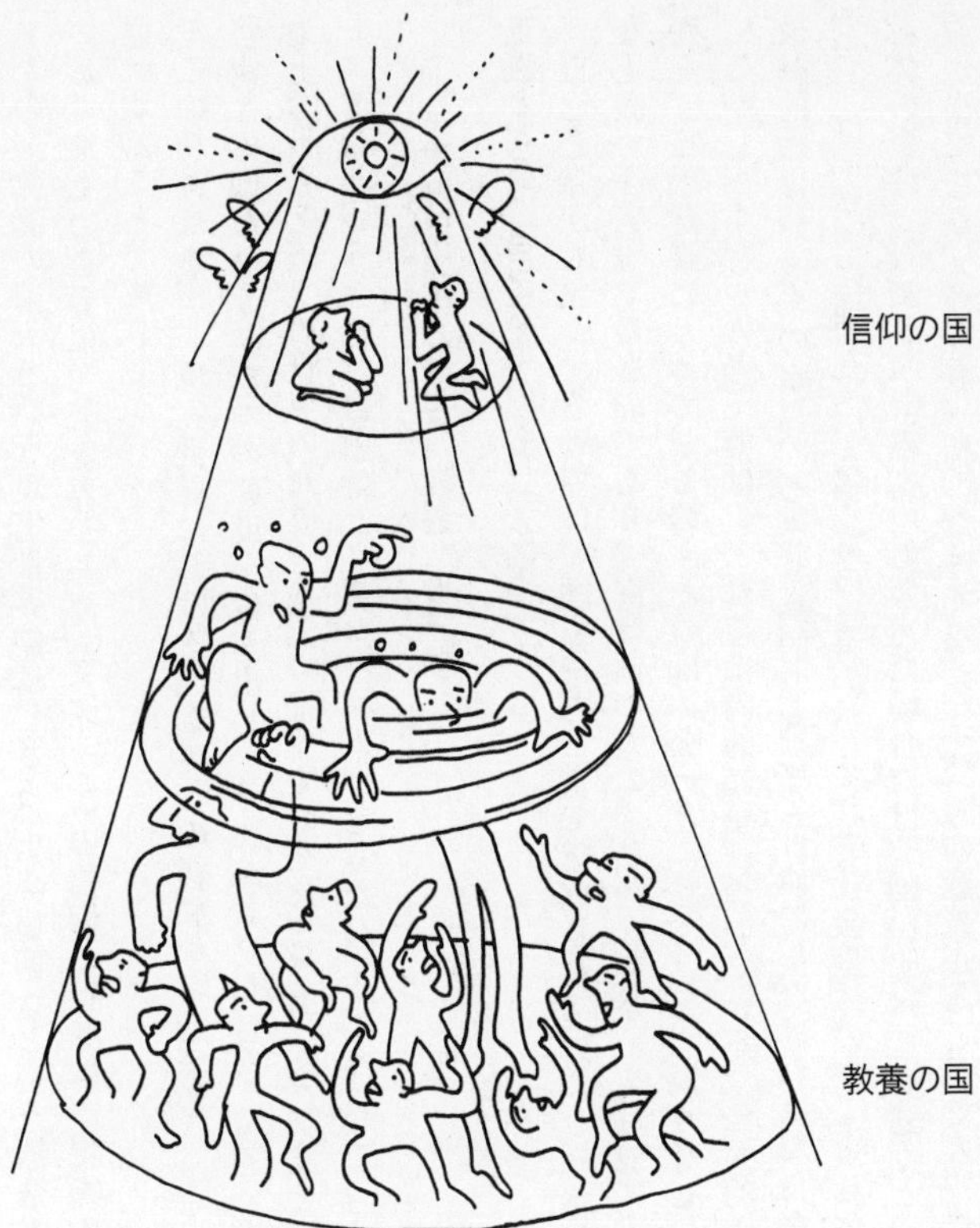
信仰の国
教養の国

この「教養の国」という現実世界には、さらに、「信仰」という観念世界が対立している。地上の世界に、天上界がそびえたつ。この信仰の世界は、現実の分裂から「逃避」することで成り立つ。

この精神はまず、現実世界における「教養」の経験から始まる（1）。この経験は、啓蒙と信仰というふたつの態度を生み出し、それが対立し合う（2）。啓蒙の完成は、地上の世界と天上の世界の対立、地上の世界でのそれまでの社会制度を破壊して、フランス革命という「絶対自由」と「テロリズム」をもたらすことになる（3）。

（1）現実世界における「教養」の経験

正義と利益、自己意識のふたつの契機

自己意識が対象とする世界は、国家権力と富で構成されていた。国家権力は「公共的な正義」を実現するものであり、富は個々人の「私的な利益」を可能にするものだ。だから、自己意識にとって、このふたつは「公」と「私」として鋭く対立してみえる。

しかしヘーゲルの考えでは、これらは内的に結びついている。公共的な国家権力は、最終的には個々人の幸福、つまり私的な利益を可能にしなければならないのだから、「公」は「私」に通じている。富のほうも、それを社会全体の富——具体的には、国民総体の資産と経済システム——と考えた場合には、国民すべてを養うという普遍的な意義が出てくる。富にも「私」だけでなく、「公」の意義がある。でも、自己意識はそう考えないのである。

自己意識の内部にも、国家権力と富にちょうど対応するように、ふたつの本質的な契機がある。つまり、公共的で普遍的な意義をもつものを求める傾向と、私的な利益を求める傾向とがある。ヘーゲルの考えではどちらも本質的であって、片方だけでは自己意識は満たされない。でも、ここに登場する自己意識はそう考えることができない。「公共的な正義こそ自分の本質だ」とみなす自己意識は、富を軽蔑し、国家権力に参与したいと願う。逆に、「私的利益こそ自分の本質だ」とみなす自己意識は、国家権力を個人を抑圧するものとみて、富を求めることにせいをだすのである。

ヘーゲルがまず登場させるのは、「公」派の自己意識である。彼は、私的利益だけを求めるような〈下賤な意識〉ではなく、〈高貴な意識〉なのである。彼は、自分の財産をかえりみず公共の福祉のために献身するが、彼が経験するのは、自分のなかにも「私」があることの発見であり、この経験を通じて彼は下賤な意識になってしまうだろう。

高貴な意識の経験――重厚な封建諸侯たち

高貴な意識とは、重厚な封建諸侯である。彼は「自分の占有物や享受をみずから断念し、現存する国家権力のために行動する」(2)。私事を外化・疎遠化し、自分を公的なものへと形成することで、彼は人々の尊敬を集め、またそれを誇りとする。高貴な意識は、このような「教養」を積む。

国家権力の側も、高貴な意識の献身によって実効性を獲得する。公共の福祉というようなたんなる観念ではなく、現実的な権力となるわけだ。

だが実は、高貴な意識は、自分の個別性（私的利益）をしっかりと確保している。ひとつは、「名誉」を得てそれを誇りにしていること。もうひとつは、いつだって反乱を起こせるだけの実力をもっていること、である。

だから、国家権力の基盤はまだまだ不安定である。かりに諸侯がみな誠実であったとしても、国家の意志を最終決定する「主体」が、ここには不在なのだ。

絶対君主制と〈追従（ついしょう）の言葉〉

そこで、絶対君主が担ぎ出される。重厚な封建諸侯は宮廷貴族となる。貴族は、君主に〈賛美の言葉〉を贈り、忠誠を誓う。「あなたこそ太陽王です」と。この言葉を贈ることで、貴族は自分の内面までも徹底的に放棄しようとする。他方、君主の側も貴族たちの言葉を受けることによって、「朕は国家なり」という確信をもつ。こうして国家権力は安定し、強大なものとなる。

ここで、「主人と奴隷」のところを思い出してほしい。ちょうど、主人が奴隷をこき使い、奴隷からの承認を得ることで「自由」を確信したのと同じように、君主と国家権力は、貴族の自己放棄と賛美によって「絶対性」を確信するのだ。しかし、主人はその自由を奴隷に依存していたから、その関係は逆転してしまった。ここでも、同じことが起こる。

国家権力と君主の「絶対性」は貴族の側に依存している。だから、貴族は国家をクイモノにして私腹を肥やすことができるし、そしてそれはかならず起こってしまう。君主と国家権力への賛美の言葉は〈追従（へつらい）の言葉〉となり、君主の「名」も実質を失った「空名」となる。権力の実質は貴族の側に移行してしまう。公共性・正義・君主の賛美はまったくのタテマエとなり、むしろそれを利用していかに私腹を肥やすかが、貴族たちの目的となり、ホンネとなるのだ。

このくだりは、日本の天皇制を思わせますね。平安貴族たちが天皇という「公」をたんなる駒（こま）として利用しつつ、自分の「私」的利益を追求するのに、とてもよく似ている。

さて、この高貴な意識の経験をふりかえってみよう。

高貴な意識は、「私」を外化することによって国家権力に参与し、さらにそれを〈自己〉化することに成功した。これは、教養による疎遠化の克服という意味をもつ。もう、国家権力は彼にとって疎遠なものではなくなったのだ。

しかし、これは国家権力を変質させ、私的利益の道具にしてしまった。〈国家権力〉は「公共の正義」を実現するはずのものだったのに、その実質は〈富〉となんら変わりない。〈国家権力（公）〉は、〈富（私）〉になってしまった。高貴な意識は、公共性を自分の目的としていたのに、いつのまにか私的利益だけを追求している。〈高貴な意識

〈公〉は、〈下賤な意識（私）〉になってしまった。

富を求める意識の経験

こうして、私的利益＝富だけを目的とし追求する意識が生じてくる。これは、基本的には商人たちの世界観だが、貴族ももう商人と変わらない存在となってしまっているのは、すでにみた。

しかし、富にも公共的な意義がないわけではない。独占してばかりいないで、みんなに富を分け与えるならば、それにも公共性が出てくるからだ。

そこでヘーゲルが登場させるのは、他人に恩恵を施す「金持ち」である。彼は貧乏な芸術家たちのパトロンとなって、公共性を発揮する。しかし、彼の発揮する公共性は、まったく疑わしいものだ。金持ちは金の力を知っているからだ。彼が求めているのは、実際には、貧乏芸術家たちを服従させること、彼らをオモチャにすることだ。彼はまったくもって、「傲慢」な意識なのである。

では、金持ちに仕えている食客のほうはどうだろう。彼は、金持ちに対して〈追従の言葉〉を投げかけて感謝の意を表明し、そのことによって金と食物を得る（これも、一種の教養ですね）。しかしこの感謝には「もっとも深い屈辱と反抗の感情」が伴っている。なぜなら、彼の生きるも死ぬも、金持ちの気分にゆだねられているからだ。たしかに、富は自分の利益と生存を可能にしてくれるものだから、富のなかに彼は〈自己〉をみている。しかし、「彼の〈自己〉はある疎遠な意志の権力の手中にあって、この〈自己〉を手放してくれるかどうかはその意志次第なのである」(3)。

彼は金持ちに感謝してみせはする。しかし、これは貴族たちが君主を賛美したときとは、ずいぶんちがう。貴族は、少なくとも最初のうちは、君主と国家権力のなかに公共性をみていた。だからそこには真実の敬意が存在しただろう。しかし、ここには真実の敬意など、カケラも存在しない。金持ちが偽善者にすぎないこと、富がただ人を支配するための手段でしかなく、真実の普遍的な価値をもってはいないこと、このことを食客は身にしみて経験しているからだ。

分裂した意識

食客は、ほかならぬ〈自己〉を奪われている、という究極の疎遠化を経験した。この経験は、この疎遠化を廃棄して〈自己〉を取り戻そうとする欲求を彼のなかに生み出す。しかしそれは、自分が金持ちになって見返してやる、というようなことではない。彼は最初のうちは、富のなかに〈自己〉をみて富の獲得に懸命になったかもしれない。しかし、金持ちに従属する経験は、富が真実の価値をもたないことを彼に気づかせたのである。かといって、国家権力の公共性がまったくのタテマエでしかないことも、彼はよく知っている。だから、彼が〈自己〉を取り戻すのは、このような洞察を「語る」ことによってなのだ。

彼は叫び出す。――〈悪は善で、善は悪だ。国家権力（公）は富（私）で、富（私）は国家権力（公）だ。高貴は下賤で、下賤は高貴だ。この世界には、なにひとつたしかなものはない！〉

彼は、この教養の国にはたしかな信頼しうる〈本質〉が欠けている、ということを自覚している。ありもしない正義を求めたり、金こそ唯一の価値と思って奔走する人々の喜劇こそ、この世界の真相なのだ。彼は機知を駆使して、この世界の様々なことがらを取り上げては、それが反対物に転じてしまうことを指摘する。そして、こう「語る」ことによって自分がこの世界のいっさいに縛られていないことを示し、この世界からの自由を獲得するのだ。この態度は、絶対的な本質の不在の意識という意味ではニヒリズム（ニーチェの言葉）だけれど、「自己意識」章の言葉をつかうなら、具体的・現実的な懐疑主義といえるかもしれない。

金持ちに寄生しつつ〈分裂の言葉〉を吐くこのような意識には、モデルがある。ディドロの小説『ラモーの甥』である（ディドロはルソーと同時代のフランス「百科全書派」の哲学者で、小説も書いた。この『ラモーの甥』にはゲーテのドイツ語訳があって、ドイツでは広く読まれていた）。ラモーの甥は音楽家だが、放浪しては金持ちに寄生する、いわゆるボヘミアンである。彼は、「世人がすべて心には思うがあえて口に出さないこと」を臆面もなく語り、そして自分の卑劣さをも率直に認める。このボヘミアンと対話するのは、「誠実な哲学者」である。哲学者は世の中にはちゃんとした「善」があると信じており、その考えを変えようとしないが、音楽家の率直さを認めないわけにはいかなくなる。

――だいたい、こういう話です。

〈分裂した言葉〉は、疎遠になった世界の実相を洞察している。世の中に固定的な善や悪をしかみない誠実な哲学者よりも、ラモーの甥のほうがずっと「エスプリ」に富んでいる、とヘーゲルはコメントしている。ヘーゲルはこの小説から、社会の頽廃と、この頽廃した社会を乗り越えようとする新たな精神のかたちを読み取ったのだ。

しかしこの分裂した意識は、懐疑主義がそうだったように、自分自身に満足できなくなる。彼は世界の諸事物の空しさを語っては自分の知性の優越（機知）を示すけれど、しかしこうやって語ること自体も空しく感じられてくるからだ。語るために材料をあれこれと集めてみても、空しい。

ヘーゲルはここから、新たなふたつの意識形態を導き出す。ひとつは、地上から逃避して天上の世界に〈絶対本質〉を見出そうとする〈信仰〉であり、もうひとつは、自分の知性が洞察するもの以外をいっさい認めようとしない理性的態度――〈純粋洞察〉――である。この〈純粋洞察〉とは、もちろん「啓蒙」であり理性の別名である。分裂した意識から、信仰と理性が誕生するのだ。

（2）啓蒙と信仰の争い

永遠なる本質と自己の結びつきを求める〈信仰〉

現実世界の空しさから天上の世界に逃避して、そこに〈絶対本質〉（神）を見出し、神を信じることに救いを見出すのが、〈信仰〉の態度だ（これは、スケプシス主義が不幸な意識に転身するのとパラレルに考えていい）。

〈信仰〉とは、キリスト教のことである。これはユダヤ教のように、裁く神としての〈絶対本質〉が人々の絶対の忠誠を求めるものとはちがう。そうだとしたら、絶対本質と有限な個々人とは、主人と奴隷の関係になってしまうだろうから。キリスト教の場合、絶対本質たる神は、みずからイエスになって人間のかたちをとり、人々の罪の贖(あがな)いを約束してくれる。ヘーゲルの考えでは、キリスト教の教義の核心は、永遠なる〈本質〉と個別的・偶然的なこの〈自己〉とがひとつに結びついている、という点にあるのだ。

もっとも、信仰はこの核心部分をきちんと「概念的に把握」してはいない。信仰は、この核心部分をキリストの誕生と死という歴史的事実のかたちでしか捉えていないし、また、教会の権威を無批判に受容してもいる。この点が、理性を武器とする啓蒙の攻撃を浴びる点となる。けれどもヘーゲルは、信仰に深い意義を認めている。個別的で偶然的な私が、絶対本質を求め、それと自分がひとつにつながっていることを求めること。この要求は自己意識にとってまったく正当な要求である、と考えるからだ。

自分の納得を求める〈純粋洞察〉

他方で、この信仰に対立するまったく別の意識形態が生まれてきてもいる。それは、現実世界の空しさという同じ事情から生じるけれど、天上に向かうのではなく、「自我」のなかに入り込むのである。ヘーゲルはこれを〈純粋洞察〉と呼ぶ。

この意識にとっては、「自我」がすべてである。でも、他人などどうでもいいという自己中心主義なのではなく、私が納得するかどうかをつねに問題にする意識なのだ。彼は、あらゆる存在や対象へと立ち向かい、それを理解しようとする（透かして見ようとする。独：Einsicht、英：insight）。理解できないものにはその存在を認めようとはしないから、神様なんて信じない。社会の制度も無批判に受け入れはしない。つまり、〈純粋洞察〉とは、ただ世界の空しさを語ることをやめて、むしろ積極的に世界の実相を理解してそれを「わがもの」にしようとする自己意識、つまり〈理性〉なのである。

この理性の出現を、ちょっとふりかえってみよう。

教養のスタートラインでは、自己意識は価値あるものを自分の外側にみて、国家権力や富をめざそうとした。そのために自然な〈自己〉を外化しなければならなかった。しかしこの経験のなかで、それらに真実の価値のないことがわかり、自己意識は再び〈自己〉に還帰してくる。しかし、戻ってきた〈自己〉は、以前の自然的な〈自己〉とはもうちがっている。

ひとつには、いっさいの価値や基準を与えるのは自分だという自信をつけていること。もうひとつには、自然的自己でなく〈普遍的自己〉であろうとするということ。

純粋洞察は、自分だけでなく他人も自分と同じ自我である、と知っている。たしかに個々人には自然性（その人なりの特殊な性格や傾向）があるけれど、思惟する自我としては同じものであるはずだ。だから、彼は「普遍的な洞察」をめざす。自分の洞察〈考え〉は独善的であってはならず、他人と共有できる普遍的で純粋な洞察でなくてはならないのだ。その意味で、洞察のもつ〈自己〉は、自然的自己ではなく〈普遍的自己〉なのである。

だから純粋洞察は、他の人々に対しても、理性を働かせること・普遍的な洞察をもつことを要求する〈啓蒙〉となる。ヘーゲルはいう。「だからこの純粋洞察は、いっさいの意識に向かって、つぎのようによびかける精神なのである。すなわち、なんじらのすべてが対自的に［自覚的に］なんじらの即自態［本来あるべき姿］であれ、つまり、理性的であれ、とよびかける精神なのである」[4]

しかし、純粋洞察は最初のうちは内容をもたず、「純粋で普遍的な洞察を得よう」とする意図でしかない。だからまずは、納得できないものに対してももっぱら「否定性」をふるう。そして洞察の主要な敵こそ、信仰なのである。

しかしヘーゲルの考えでは、信仰も啓蒙もコインの表裏なのだ。〈絶対本質〉を求め、それとひとつになって安らごうという要求も、あらゆる物事に対して「自分が納得したい」という要求も、どちらも自己意識が本質的に備えている契機なのである。しかし、このふたつはここでは対立し互いに疎遠になって現われ、争う。

この争いは〈啓蒙〉の勝利に終わることになるが、この争いを通じて、啓蒙は〈絶対本質〉を自分のなかに取り込んでいくことになる。

啓蒙の信仰への勝利

啓蒙は信仰を様々に批判する。しかし、信仰には「絶対本質と個別者との一体」という核心があることを、啓蒙は気づいていない。だから啓蒙は、地上的・感覚的なものを基準にして信仰を批判することになる。例えば次のように。

〈君はただの木切れを信じている〉——しかし、信仰もキリストの像が木切れであることは重々承知している。信仰がそのなかに〈絶対本質〉をみていることを、啓蒙は気づかない。

〈イエスの実在は、歴史的には疑わしい〉——このように啓蒙は史実をもちだすけれど、信仰の核心は史実とはなんの関係もないものだ。しかし、信仰の側も啓蒙的態度に感染して、ちゃんとした歴史的証拠（?）をもちだして対抗しようとする。

〈禁欲、奉仕、そんなのナンセンスだ〉——しかし信仰にとって、それは自分が「自然的な享受と満足に束縛されてはいない」ことを実行によって示すという意義がある。逆に、「純粋洞察こそ食事やこの種の諸物の占有をもって自己目的だと声明している」[5]のだ。

啓蒙のくりだす批判は浅薄（せんぱく）だが、結局信仰に勝利していく。なぜなら、信仰自身が信仰の内的核心を「概念的に把握」していず、史実やイメージのかたちでしか捉えていない。だからそこをつかれると弱い。また、信仰する人は現実世界にも所属しているから、〈自分は自然的な享受と満足に束縛されてはいない、信仰こそ第一です〉、なんていっても、他方ではしっかり自分の所有物と私的利益を配慮している（ヘーゲルの言い方では、信仰は「二枚舌」なのである）。だから、啓蒙が地上的な悦びを基準に批判したとき、それに信仰は強く抵抗できないのだ。

こうして啓蒙が勝利すると、そこには何が残るだろうか。

個人に神のもつ絶対性を分け与える

啓蒙の影響で、信仰は姿を変えざるをえない。それは、神＝〈絶対本質〉からあらゆるイメージや具体的な規定を取り去って、神を「真空」にしてしまう。〈神はたしかに存在するだろう。しかしそれは首にかけているロザリオではない。柔和な父のようなものでもない。史実から推測することもできない。神は、有限なる人間には絶対に知りえない不可知のものなのだ〉

神を決して具体的な規定と結びつけず、端的に不可知なものとしておくこと。これこそ真に理性的な態度であり、真の信仰なのである。——ここに、理性的信仰ともいうべき態度、「理神論」が生まれてくる。

しかし、この理神論には、当然「感覚論」が対立する。空虚な神なんてものは、そもそも存在しない。自分の感覚によって与えられる個別者や有限者こそ、確実に存在するのだ。これは、啓蒙がそれまで暗黙のうちにとってきた態度でもある。

こうして、理神論は空虚な「絶対者」を、感覚論は「個別者」を真実の存在とみて、対立し合う。しかしどちらも、このままでは満足できない。いくら〈絶対本質〉といっても、それが空虚であれば信仰の対象として不充分だろうし、他方で個別者しか存在しないと考えるなら、人間の生もまた個別的・偶然的なものになって「本質的なもの」を欠くことになるからだ。

そこで啓蒙は、個々人のそれぞれに神のもつ絶対性を分け与える、という新たな態度をとることになる。ヘーゲルはいう、「人間は直接にあるがままに、すなわち自然的な意識でありながらそれ自体として存在し善であり、個別者でありながら絶対的にあり、他者は彼のためにある[6]」。

こうして、感覚的な悦びも含めて、私という個人はそれ自体として肯定され、絶対的な価値をもつことになった。私は世界の中心なのだ。

あらゆるものの有用性

それと同時に、私の周囲に存在する物や他人は、私にとって有用なものという意義をもつことになる。私は、あらゆる存在を、それが私にとって「有用かどうか」という点から評価するようになるのである。宗教だって同じこと。神様なんていないかもしれないけれど、宗教も私の心を慰める役には立つかもね。それこそ宗教の御利益さ。

――うーむ。なんと実用的で深みのない思想だろうか。ここには理想やロマン、つまり個人を超越する何かが存在しないのだ。だから、ヘーゲルもこの思想の「平板さ」を皮肉っているけれど、同時に重要な意義を認めてもいる。

それはひとつには、自己意識と世界との（いちおうの）調和を意味するからだ。世界はもう、自己意識に対立する疎遠なものではなくなる。理性の始まりの〈純粋洞察〉は最初は内容をもたなかったが、いまや世界を有用性という概念でもって「わがもの」にすることに成功したのだ。

もうひとつには、ここからはそれなりの「モラル」が生まれて、自他の調和が（いちおう）果たされるからである。私が世界の中心であるといっても、これはたんなるエゴイズムとはちがう。私が絶対的であるように、彼も彼女も絶対的であって、それぞれが世界の中心なのだ。だから、自分の利益の追求には限界があって他人を害してはいけないこと、私が他人を利用するように私自身も他人にとって有用でなくてはならないこと、を私はよく自覚しているのである。「自分のために配慮する程度に正確に比例して、彼は他の人々のためにも尽力しなければならないし、そして他のために尽力する程度に正確に比例して、彼は自分自身のために配慮する」[7]

こうして啓蒙は、「節度」をわきまえた理性となった。他人を自分と同じ中心をもつ存在と認めたうえで、利己と利他のバランスをとろうとする態度。これこそ、理性的な態度だ、と啓蒙は考えるようになっている。

〈有用性〉の思想と、人権の思想のつながり

この有用性の思想を語るときにヘーゲルが直接に念頭においているのは、十八世紀フランス百科全書派のなかにみられるような、功利主義的な態度だ。けれど、ヘーゲルの語っているこの精神の歩みには、もっと一般的な意義を与えていいとぼくは思う。

有用性の思想に含まれているものを整理してみると、次のようになるだろう。——神からの人間の解放、個人の絶対化と欲望の肯定、自然に対する人間中心主義、どの人間も平等であること、相互に侵し合わないというルール。

これらは、イギリスのジョン・ロック（一六三二〜一七〇四年。フランス百科全書派より半世紀ほど前になる）を代表とする「人権」の思想についても、ほとんどそのままあてはまるものだ。

ロックは、神様はどんな人間も平等につくり、人間のなかに「自然法」を与えた、という。自然法とは「他人の生命・健康・自由・所有物を侵してはならない」というもの

で、要するに個々人の「権利」の不可侵を命ずるものだ。彼の考えでは、どんな人間も、自由に自分の意志を決定し行動する権利、自分の安全・健康・所有物を他人から侵されない権利をもっている。そして、権利の相互尊重＝権利の不可侵こそが、唯一の根本的なルールとされるのだ。

ロックは神様をもちだしてはいるが、それは事実上、神のもつ絶対性を「権利」というかたちで個々人に引き渡すものだった。実際、彼が自然法と自然権を設定したのは、教会の絶対的権威や王権神授説を否定して、いっさいの法律や政治制度は「自然法を守るため」、または「公共の福祉のため」のものでなくてはならない、と主張するためだったのだ。

このように、人権思想は、個人の絶対性を中核として含む有用性の思想と、根本的なところでつながっている。実際ヘーゲルは、有用性の思想からフランス革命（人権宣言！）を導き出している。でも、革命にいたるためには、もうワンステップが必要である。

〈有用性〉の思想からフランス革命へ

有用性の概念が浸透していけば、自然や物だけでなく、法律や政治制度もその「有用性」が問題とされるようになってくる。でも、そのとき法律や政治制度が有用なのは、いったい「だれにとって」だろうか。——その答えにふさわしいのは、「この私」というよりむしろ、「人民」である。

そもそも、有用性の世界には端的な絶対者が存在しなかった。私はミニ絶対者で、「いっさいは私のためにある」のだけれど、その絶対性には限界がついている。だれもが絶対者なのだとすると、結局すべては相対的な価値しかもたないことになる（そこに、有用性の世界の「平板さ」があったのだ）。

だが、人々の全体＝「人民」が意識されるとき、そこに絶対的なものがふたたび返ってくる。かつての神に代わって、人民が新たな〈絶対本質〉として登場するのである。

こうして、啓蒙はついに、神の絶対性を「人民」というかたちで自分のなかに取り込んでしまった。「人民のために」が新たな標語となり、革命が勃発する。

（3）絶対自由とテロリズム

革命によって絶対知へ到達できるか

人民の普遍的な意志こそが、絶対者になる。いっさいの法律や政治制度は、人民のためのものであり、人民の意志（普遍意志）を体現するものとならなくてはならない。

こう人々が確信するようになったとき、このような精神の内的な変革が、〈革命〉というかたちで実現される。人々はそれまでの制限された固定的な生活から抜け出して、普遍意志そのものになろうとする。彼らは、それまでの不平等な身分制度や不合理な制度（アンシャン・レジーム）を破壊して、国家をつくりなおす事業に直接に参加しようとするのである。

この革命を、ヘーゲルは〈絶対自由〉と呼んでいる。革命のさなかにおいては、「世界は自己意識にとってそのまま自分の意志であり、この意志はそのまま普遍的意志である」[8]。どこにも私を妨げるものは存在しない。自己意識と世界の対立も、個別的意志と普遍的意志の対立も一掃されて、絶対の自由を人々は実感するのだ。

ヘーゲルの定義では、主客の一致、個普の一致こそ〈絶対知〉である。だから、革命=絶対自由において精神はついに絶対知に到達したように見える。けれども、そうはいかない。革命はすぐさま、テロリズム（恐怖政治）へと転化するからだ。

テロリズム――個人と普遍意志の直接的一致

革命は、それまでの旧秩序を破壊したあと、新たな体制をつくりあげねばならない。しかし、何かを決定して実行するためには、烏合の衆のままではうまくいかない。そこでだれかが頂点に立ち、政府の中枢を彼の党派が握ることになる。しかし、そこから排除された人々は、政府の行動に「〈自己〉を見出す」ことができずに、「政府は普遍意志に従っていない」と非難・攻撃するだろう。しかし政府にいわせると、騒いでいる連中こそ普遍意志に反する輩であって、自分たちのほうがただしく普遍意志を体現しているのである。こうして、党派の争いが起こる。この争いは、たまたま権力を得た党派が普遍意志の名のもとに反対者を抹殺するところにまで進んでいく。

したがって、普遍的自由のなしうる唯一の仕事と行動とは死、しかも何の中身もない死である。（中略）これはきわめて冷酷で平板な死であって、キャベツの玉を切り裂くとか水をひと飲みするとかいうより以上の、何らの意義ももたない。（「絶対自由と恐怖」『精神の現象学』(9)）

なぜ、こんなことになってしまったのだろう。ヘーゲルの考えでは、絶対自由が主客の一致・個普の一致を「直接的に」「じかに」求めるものだったからだ。みんなが一体になって普遍意志となり、みんなが国事に参加する。このようなかたちでの個別的意志と普遍的意志の一致は、しかし、破壊においてしか満たされない。立ち上がって不合理な制度を破壊するとき、たしかに人々は熱狂して一体感を得るだろう。けれど、具体的な制度を建設することはできないのだ。

そして、この破壊衝動は他人にも向けられる。だれもが「自分こそ人民の普遍意志を代表している」と思い込んでいるからだ。選挙や議会を通じて人民の普遍意志が取り出される、というような手続きはここには存在しない。要するに、私の考えることこそ普遍意志であり、私こそ絶対者なのだ。だからこそ、反対者をあっさりと殺して動じないのである。

このように、個普の直接的一致は破壊と否定の行為しか生み出さない。このことを、テロリズムの経験——死の恐怖——は人々に悟らせる。人々は直接に国事に参加しようとするのをやめて、日常のなかに帰っていく。ふたたび組織や集団が形成されて、そこでの制限された仕事のなかに戻るのである。

フランス革命の「人類史的」意義

だとすれば、「もとのもくあみ」のようにもみえる。結局は、不平等で不合理な世界が再建されて、人々は普遍的な意義をもたない特殊な限定された仕事のなかを生きるしかないのだろうか。そもそもヘーゲルは、フランス革命という事件をどのように評価しているのだろうか。

『現象学』の記述では、テロリズムへの批判が眼につくこともあって、フランス革命を厳しく非難しているようにみえる面もある。けれど、ヘーゲルがこの革命を、人類史上のエポック・メイキングな出来事として受けとめていたのはたしかだ。

これまでの流れからもはっきりしているように、自己意識が理性へと成長することによって、フランス革命は起こったのだった。つまりヘーゲルにとって、革命とは、人類が理性へと達したことを象徴する事件なのである。

理性（純粋洞察）は、「自分が納得しないかぎり絶対にそれを認めない」という態度から始まった。最初の素朴な理性は、感覚的な現実と感覚的な悦びだけを唯一の実在とみなして、それを超えるいっさいを（とくに神を）否定した。しかし理性は、神のもつ絶対性を次第に自分の内部に取り込んでいく。それは、絶対性をあらゆる個人に付与し、最終的には「人民の普遍意志」を〈絶対本質〉とみなすにいたった。

でも、「人民の普遍意志を絶対本質とみなすということ」、これはどういう意味なのだろうか。——人民の普遍意志とは、要するに、「みんなが欲すること」「だれもがそうあるべきだとみなすこと」だ。もちろん、具体的に何が普遍意志なのかということになると、人によって解釈が分かれるだろうし、対立も起こるかもしれない。しかし、「普遍意志こそが絶対的な意義をもつ」という信念は共有されているのである。こうして理性は、「自分だけの納得」ではなく、「万人の納得」を求めようとする態度へと成長したのだ。

そのとき、いままで疎遠だった世界を理性的な根拠をもつもの（＝万人の納得するような内容）につくりかえ、そのことによって世界を「わがもの」にしようとする要求が起こる。ヘーゲルの考えでは、これこそがフランス革命の意義であり、革命は理性の（とりあえずの）完成を証明する事件なのである。

ヘーゲルは生涯を通じて、フランス革命に対するこのような評価を変えていない。のちの『歴史哲学講義』でも、こう語っている。「人間は、ここにはじめて、思想が精神的現実界を支配すべきものだということを認識する段階にまでも達したのである。その意味でこれは輝かしい日の出であった」[10]と。ここでの「思想」とは、権利の思想を中核として含む普遍意志のことだ。人類は、神や国王の権威ではなく、みずからの「思想」

によって世界をかたちづくるようになる。その意味で、フランス革命は、人類の精神史におけるまさにエポック・メイキングな出来事なのである。

だから、彼がこう考えていたのは確実だ。〈革命は個人の平等な権利が不可侵であること、法律や政治制度が人民の普遍意志を体現すべきこと、という新たな社会の原理をもたらした。この原理から人類が後退することはありえない〉と。

革命後の社会はどうなるのか?

じゃあ、革命後の社会は、具体的にはどういうかたちをとることになるの? と聞きたくなるのだけれど、それについて『現象学』は一言も語っていない。彼が絶対自由に続いて登場させるのは、「道徳的な精神」である。フランス革命の原理である〈普遍意志〉は、個人の内側に取り入れられて個人の行動を律する道徳的な原理となる、というのが、『現象学』でヘーゲルの描いた道すじなのだ（この次第は、次の節で述べます）。

「社会制度を無視して道徳的個人に進むなんて、オカシイじゃないか。だって、社会制度と個人の意識は密接不可分なはずなのに……」。たしかにそのとおりで、この進行に疑念をもつ人が、多くいる。

ヘーゲルがなぜ新たな社会のかたちを描かなかったのか、には諸説があるが、どれも推測の域を出ない。ぼく自身は、革命後の社会がまだ形成途上で、そのかたちが明確になっていなかったからだろう、と思っている。ヘーゲルが『現象学』を書いていたころ、ナポレオンはドイツを含む諸外国と戦いつつ、征服した地域に民主的な憲法を有無をいわさず押しつけていた。その意味で、革命はまだ進行中だったのだ。

しかし、彼のなかにかなり具体的なイメージができあがりつつあったのも事実である。『現象学』とほぼ同時期に、『イエナ精神哲学』と呼ばれる草稿を彼は書いているが、そこで彼は、民主制ではなく、立憲君主制国家のイメージをすでに描き出していた。(11) この内容は、ずっと整理されたかたちで『法の哲学』にまとめられることになる。

この問題を頭の片隅におきながら、次の「道徳的精神」へと進んでいこう。

3　自分自身を確信している精神、あるいは道徳的精神

真に道徳的であること

この章の主題は、「道徳的な個人」である。ヘーゲルはここで、道徳的生き方にしばしば虚偽が入り込むことを鋭く指摘しながら、〈真に道徳的であるとはどういうことか〉という問題を徹底的に考えようとしている。この叙述はとてもスリリングで、のちのニーチェやドストエフスキーを思い出させるようなところさえある。

『現象学』は人類の精神の進展を描き出す「学」だから、ヘーゲルは様々な精神の在り方をつきはなして冷静に描いていく。だから、この本を読んでいると、「あなた自身はいったい何をいいたいのか？」とじれったくなるところがある。しかしこの章を読むと、

〈真に道徳的であるとはどういうことか〉ということを描くために『現象学』は書かれたのだ、とぼくには思えてくる。それがいいすぎなら、この問題こそ『現象学』のひとつの大きな柱なのだ、といってもいいけれど。

ヘーゲルの時代とはちがって、私たちは「道徳」ということにあまり関心をもっていない。義しい生き方よりも楽しい生き方のほうが大事だ、というのが大多数だろうし、ぼくだって、そう考えている。けれど、「義しさ」ということにまったく関係なく私たちが生きているか、というと、そうでもないはずだ。「あんなことを言ってしまって、悪かったかなあ」「こんなことは、やっちゃいけないことだ」、そう考えたり言ったりしながら、私たちは生きている。「絶対的な正義」がどこかにあると信じている人は少ないけれど、それでも、私たちは義しさを手放して生きることはできない。

そういう「義しさ」とは、いったいどういうことなのか。そこには、どういう根拠があるのか。ヘーゲルの提出している答えに、ぼくはとても納得し、動かされる。ヘーゲルのことを、何か「普遍的正義」のようなものを強制する悪人にちがいない、と思っていた人は、あまりのイメージのちがいにびっくりするかもしれない。

この章でヘーゲルが取り上げている「道徳的個人」には、ふたつの類型がある。ひとつは、カント的な道徳主義者。自分の感性と幸福を抑えつけて、義しく生きることをめざす「道徳の人」である。――(1)

もうひとつは逆に、自分の感性と道徳とを分離しないロマン主義者。「いま何をなすべきか」はインスピレーションのように自分の心に到来するもので、この直観に従って行為することこそ義しい、と考える人である。こういう精神の在り方を「良心」とヘーゲルは呼ぶのだが、この「良心」は経験を積むことによって、ほぼ絶対知の高みに到達する。——（2）

（1）道徳的世界観——具体的な状況を無視したカントの道徳性

カントとフランス革命

まず、フランス革命からカントにいく、ということ。どうもこれに納得できない人もいると思うのだが、カントの道徳性をフランス革命の「内面化」とみるヘーゲルの見方には、それなりの理由がある。

カントの「道徳的な個人」とは、次のようなものだった。〈自分がこれから行動することは、理性をもつ者ならだれでもそう意志するはずのもの、つまり普遍的な義しさをそなえたものといえるだろうか〉。自分に向かってこのように問いかけ、自分の意志をつねに普遍意志たらしめようとする態度をとる。これが、カントのいう「道徳的な」態度なのだ。

大事な点は、道徳的といっても、世間で義しいとされている規範に無批判に従うことではない、ということ。無批判な追従にはなんの価値もない。自分の行為の普遍的な義しさをみずから判断したうえで、自分が義しいと思うことだけを行為する、という点に道徳的価値は存在するのだ。その意味で道徳的な個人は、「自由」で「自律」した個人なのである。

こうみてみると、カントの道徳性とフランス革命は、根本的に同じ精神にもとづいていることがわかる。両者とも理性的な根拠を要求し、「みずから納得したものにのみ従う」、逆にいうと「納得できないものには従わない」。そして、その態度をつらぬくことによって自由を求めようとするのだ。

ちがいは、向かっていく「対象」にある。フランス革命が、社会制度に立ち向かって万人の納得しうる理性的な社会制度をつくりだそうとするのに対し、カントの道徳性は、自分の行為を万人の納得しうる理性的な行為にしようとする。フランス革命もカントも、ともに「理性」の形態であり、自由を求める精神なのである。

現実から切り離された道徳的自由

ヘーゲルもまた、以前の精神の在り方と比較しつつ、カント的道徳性が「自由」を意味することを強調している。

ギリシアのポリスで、個人は家族の掟あるいは国家の掟に、自分の〈本質〉を見出していた。彼らにとって、掟に即して生きることはそのまま自由を意味していた。しかしそれ以後、個人は本質的なものから切り離されて、根なし草のようになってしまっていた。

けれど、カント的個人は〈絶対本質〉――普遍意志――を自分の内側にもっている。それは、神や共同体の掟のように、自分の外側にデーンと存在するようなものではない。しかし、だからこそ、彼の自由は完全なものといえるのだ。外側に〈絶対本質〉がおかれているかぎり、それに対して疑いが起こってくることもあるけれど、ここではそんなことはありえない。彼は自分の行為の正当性を「自分でもって」吟味し確信できるのだから、彼は端的に自由で、完全に自足しているだろう。

しかしヘーゲルの考えでは、この自由はやはり不完全なものでしかない。それは、この道徳的自由が、「現実」と「幸福」とから切り離されていて、実際はひどく自閉的なものでしかないからだ。

例えば、道徳的個人は「いくら道徳的に正当な行為を欲したとしても目指す目的が実現されるとはかぎらない」という冷酷な事実に、かならず直面するだろう。そしてこれは、彼の自由を危うくするはずなのだ。けれどそのとき、彼はこう主張する。〈実現されるかどうかは関係ない、「純粋に道徳的に意志した」ということに価値があり、それだけが重要なのだ〉と。

しかし、人はそれでは満足できないはずだ、とヘーゲルはいう。「行為する」とは、自分の意志を「現実という場面」のなかに表わし出すことだ。だから、自分の意志の実現をみて満足したいということ――これはある意味で幸福を味わうことでもある――も、行為のなかには必ず含まれている。行為しつつ「実現」も「幸福」も求めない、なんてことはありえない。もし、「道徳的意志の純粋さ」でもって自足できるなら、彼はぜんぜん真剣ではなかったのだ。つまり、彼はじつは、非道徳的な意識にほかならない。――これはとても鋭い批判だとぼくは思うけれど、もうちょっと別の言い方をしてみよう。

カントの道徳性は、「具体的なそのつどの状況におかれた自分」というものをまったく無視するところに成立している。具体的に生きる私にとっては、「これはどうしても実現させねばならない」ということだってある。「道徳的に意志したから結果はどうでもよいのだ」では、自分自身がそれではすまない。また、ふたつの義務のあいだで引き裂かれることだってある。「あちらを立てればこちらが立たず、でもどちらも正当な義務だ、しかし自分はどちらかに決断して行為しなくてはならない」。こういう場合にどうすべきか、カントの道徳性には答えがないのである。

つまり道徳性は、結局のところ、「私は道徳的に意志した」という自分に対する言い訳をこしらえるだけになるだろう。その「自由」も、いつも言い訳が用意されている、ということを意味することになるだろう。

そこでヘーゲルが次に登場させるのは、具体的な状況のなかで決断し行為する個人である。

(2) 良心――行為する良心と批評する良心の争い

私の直観と確信（良心）

次に登場する精神は、道徳的な精神の新たなかたちである。彼もまた「義しく」行為することを望んでいる。しかし、彼はもう、自分の行為が道徳法則にかなっているのかどうかと心を悩ませたりはしない。そのつどの具体的な状況のなかで、「いま・ここでこれをなすべきだ」と決断し行動を起こすのは、神様でも道徳法則でもない。「この私」だけが決断し行為できるのだ。はっきりとこう自覚している、いわば実存的な個人が登場する。

「この私」は、たしかに、状況に捉えられた個別的な存在でしかないだろう。だからこの私に向かって、こういう人もいるかもしれない。〈君は偶然的・個別的であって、君の決断も行為も普遍的なものではない〉と。しかし、私はそんな言葉に耳を貸さない。そんなタワゴトをいえるのは、傍観者だけだ。ある状況において決断するのは「この私」にほかならないのだから、人間は「この私」を信頼する以外に行動することができない。ヘーゲルの言葉でいうならば、「〈自己〉のためにあるものが掟なのであって、掟のために〈自己〉があるのではない」[12]。

このような、「この〈自己〉」にいわば道徳上の全権を認める態度のことを、そしてそういう態度をとる個人のことを、ヘーゲルは〈良心〉と名づけている。

道徳法則のような抽象的な規範（「普遍的であれ」）とはちがって、「具体的にこうせよ」と自分の心にインスピレーションのように到来するもの。これを良心と呼ぶなら、ここに登場する個人は、自分の良心にのみ従う個人であり、「こうすべきだ」という直観と確信を根拠に行動する個人なのである。だから、このような精神を表現するために、ヘーゲルは〈良心〉という言葉をあてたのだ。

神の命令も、共同体の掟も、道徳法則も関係ない。「この私」の直観と確信（良心）だけが、私に行為を命ずることができる。――この態度を、ひどく反理性的だと思う人がいるかもしれない。ふつうに理性というと、冷静で知的で、何よりも普遍性を重んじる態度だろうから。

しかしヘーゲルは、この〈良心〉をむしろ理性の極限として描いている。理性はおおもとをたどれば、共同体の掟から切り離された「この私」の自覚から始まった。「この私」は、人民の〈一般意志〉や〈道徳法則〉というかたちで、〈絶対本質〉を自分のなかに取り込んで理性となった。いままで精神の歴史として語られてきたのは、「この私」のなかに絶対的なものを取り込んでいく過程だったのだ。

〈良心〉にいたって、この過程は完成したようにみえる。〈良心〉は、感性的・具体的な「この〈自己〉」と、普遍的な道徳法則とを分離しないからだ。道徳性の自由から排除されていた現実と幸福と感性を取り戻したのだから、〈良心〉は完全に自由になったはずだ。ついに、この〈自己〉がそのままで〈絶対本質〉となった、と彼は信じているのである。

〈良心〉は他者からの承認を求める

しかし、〈良心〉はほんとうに単独で自由を達成できるのだろうか。「そうではない」とヘーゲルはいう。いくら良心に従ったつもりでも、他人がそれを承認してくれなければ、彼は自由ではありえないだろうから。道徳法則の命ずる抽象的な「普遍性」をしりぞけたとしても、それに代わって、「他者からの承認」というより具体的なものを彼は求めずにはいられない。しかし、それがなかなか得られないのである。

ひとつには、〈良心〉には「独善」と呼ばれても仕方のない面があるからだ。〈良心〉は、それが義しい行為をめざすものであるかぎり、状況を包括的に知ったうえで決断をくだすべきものだろう。知らないことには義しい行為はできないからだ。けれども人間の認識は有限だから、実際には状況をもれなく知ることなどできはしない。また、「何をなすべきか」を「この私」から得る以上、その内容は結局感性や気分でしかないともいえる。恣意的な内容に「自分は良心からこれを行なった」という「信念」のレッテルを貼りつけるだけ、ということにもなりかねない。

だから、本人としては状況をよく考えて純粋に良心から決断し行為したつもりでも、他人からみると、「あいつはろくに考えもせずに正義をなしたつもりになっている、いい気なもんさ」といわれかねないのだ。

さらに別の事情も絡んでくる。他人が彼の行為を判断するのは行為の「結果」をみてのことだ。しかし、行為の結果からは彼の意図は十全にはくみとれないから、ひどく誤解を受けることもありうる。

こういうわけで、〈良心〉の行為は、承認されない可能性をつねにもっているのである。

けれどこれは、〈良心〉の態度の根本的な欠陥にもとづくものだろうか。そうではないだろう。認識の有限性も、決断の恣意性も、行為の意図が誤解される可能性も、むしろ、どんな人間にもあてはまる一般的な条件というべきだからだ。人間が神ではありえず、そのつどの状況のもとで行為する存在であるかぎり、これらを避けることはできない。

言葉の力

では、どうすればよいのだろう。承認は得られないままなのだろうか。ヘーゲルはここで、「言葉の力」をもちだしてくる。

たしかに、〈良心〉の行為そのものは、他人からみれば納得できないものかもしれない。しかし彼は言葉によって、「自分の知と意志が正義であるという信念」を表現することができる。他者がその言葉を受けとめて、「あれは良心からの行為だったのだなあ」と認めるとき、他者は彼を「良心ある者」として承認するだろう。

〈言葉こそが、自己意識と自己意識のあいだに相互承認と和解をもたらすものである〉とヘーゲルはいうのである。

〈美魂〉〈批評する良心〉〈行動する良心〉

しかし、これでメデタシ、メデタシとはいかない。なぜなら、「言葉による承認」というまさにこの場所に、「欺瞞」が侵入してくるからだ。そして、そこからふたつの良心の形態が登場し、対立し合うことになる。

さて、行為は個別的でも言葉は普遍的なものであって、言葉によって承認を勝ち取ることができるのだった。だったら行為などしなければよい、ということにならないか。行為することなく、ひたすら自分たちの「魂の美しさ」について語り合っていればいいのだ。魂の美しい者たちで共同体をつくって自閉していれば、それこそ完全な相互承認が可能だろう。このようにして生まれてきた新たな良心のかたちを、ヘーゲルは〈美魂〉と呼ぶ。美魂に対してヘーゲルの向ける批判は強烈だ。

この意識に欠けているのは、外化する力、自己を物となし存在に耐える力である。彼は自分の内面の栄光を、行動と定在によって汚しはしまいかという不安のなかに生きている。（「良心」『精神の現象学』⒀）

行動せずに、みずからの魂の美しさに自閉する良心。この良心は、ほんとうの他者も現実ももってはいない。しかし、彼が自閉したまま滅びていくのを欲しないなら、そのとき美魂は〈批評する良心〉へと変貌する。

批評する良心は、自分は行動せずに、他人の行為にアレコレとイチャモンをつける。他者の行為を批評することによって自分の「卓越せる心情」を表明しようとするのが、〈批評する良心〉である。彼は行為を無視して言葉の普遍性に重きをおくのである。

これに対して、〈行動する良心〉というまた別の良心の形態が存在する。彼は、批評する良心とは反対に、自分の個別的な行為に重きをおいて言葉を表面的なものとみなす。どんな行動にも「信念」のレッテルさえ貼ればすむ、と思っているこのような良心の在り方を、ヘーゲルは〈行動する良心〉を呼ぶ。

批評する良心も、行動する良心も、どちらも同じように欺瞞的なのだ。しかし、両者はおのれの非を認めることなく、鋭く対立しあう。

ふたつの良心の対立

行動する良心は、最初から欺瞞的なのではない。彼はまず、自分の行為を直接に義しいと思っている。しかし、他の人々に対して語る信念と自分の行為内容とのあいだには、「ズレ」をつくりだせる。そう気づいたとき、自分自身のほんとうの動機（それはまったく勝手な不正なものかもしれない）に普遍的な「信念」をかぶせるという、偽善的・欺瞞的態度も生まれてくる。

ヘーゲルは、こんな例を挙げている。ある人が、他人からいわせれば暴力的かつ不正なやり方で金もうけをしている、としよう。それでもなお、彼はこう「言う」ことができる。「私がやっていることは、自分自身を維持する義務、家族を扶養する義務からです。さらに私は、援助を必要とする人々に慈善を施せるようになろうと努力しているのです」

要するに、なんとでもいえるのだ。彼は言葉をただの道具にしてしまっている。しかしそれでも、普遍的な承認を求めることが彼にとって必要不可欠であること、この事情は変わらない。承認をまったく無視することは、彼が人間であるかぎり不可能だろう。フランスのヘーゲル研究家イポリットは、こう語っている。「個別的意識は自分の実存的な孤独をのりこえようとして、すくなくとも、自分がことばを語ることにおいて、普遍的な承認をもとめて自分を開いているわけなのである」（『ヘーゲル精神現象学の生成と構造』、市倉宏祐訳[14]）

批評する良心は、行動する良心の偽善と欺瞞を指摘して、その仮面を剝ごうとする。しかし、彼もまた偽善者なのだ。

ひとつには、彼が自分一人の判断でもって他人を裁こうとする点である。彼の判断はまわりから承認されたものではないのに、自分の判断をそのまま正当なものとみなすのだ。

さらに、彼が行動しない口先だけの人間であること。ヘーゲルはいう、「彼が純粋さのなかに上品に自分を保っているのは、行動しないからである。それは判断することを現実の行為と受け取ってもらいたいという偽善であり、行動することに代わってすぐれた意向の表明をもって誠実さを証明しようとする偽善である」[15]ときに彼は、行動する者の内面に立ち入って、その行為を利己的な意図から説明するだろう。どんな偉大な行為であっても、それを「利己的な意図」に還元して説明してみせることはできるからだ。しかしそのとき、彼のやることは「ゲスの勘繰り」になってしまう。ヘーゲルはいう、「侍僕にとってはいかなる英雄も存在しない」[16]

悪の自覚とその赦し

このふたつの良心は鋭く対立するけれども、最終的には和解へといたる。ヘーゲルはこのようすを、次のように描いている。

行動する良心は、相手からの指摘によって、自分の「悪」をはっきりと自覚する。自分が「わがまま勝手に行為を決定する」という態度をとっていたことを相手に告白し、その態度を放棄することを誓う。

しかし、批評する良心はなかなか彼を赦そうとはしない。やつは悪をなしたのだから、非難されて当然だ、と思うからだ。批評する良心は「峻厳な心情」となって、相手をはねつけ、行動する良心は深く傷つく。

だが、こうなってみると、「悪」なのはむしろ批評するほうだ。彼は、自分の普遍性を盾にして、相手との共同性を拒否しているのだからだ。しかし、自分の普遍性だけにこだわっている態度こそ「悪」であることに、批評する良心が気づくとき、彼もまた「わがまま勝手に決定した判断」を放棄し、悪を赦すことになる。

かくして、批評する良心は相手の存在に全面的に同意を与え、和解が成立する。これは、双方にとって自己喪失でもある――わがままに行為を決定する態度、わがままに相手を批評する態度をともに放棄するからだ――しかしそのことを通じて、かえって相互の承認が達成され、和解が成立することになる。「精神の傷は癒え、あとかたを残さない。なされたことは過ぎ行かぬものではなく、精神によって自分のうちに取り戻されてしまう」[17]。和解は、両者の過去の行為をなかったことにしてしまうことができるのだ。

ヘーゲルは、両者の和解の成立を次のように語っている。

ふたつの自我がその対立的な定在を捨てて和解する。この和解の言葉「然り」は、ふたつに広がった自我の定在であり、ここにおいて自我はあくまで自己に等しいままであり、みずからの完全な外化と反対のなかにあって自己自身を確信している。「然り」は、ふたつの自我のただなかに顕現する神、自己を純粋知として知っている神である。（「良心」『精神の現象学』[18]）

この和解＝承認において、個別的な意識（行動する良心）は普遍的な意識（批評する良心）とひとつになり、普遍的な意識のほうも個別的な意識とひとつになる。ふたつの意識がふたつでありながらひとつであるという、精神の本来の在り方（自由であり共同的であること）がここに達成され、しかもそのことが両者に自覚されている。「この承認が絶対的な精神である」[19]

（3）良心の和解の意味するもの

共同的であろうとする意志

こうして、両者の相互の承認が成立した。しかし、この相互承認がいったい何を意味するのかということを、少しつっこんで考えてみたい。この承認がなぜ可能になり、そして、この承認を通じて良心は最終的にどういう態度へと到達したのか。そのことをヘーゲルはきちんと語らずに、個別性と普遍性の一致という論理的な言葉で述べているだけなのである。

まず、こんなに簡単に和解できるのか、とだれでも思いますよね。非難された場合に、「うーむ、向こうのいうことには一理ある」と思っても、認めたくないのが人のつね。しかし、行動する良心はあえて自分の悪を告白する。なぜなのか。

――彼のなかに「私は共同的な存在でありたい」という願いが目覚めたからだ。それまでの彼は、「自分は信念に従ったのだ」とか「あのときにはこうするしかなかったのだ」と「言う」ことによって、かたくなに自己を正当化しようとしていた。しかしそれが相手をつき放し共同性を放棄しようとする態度だったことに、彼は気づいた。それは同時に、共同的な存在でありたいと欲する自分に気づいた、ということでもある。もし、そういう自覚がなければ、悪を告白することはありえない。悪の告白とは、自分の悪を告白することによって、共同的存在としてふさわしくあろうとする意志が自分のなかに存在することを相手に表明する行為だからだ。そして、相手からふたたび「仲間」として承認されたい、と願うことだからだ。

批評する良心のほうにも、同じことが起こっている。彼が行動する良心を赦すのは、自分が普遍性の立場に身をおくことによって、かえって共同性を放棄していたことに気づいたからだ。そしてそれと同時に、「共同的な存在でありたい」という意志が彼のなかにも目覚めている。

だから、両者の相互承認とは、互いのなかに「共同的存在であろうとする意志」を確認し合うことなのだ。ここからは、ふたつの思想を取り出すことができる。

第一に、ヘーゲルが、真実の良心（真実の道徳性）というものを、共同体のルールへの忠誠でもなんらかの理念への忠誠でもなく、共同性への意志であると考えていること。〈共同的な存在であろうとする意志こそが、あらゆる正義やルールやモラルの根底にある〉、そういう思想がここにはある。

第二に、このような共同性への「意志」の相互承認にこそ、過去の対立や悪の行為という「傷」を癒やす精神の力を見出そうとしていること。つまり、〈共同的であろうとする意志の相互承認にこそ、対立を癒やして和解にいたる鍵がある〉。

ぼくは、ここには深い洞察があると思う。しばらく、このふたつの思想の意味するものを考えてみよう。

対立の和解と新たな共同関係

まずは、後者の「和解にいたる鍵」という点について。カップルがケンカしている場合をとりあげて、これを考えてみる。

ケンカは、だいたい、非難する側と非難される側に分かれますよね。「あの約束はどうしたのよ！」「だってあのときは仕方なかったんだ、俺の事情もわかってくれよ」

彼氏が約束を破って、カリカリきている彼女。彼氏のほうは、彼女が自分の事情をくみとってくれず、一方的に怒られるのに納得がいかない。こうして「お前のほうが悪い」とつっぱりあう。

仲直りできるためには、どちらかが（最終的には二人とも）自分の非を認めて、あやまらなくてはいけない。それは、「ああ、変なことで意地をはってたな」と思い、そして「相手との関係は自分にとってとても大切なことなんだ」ということを思い出して、はじめてできる。

つまり和解のためには、相手との関係が自分にとって大切であること、相手と仲良くやっていきたいこと、この自覚が必要なのだ。もし、両者が自分の正当性（相手こそルール違反だ！）に固執しつづけるかぎり、和解は存在しえないだろう。そして、何かトラブルが起こったときにきちんと和解できない、ということがくり返されると、関係を大切にしようとする意志自体がゆらいでくる。カップルの危機というのは、たいていこうですね。

いま、カップルの例を挙げてみたけれど、これはヘーゲルのいっていることとは、じつは少しだけズレている。彼が念頭においているのは、二人の愛情関係というより、なんらかの共同体の一員としての在り方（市民どうしの関係や、集団のメンバーどうしの関係）だからだ。

批評する良心と行動する良心の対立というかたちで語りながら、ヘーゲルはおそらく、その背後に共同体と個人の対立を想定してもいる。行動する良心は、「自分の信念に従って」行動することによって、共同体の他の人々と対立するだろう。そして、批評する良心は、行動する良心を非難する「世論」の声でもあるだろう。こうみるかぎり、両者の和解には、共同体と個人との和解＝承認という意味が重ねられている、とも読めるのだ。

そのとき、この和解はどのようなものと考えられるだろうか。共同体の掟に背いた者が「悪うございました」といい、共同体の側は「よっしゃ、だったら赦してやる」といってふたたび彼を仲間に迎え入れる、ということだろうか。——そういう場合もあるでしょうね。背いた者が「ほんとうに悪かったのは自分のほうで、共同体が悪いのじゃない」と心底から思う場合は、そうかもしれない。しかし、ここでヘーゲルが語っているのは、それとはちがうことだ。

なぜなら、彼の語る和解とは、両者のあいだでの新たな共同関係の成立を意味するからだ。もし、批評する良心が世論を代弁するものであるなら、世論の側もみずからの非を承認するのでなくてはならない。両者の和解は、それまでの共同体の在り方を改めて、かつての反抗者とともに新たな共同関係をつくりだそうとする「合意」であるはずだ。

ヘーゲルの思想はしばしば、共同体とそこでの掟を絶対化するもの、とみなされてきた。のちの『法の哲学』を読むかぎり、そういわれても仕方のないところがたしかにある。しかし確実にいえるのは、それは少なくとも、ここでのヘーゲルの思想ではない、ということだ。

彼が「傷を癒やす精神の力」といっているのは、共同体の制度や法律を神聖化・絶対化することではない。むしろ、彼の語っているのはこういうことだ。〈対立は、自分の側のルールの正当性に固執するかぎり解決できないが、新たな共同関係への意志が生まれ、そしてそれが相互に承認される——そして場合によっては新たなルールがつくられる——ことによって、それはそのつど乗り越えられる〉

この考え方は、個人と個人の関係、個人と共同体の関係、共同体どうしの関係（民族紛争、国家の対立のような）についても、同じようにいえる。

いま、世界では民族紛争があちこちで起こっている。双方に「恨み」がたまっているから、この解決はほんとうに難しい。しかしこの場合でも、双方のなかに「共存しようという意志」がどのようにして生み出せるか、そのためにはどのような条件が必要になるのか、が問われるだろう。日本のアジア諸国との関係でいえば、きちんとした戦後処理のやりなおしを含めて日本がはっきりと「わびる」こと、そしてアジア諸国との共同性を大切にしようとする意志があることを表明しなくてはならない。そのことを通じて、相互に新たな共同関係への意志を形成できるかどうか、が問われるはずだ。

国家の一員であること――ルール変更を主張する権利

この考え方はまた、国家と個人の関係についても、新たな見方を示唆している。国家の一員であることは、国家のルールを全面的に受け入れることを意味しないのだ。例えば、国家がナショナリズム一色にそまって外国人を排斥し投獄するような法律ができたとき、「それは国家の法律としてふさわしくない」と主張して、徹底的に反対してもいい。

「国家の一員であること」を、私たちはしばしば、国家のルールや慣習をすっかり受け入れてそのなかに同化してしまうこと、というふうにイメージする。そして、国家的共同体の一員となること＝それ以外の人間の排斥、と考えてしまいがちだ。

しかし、共同体はどのようなかたちをとるのが望ましいのか、またどういうルールが共同体にとって望ましいのかということを、個々人は判断しうるし、少しずつ変えていくこともできる。異議申し立ての行為は、ほんらい新たな共同関係と新たなルールを取り結ぼうとする行為であるはずだ。その主張に多くの人々を説得するだけの合理性があるなら、少しずつ、社会の在り方を変えていくことができる。

国家という共同体を「民族的価値観への同化」という発想から切り離して、ルソーのいったような「ともに共通の利益に関して配慮し合う共同体」とみなすこと。国家は人間の所属する最高の共同体ではなく、国際社会という大きな共同体のなかに存在するものでしかないこと。国家の一員であることは、既存のルールの全面的承認ではなく、「ともに共通の利益を配慮し合おう」という意志をもつことであって、そのかぎりルール変更を主張する権利をつねに保持していること。

国家観をこのように変更することが、いま、必要なのだとぼくは思う。ヘーゲルは最終的に国家を神聖視したけれど、彼の思想のなかには、国家やルールの絶対視を超え出る視点が確実に存在していたのだ。

他者に対して自分の判断を開くこと

ふたたびヘーゲルに戻ってみよう。彼が最終的に主張しようとした「真実の良心」の在り方とはどういうものだったのか。ぼくは、次のようにいっていいと思う。——〈他者と共同体に向かって自分自身の判断を開いていること〉

人間は行為する者として、特殊な状況に関わり、そこで決断し行為せざるをえない。だから、自分の状況の把握においても、自分の行為の義しさの判断においても、完全ではありえない。しかしそこで「ありえない」ことに居直るのでなく、自分の判断に他者からの承認を求め、また他者からの批判を受け入れる用意のあること。こういう態度を、ヘーゲルはほんとうに良心的な態度として語ろうとしたのだ。

これはまた、ほんとうに理性的な態度でもあるだろう。自分の判断を他者に向かって開こうとすることは、普遍性を大切にしようとする態度でもあるだろうから。

〈純粋洞察〉のことを思い出してほしい。理性はまず、「自分自身が納得すること」を求める強い自我意識から始まるのだった。それが「自分にとって」だけでなく「みんなにとっての普遍性」を考慮する態度へと成長していくべきことを、ヘーゲルは主張してきたのだった。

しかしヘーゲルが強調する理性や普遍性は、ポスト・モダニズムを含む「現代思想」の側から厳しい非難を浴びてきた。〈私たちは自分という場所からしか物事を経験できない。物事を客観的に眺めおろせるような普遍的で特権的な場所などは、どこにも存在しない。だから、普遍的な真理なども存在しない。ヘーゲルは、理性というかたちで普遍的真理を獲得できる特権的な場所を設定しようとしたが、そんなものは原理的に不可能である。これは結局、特定の立場を普遍的といつわってそれを人々に強制することになる〉

たしかに、物事を完全に客観的に眺めおろすことのできる特権的な地点などは存在しえない。ぼくもそう思う。しかしヘーゲルの訴えようとした理性は、そういう地点のことではないのだ。良心の章でヘーゲルが語っているのは、むしろ〈人間は完全に普遍的な立場にはたちえない〉ということだからだ。

〈何がみんなにとっての普遍性（真実や正義）なのか、ということは人によって意見が異なるだろうし、そこには絶対の答えも存在しないだろう。しかし私たちが共同的であろうとするかぎり、そのことを問題にせざるをえないはずだ〉。――ヘーゲルはこういうことを語ろうとしたのだ。言い換えるなら、この良心の章によって、ヘーゲルは理性的態度の「根拠」を示そうとしたのである。

『現象学』が私たちに教えるのは、すべてをわかりつくすと称する「傲慢な」態度ではない。私たちがすでに、「自分にとって」だけでなく「みんなにとって」という視点を無自覚にせよもっていること。社会の制度や様々な考え方についてその「合理性」を要求せずにはおれないこと。その意味で、私たちがすでに「理性」という態度をもっていることを、『現象学』はあらためて私たちに気づかせる。そして、独善に陥ることなくほんとうに普遍性を考えよ、というメッセージを、ヘーゲルは私たちに伝えてくるのである。この理性と普遍性の意味については、終章でもっとつっこんで考えてみたい。

『現象学』は絶対的真理の学問なのか

でも、ヘーゲルは『現象学』を絶対的真理の学問として提出しているんでしょ。それはどうなるのか。

うーむ、ここは微妙なところですね。ヘーゲルは自分の学問を「絶対的真理」として主張したのかどうか。これがどうにもはっきりしない。〈絶対知〉の章を確認してみよう。

良心に続いて〈宗教〉という長い章があり、それをへたあとでヘーゲルは〈絶対知〉の章へと進んでいる。しかし、絶対知の章には特別な内容はない。それは、いままでの精神の歩みをふりかえる回顧の章なのである。

物と自然において精神は〈自己〉を見出した（観察する理性、啓蒙の有用性）。精神は、良心の和解において他人のなかに〈自己〉を見出した。その〈自己〉は、排他的な個別的自己でもなく、たんに掟の普遍性を主張する普遍的自己でもなく、普遍性と個別性がひとつになっている〈自己〉、真の意味で普遍的な〈自己〉である。——ヘーゲルはこう述べて、やはり、良心の和解をもって最高の段階とみなしている。

つまり絶対知の「絶対性」は、何かの特定の立場ではなくて、「人間の精神の歩みをもれなく包括していること」において成り立つのである。宗教は、人間の精神の在り方（とくに個と共同体の関係）を、神話的イメージ（人間と神の関係）のかたちで捉えている。それに対し、哲学は人間の精神の在り方を概念的に把握する。意識の様々な在り方にしても、個人と共同体の関係の在り方にしても、哲学は人間の精神をはっきりと自覚的に、もれなく捉える。〈精神である人間がみずからの精神という在り方をきちんと自己認識する。「精神の自己認識」というかたちで哲学は成立する〉——こう彼は述べている。

ヘーゲルが自分の学問＝絶対的真理と考えていたのかどうかは、よくわからない。ぼく自身は、ヘーゲルは『現象学』を人々にさらしその評価を人々にゆだねようとしたのだ、と思っている。彼自身が「体系」を何度も構想しては書き直しているのだから、自分の体系が「完成品」であるとは思っていなかったにちがいない。

しかし、ヘーゲルが自分の学問を「真理の体系」の資格をもちうるはずのもの、と考えていたのはたしかだ。その結果、『現象学』がある特定の観点——人類の歴史を自由の実現とみなす——をもっていることがみえにくくなってしまった。人類の共同的な精神を想定したうえでその歩みを描く学問も成立するだろうけれど、個々人の実存的な在り方に迫っていく学問だって成立するのである。しかし「真理の体系」はひとつの観点を絶対化したうえで、しかもそれを隠してしまう。問題点は、むしろそこにあるとぼくは思っている。

さて、『現象学』は革命後の社会制度については語らなかった。その課題を果たそうとしたのが『法の哲学』である。そこでは、自由と共同性が調和した社会はどういうかたちをとるのか、ということ、つまり新たな社会のプランが述べられることになる。次の章では、この『法の哲学』を検討してみよう。

第六章　制度の根拠はどこにあるのか——家族・市民社会・国家

『法の哲学』の「国家主義」

一八一八年にベルリン大学の哲学教授となったヘーゲルは、その三年後に『法の哲学の要綱、または自然法と国家学の綱要』(一八二一年、引き続き『法の哲学』と略す)を発表する。そのとき彼は、もう五十一歳になっていた。

この『法の哲学』こそ、ヘーゲル＝「プロイセン国の御用哲学者」というイメージを、後世の人々のなかに刻みつけることになったものだ。人類の歴史は、民主制ではなく「立憲君主制」に向かって進むと主張したこと。そして、国家への「献身」を人間の真実の生き方として示したこと。この二点、とくに後者は、ヘーゲルの悪評を決定的なものにしてしまったのだ。

しかし当時の若者たちが、この『法の哲学』を「自由の哲学」とみなして熱狂的に支持していたのも事実。ヘーゲル自身もはっきりと、「社会制度の根底には自由が存在しなければならない」と主張している。その「国家主義」も、彼の考える自由という場所からみてはじめて、その意味がわかってくるし、きちんと批判することもできるはずなのである。

この悪名高い『法の哲学』を、私たちもこれから検討してみよう。

規範や制度の根拠は自由にある

まず、『法の哲学』というこの表題の意味について。この「法」と訳したものは、ドイツ語の「レヒト」という言葉である。

このレヒトとは、「ただしさ」や「正当性」という語感をもつ言葉で、内容的には、権利・道徳・法・正義などをすべて含んでいる。実際ヘーゲルの『レヒトの哲学』も、「法」についてだけ語ったものではなく、①個々人の権利、②内面的な道徳、③具体的な社会制度、つまり、規範的なもの全般を取り扱う哲学なのである。そして、それらがどういうものであって（あるべきで）、しかもどういう根拠をもつものなのか、を解明しようとする。つまり、権利・道徳・社会制度の「正当性」の根拠を体系的に明らかにしようとするのが、この本の目的なのである。

では、それらの「正当性」の根拠は究極的にはどこにあるのか――「自由」にある、とヘーゲルははっきり答えている。

『現象学』でみてきたように、ヘーゲルは人間存在を「自己意識」として捉えていた。〈自己意識は、他人や社会制度のような「他なるもの」のなかに、《自己》を見出すことによって、自由を獲得しようとする〉。このように、自由を求め実現しようとする人間精神の在り方のなかに、権利・道徳・社会制度の「正当性」は存在する。こうヘーゲルは考えた。

これは逆にいうと、自由にもとづかない封建的で不合理な規範や制度はダメですよ、と主張することでもある。人間の精神が自覚的な理性となっていく過程において、おのずと没落していくものと、ますます人々の承認を獲得していくはずのものをはっきり区別すること。つまり、自由にもとづく規範や制度とはどういうものかを明らかにすることによって、規範や制度のよし・あしを測る「基準」を提出すること。『法の哲学』において、ヘーゲルはこのような課題を果たそうとしたのである。

社会生活のなかで自由は実感されねばならない

規範や制度の根幹に人間の自由をすえるという点で、『法の哲学』は、ロックの『市民政府論』やルソーの『社会契約論』の思想を受けついでいる。

ロックやルソーは、個人の「自己決定の自由」――自分に関わるあらゆることを自分で決定し行為できること――を、もっとも重要で神聖なものと考えた。彼らの考えでは、①この意味での個人の自由を尊重し守ること、②人々の共通の利害に対して配慮すること、このふたつの目的のために国家はつくられたのであり、法律も政治もそのために存在するのである。

ヘーゲルもまた、この意味での自由を、近代の達成した〈主体的自由の権利〉と呼んでその大切さを訴えている。しかし彼は、そこからさらに進んで、より具体的な社会生活における自由という、自由に対する新たな考え方を提示しようとした。

〈自由な意志決定の権利が承認されること。つまり、所有権が保護されたうえで、自由な売買、自由な場所の移動、自由な職業選択の権利が認められ、さらに自由な発言の権利も広く承認されていく。宗教や民族とはいっさい関係なく、どの市民にも平等な権利が認められていく。これは人類の精神の巨大な歩みであり、この流れにハドメをかけることはできない〉。ヘーゲルはこう考える。しかし、〈権利の平等だけでは人間は満足できないはずだ〉とも考える。「ローマの法的状態」（第五章参照）の箇所にもあったように、権利が平等でも、貧富の差が圧倒的でいくら努力しても貧困から脱出できないなら、人は自由を実感できるはずがないからだ。

そこでヘーゲルは問う。〈具体的な社会生活のただなかで、人々が自由を実感できねばならない。では、それはどうやって可能になるのか〉

ヘーゲルは、具体的な社会の制度――〈人倫〉と彼は呼ぶ――を、大きく三つの領域に分けている。①男女と子どもからなる「家族」、②自分の利益を追求しようとして互いにしのぎをけずる「市民社会」、そして③「（政治制度としての）国家」である。このおのおのにおいて、人間は自由を実感できなくてはならないのだ。ヘーゲルはこう考えた。家族のなかでは、「愛情と信頼」を獲得することが自由を意味する。市民社会のなかでは、経済的に自立できて「ちゃんと自分で稼いでいる」という自主独立の誇りを得

政治的国家
市民社会
家族
国
家

ること、そして「一人前の人間」として他者から承認されること、このふたつが自由を意味する。国家においては、その法律と政治のなかに「国民の共通の意志」が表現されていると実感できること。これが自由を意味する。

人間は、家族・市民社会・国家において、それぞれ異なったものを求めている。だから、自由の質もそれぞれちがう。ヘーゲルのこの発想は、それまでにないものだった。ぼくならば、それぞれの場面における人間の「欲望」のちがい、というところなのだけれど、ヘーゲルにいわせると、それは〈自己〉のちがい、ということになる。家族における〈自己〉、市民社会における〈自己〉、国家における〈自己〉は、それぞれちがうものだ。つまりヘーゲルは、自己意識という考え方を用いることによって、おのおのの制度のなかにおける具体的な自由というものに迫ろうとしたのである。この中身を確認することが、この章の課題になる。

『法の哲学』の構成

まず、『法の哲学』全体の構成を確認しておこう。

『法の哲学』の目次

第一部　抽象的な権利――所有・契約・不法

第二部　道徳性――故意と責任・意図と幸福・善と良心

第三部　人倫――家族・市民社会・国家

私たちがこれから検討するのは、第三部の「人倫」なのだが、その前に、第一部と第二部の内容にもごく簡単にふれておこう。

第一部は、人間の「権利」が取り上げられている。「抽象的な」権利という題名がついているのは、権利は市民社会という具体的な制度のなかで生きているものなのだけれど、その事情をいったん無視して権利だけを取り出して考えますよ、という意味。

そこでヘーゲルはこういっている。〈民族や宗教のちがいにかかわりなく、だれもが「自由な意志をもつ人格」である。このことを相互に認め合って、互いの自由意志を侵さないようにする。「権利」ということがらの根底にあるのは、このような自由な人格の相互尊重である〉

ヘーゲルは、所有権を含むいっさいの権利はすべて「自由な意志をもつ人格の尊重」にもとづく、という。なぜ他人の所有権を侵してはならないかというと、「これは私のものだ」という彼の意志を傷つけることになるからだ。身体を傷つけてはならないのも同じことであり、言論の自由の権利なども、要するに自由意志の尊重に帰着する。

ヘーゲルの考えでは、この自由意志の尊重は、もともと、人間が自己意識であるという事実にもとづいている。『現象学』が語ったように、人間は次第に「俺は俺だ」という明確な自己の意識をもつようになり、自分の独立性と自立性を要求するようになる。

そして、闘争を経験したりしながら、次第に互いを認め合うことを学んでいく。こうして権利の思想はようやく成立するのである。そして、この「自由な人格」の相互尊重という原理にもとづいて、自由な所有の権利（一定の物件を自分の意志で自由に販売したり譲渡したりできる）が成り立ってくる。ヘーゲルはこの箇所で、およそ次のようにコメントしてもいる。〈民族や身分にかかわらずだれもが自由な人格であるという原理は、キリスト教のなかにすでに含まれていたものだ。しかしこの原理が自由な所有の権利として広く認められたのはつい最近のことにすぎない。そのために人類はものすごく長い時間を要したのだ[1]〉

つづいて第二部の「道徳性」。ここでは、『現象学』の「自己確信的精神」で述べられていたカントの道徳性や〈良心〉が、ふたたび取り上げられている。ヘーゲルがこの箇所で強調しているのは、近代になって、「幸福追求の権利」と「主体的洞察の権利」が広く認められるようになった、ということだ。

前者はわかりますよね。他人の権利を侵さず法律に違反しないかぎり、自分の利益を求めて経済活動にせいを出してもよい。それはだれからも咎められない、ということ。後者の「主体的洞察の権利」とは、「何が権利であり義務なのか」についてみずから洞察し判断する権利のことだ。近代人は、社会のルールをただ神聖なものとして受けとめたりはせず、「自分で納得すること」を求めるのである。

ヘーゲルはこのふたつの権利を近代人の当然の要求として認めているけれど、「洞察の権利」に対しては危険なものを感じてもいる。これ自体は当然の要求としても、極端になると、「いっさいの善悪は私が決める」という〈良心〉にまでいたるからだ。これは反社会的な態度や、革命をめざす姿勢にもつながりかねない。

ここでのヘーゲルは『現象学』のときとはちがって、〈良心〉に対してかなり冷淡になっている。〈良心が「善なる心情」だけを引き合いにだすならば、それはまちがった態度だ。真実の良心は、客観的に通用している法則をきちんと洞察しなければならない〉〈現実に通用し成立している社会制度のなかには、ちゃんとした合理性がある。それをきちんと洞察しなくてはならない〉。正義と情熱に燃えて世直しをめざす若者をいさめるように、ヘーゲルはこう強調する。しかしこれは、現実を無批判に正当化するものではないのか。『法の哲学』には、つねにこの嫌疑がかけられてきた。このことを確認するためにも、第三部「人倫」へと私たちも進んでみよう。

1　家族——愛による一体性

家族は愛によって結びつく

家族の本質は「愛」にある、とヘーゲルはいう。二人の男女が愛し合い、自由意志によって結びつく。「これから一体となってやっていきましょう」と決意して結婚し、家族をつくる。愛こそが、家族の絆なのである。

ここでヘーゲルが強調しているのは、この家族の絆（愛）は、「契約関係」とも、たんなる「愛着（エロティックな結びつき）」ともちがう、ということだ。

契約関係とは、権利をもつ個々人が自分の利益のために結びつくものだ。しかし家族とは、私的利益のための結合、つまり相互に利用し合う関係ではない。相手のことを思いやり配慮することが、そのまま私の悦びになる。相手への献身によってかえって「自由」を実感できる、という事情がここにはあるからだ。

> 愛とは、一般に、私と他者が一体であるという意識である。だから愛において、私は私の自己意識［私が私であるという実感］を、私だけの孤立した在り方を放棄することによってのみ獲得するのである。（中略）愛においては、私は他の人格において私を獲得し、他の人格において重んじられる。そして、他の人格もまた私において重んじられるのである。だから愛は、悟性［個人をまったくバラバラなものとしか考えられない知性］の解きえない、とてつもない矛盾である。（『法の哲学』§一五八追加）[2]

しかしこの愛は、たんなる「愛着」とはちがうものだ。愛着だったら、相手に飽きてしまえばすぐさま別れてしまってもいい。しかし、結婚して家族を営むことには、「二人でやっていこう、互いのために努力しよう」という決意がある。そして、その決意を周囲の人々が承認している。この決意と周囲の承認という点で、家族の絆はたんなる愛着とはちがう、とヘーゲルはいうのだ。

ヘーゲルはまた、結婚は両者の自由な合意にもとづくべきこと、婚姻によってつくられる新たな家族（核家族）こそが本来の家族であること、を強調している。「家」と「家」の関係ではなく、あくまで個人の自由な結びつきが家族をつくる。これは当時のドイツの事情からすると、きわめて近代的な家族の考え方だった。

共有財産と子ども

家族を営むためには、「資産」が必要になる。これは本質的に共有財産である、とヘーゲルはいう。また、抵抗を覚える人もいるだろうが、「男」が家長であって、所得を手に入れ、家族の成員の欲求を配慮し、資産を配分管理する権限をもつ。「女」はもっぱら家事にたずさわる。しかし本質的には、両者は協力し合って家族全体を配慮するのであり、資産もあくまで共有財産なのである。

また、二人のあいだには「子ども」が生まれる。ヘーゲルの定義では、子どもとは両親の一体性（愛）が対象となったものである。「両親は子どもにおいて自分たちの合一の全体を眼の前にもつのである。母は子どもにおいて夫を愛し、夫は子どもにおいて妻を愛する[3]」。だから、子は夫婦の「かすがい」でもあるわけだ。

ここでヘーゲルは、子どもの教育についても論じている。その使命のひとつは、愛と信頼に満ちた家庭を営むことによって、子どものなかに「人倫的な心構え（共同性を大切にする心）」を育てること。もうひとつは、「自然的直接性から抜け出させて、独立性と自由な人格性へと高める」[4]こと。つまり、家族から独立して、市民社会のなかで生きていける能力を与える。最低限の知識と社会のルールを教え、同時に自立心を育てなくてはならない。

家族の解体

家族とは、このように、愛情と信頼において「自由」を実感する（はずの）場所なのだ。けれど、仲が悪くなって離婚することもあるし、家族のシガラミで苦しむ人も多くいる。どうやったら家族において自由になれるのか、と尋ねたくなるのだけれど、それについてはヘーゲルは語っていない。彼が語っているのは、夫婦の不和が決定的になって離婚するときには教会か法廷の認定が必要である、といっているだけである。

離婚だけでなく、夫婦（の片方）が亡くなったり、子どもたちが独立したりすることによって、家族は解体していく。そして、子どもたちの世代がふたたび新たな家族をつくることになる。

2　市民社会——「自主独立の誇り」と「一人前としての承認」

全面的相互依存のシステム

ヘーゲルのいう市民社会とは、諸個人が「私人」として、自分個人の経済的利益を追求しようとしてせめぎあう社会、つまり経済の社会である（ここでの「市民」とは、私的利益を求める個人＝ブルジョワであって、ルソーのいう公民＝国民＝シトワイアンとはちがう）。

ヘーゲルはこれについて、「全面的依存性のシステム」ともいっている。自給自足的な農村共同体とそこでの大家族制は商品経済の浸透によって少しずつ壊されていき、社会のすべての地域がひとつの経済システムのなかに編み込まれていくはずだ、とヘーゲルは考えていた。これは当時のドイツからするとずいぶん未来を先取りしたイメージだが、ヘーゲルはイギリスの経済学を学ぶことによって、商品経済の浸透は不可避であると判断していたのだ。彼はこういっている。「この依存性は、個々人の生計と幸福と権利の在り方が、万人の生計と幸福と権利のなかに編み込まれ、これらを基礎とし、このつながりにおいてのみ現実的であり保証されている、というほどに全面的な依存性である」（§一八三）[5]

この市民社会では、基本的にはあらゆる経済活動とその産物が「商品」としてやりとりされ、人々はつねに売買し合い契約し合っている。ここでヘーゲルが鋭く指摘しているのは、この契約（売買）という行為が「権利」という観念の基盤になっている、ということだ。

所有権が相互に承認されているからこそ、契約が可能になる。たしかにそうなのだけれど、逆に契約が日々行なわれているからこそ、所有権はたんなる観念ではなくて「現実に通用するもの」になっている、ともいえるのだ。さらに契約という行為においては、相手がユダヤ人だろうがカトリック教徒だろうが関係がない。民族や宗教のちがいを契約は乗り越えてしまう。

こうして市民社会の相互依存性は、民族や宗教に関わらない「人格」という観念を生み出し、それを相互尊重すべきことを人々に教えるのである。

個人は教養を積まねばならない

しかし、この市民社会は厳しい場所でもある。ここで生きのびるためには、個人は「教養」を積まねばならないからだ。商品をつくるならば、売れるだけの品質をもつ商品をつくらねばならない。また、どこかに勤務する場合でも、自分自身を売りこまねばならない。つまり、必要とされるかぎりの能力や技能を身につけなければならない。だから、個人は社会の「強制力」を実感する（これは、いまでもまったく同じことがいえますね）。

若者は努力して教養を積み、経済的に自立することをめざす。「ちゃんと俺は自分で稼いでいるぞ、誰の世話にもなっていない」。こういう自主独立の誇りを得ることが、市民社会における個人の目標なのである。そして、自分で思うだけでなく、まわりからも「あの人は一人前だね」とちゃんと承認されること。自主独立の誇りをもち、「一人前」と認められることによって、個人は自由を実感するのである。

貧富の差と職業団体

ところが市民社会は、かならず貧富の差を生み出す。一方に富が蓄積されて「放埒(ほうらつ)な享楽」がみられるかと思うと、他方には単純労働に縛りつけられた階級の「悲惨な貧困」が生じてしまう。〈貧富の差は、市民社会が競争社会である以上ある程度は仕方ないとしても、それがあまりにひどくなってはまずい〉。こうヘーゲルは考える。なぜなら、市民社会の個人を支えているのは、「自分が努力しさえすれば人並みの生活ができる、まわりからもバカにされずに一人前の人間として扱われるはずだ」という希望だからだ。あまりにもひどい貧困のなかで、どうがんばってもそこから脱出できないとすれば、人々の心はすさんでくる。法律を守ろうとする気もなくなって犯罪も増える。

だから、「経済政策」の必要をヘーゲルは訴える。自主独立の自由を社会の多くの人々が実感できるためには、貧富の差があまり大きくならないようにして、社会的な「流動性」を確保しなければならない。この救貧問題にヘーゲルはほんとうに頭を痛めているけれど、しかし解決策を見出してはいない。〈貧民にただ国家が金を与えるのはよくない。自主独立の誇りを失わせてしまうからだ。では、作業所をつくって雇用の機会を増やすのはどうか。しかしそうすると商品が供給過剰になって、市場の需要・供給のバランスを壊してしまう。植民地に新天地を求めるしかないのか。よくわからん〉へーゲルはまた、「職業団体」にも期待をかけている。職業団体は、一定の技能や資格をもつ人々をメンバーとして採用したうえで、彼らの不慮の事態（とつぜん病気になって働けなくなったり、など）に対して経済的に援助したり、メンバー全員の技能向上に努めたりするものだ。

この職業団体の一員となることによって、個人は経済的に安定するだけでなく、「誇り」を得ることができる。だから、成功したい・目立ちたいというあがきも少なくなる。また、団体全体の業務にも参加することによって、「みんなのため」を配慮する公共的な心構えを身につけることができる。

へーゲルはほかにも、教育や経済政策などの様々な社会政策のプランを提出している。それらによって彼がめざしたのは、個人が自主独立の誇りを達成するための条件を整えることであり、さらに進んで、個人が公共的な心構えを身につけることだった。〈個人は、独立しているという「誇り」を得てはじめて、公共のことを考えることができるのだ。仕事によって自立し一人前として認められてはじめて、自分の仕事は社会に役立っている、社会によって自分も支えられている、という自覚が生まれてくる。こういう社会に対する信頼の感情を背景にして、遵法の精神も生まれ、国家は安定する〉。へーゲルはこのように考えていた。

3　国家――普遍的利益を実現する機関

「全体としての国家」こそ人々に生きる意味を与える

　では、問題の「国家」についてである。見落とされやすいのだけれど、ヘーゲルが国家というとき、そこにはじつは、ふたつの意味がある。

　ひとつは、家族と市民社会と政治制度をすべて含む「人々の結合の全体」である（私たちだったら「社会全体」というかもしれない）。

　もうひとつは、市民社会の上位に立つ、狭義の「政治制度」としての国家である。

　ではこのふたつは、ヘーゲルのなかでどのように結びついていたのだろうか。

　ヘーゲルは、前者の意味での国家（人々の結合の全体）が、個人の私的利益のたんなる「手段」であってはならない、と考えていた。つまり、〈個人は自分の私的利益の満足を求めるだけでなく、全体の利益をも考えあわせるような、公共的な意識を身につけなければならない〉と考えていた。

　ルソーが「公民としてのモラル」を人々に要求したことを、思い出してほしい。ルソーは、「国家は共通の利益を配慮するためにつくられたものなのだ」という社会契約の神聖さを訴えることで、人々のなかに公共的意識をつくりだそうとしたのだった。

　しかし哲学者ヘーゲルは、社会契約説をはっきりと否定している。〈社会契約の考え方はフィクションだ。国家の体制はたんなる「つくりもの」ではなく、国民が何世紀もかけて少しずつ、つくりかえてきたものだし、つくりかえていくものだからだ。それに、契約という考え方をとるかぎり、「自分の利益のために契約したのだ」ということになって、結局国家を私的利益の手段とみる発想から抜けられないのではないか〉

こう考える彼は、全体としての国家は個人に先行する、という立場をとる。国家は「人々を包みこむ全体」なのであり、個人は仕事を通じてこの全体に貢献し、かつ全体から支えられていることを実感して、そこに生きる意味を見出すのである。そして、この実感はおのずと、全体の利益をも考えあわせる「公共的な意識」を生み出すだろう。こう考えるからこそヘーゲルは、社会政策と職業団体のふたつによって、人々が公共的意識を形成するための条件を整備しようとしたのである。

ヘーゲルのいっていることは、それなりに理解できる面もある。私たちだって、社会人になると仕事を通じて社会につながろうとしたり、そのことに生きがいを見出す人も多い。そして、社会全体の法律や政策の「公共性」について考えはじめたりするのだから。

しかし問題なのは、〈社会へのつながりをもち、公共的な意識を得ることこそ人間ほんらいの生き方だ〉とヘーゲルが考えていることである。私たちは、様々な仕方で充実感を得て生きようと努力する。もちろんそれは、仕事を通じての社会への貢献であってもいいけれど、それが唯一のものとはかぎらない。いま恋愛中でこれがいちばん大切という人もいるし、バンドや芝居が楽しくてたまらない人だっているのだ。

私たちはヘーゲルとはちがって、「個々人がその人なりに生きる悦びを求めようとする」ということを前提としなければならない。そして、そのうえで「公共的であること」とは何か、と考えなくてはならない。もし、「公共的であること」＝「国家（社会）への貢献」とされるなら、その観念（社会に貢献すべきだ）はハドメなく肥大していく可能性がある。ヘーゲルは、ただひたすら「国家につくせ」と叫ぶような国家主義者ではなかったけれど、「国家（社会）のために貢献することによって、人はほんらいの生き方を獲得する」という信念をもっていた。その点が彼の思想のいちばんの問題点だとぼくは思う。

「政治制度としての国家」は理性的な組織をそなえなくてはならない

人々は市民社会における労働を通じて、公共的な意識を育て上げていくのだった。ヘーゲルの考えでは、その公共性が真に実現される場面こそ「政治制度としての国家」なのである。なぜなら政治制度こそ、「国民の普遍的利益」を明確に目的として設定したうえで、それを実現しようと努める機関であるからだ。そしてその点に、政治的国家の「神聖さ」がある。

しかし、政治的国家が真に普遍的利益を実現しえないなら、ヘーゲルの言葉は、国家をやみくもに正当化するものになってしまう。彼は政治的国家をどのように描いたのだろうか。

ヘーゲルは、政治的国家はたんなる暴力的なものではなく、理性的な組織をそなえるべきであるという。ちゃんとした法律にもとづいて政治的国家は運営されなくてはならないし、かつ、合理的な組織の区分をもたねばならないのだ。その「理性的」組織を、ヘーゲルは次のように三つに区分している。①君主権（最終意志決定の権力）、②統治権（「行政」を執り行なう権力）、③立法権（「法律」を作成し確定する権力）、である。

いわゆる民主主義の制度では、司法・行政・立法の三権分立がふつうである。すぐにわかるように、ヘーゲルの図式では独立な司法権がなくなって（これは②の統治権に属する）、代わりに君主権が入り込んでいる。このおのおのについて簡単に説明していこう。

サインをする君主——君主権

ヘーゲルは、政治的国家の諸権力・諸制度は一体となって緊密に結びついていなければならない、という。三権分立のように組織が対立し合うと、国家の統一が失われる危険があるからだ。そこで、諸権力を全体として統括する役割を果たすのが、君主権である。

君主は、国家のあらゆる物事に関して最終的に「決断」をくだす。そして君主は「生まれ」によってのみ君主になる。君主に強大な権力を与えようとしているようにもみえるが、学生への講義にはホンネがみえる（「追加」は学生の講義ノートをまとめたもの）。

完成した国家組織にあっては、形式的決定を行なう頂点だけが大事なのである。（中略）君主はただ「然り」といって、最後のピリオドを打ちさえすればいい。（中略）客観的な面は当然法律にだけ帰属するのだから、君主はただこの法律に主体的な「われ意志す」をつけ加えさえすればいいのだ。（『法の哲学』§二八〇追加）[6]

君主権を認めた理由をヘーゲルは語っていないが、ぼくはふたつのことを想像している。ひとつは、当時のプロイセンの状況では、君主を除いて共和制に移行するのはとても無理だ、と思えただろうこと。もうひとつ、君主という中心があったほうが国家の「統一」に役立つだろうと考えたのではないか。プロイセンの国家はまだ発展途上で、堅固な統一国家とはいえなかった。ちょうど明治国家が天皇を掲げたように、国家の象徴としての君主の役割をヘーゲルも考えていたかもしれない。

官僚主体の行政——統治権

統治権を果たす（具体的な行政を行なう）のは、もろもろの官庁である。司法権と社会政策権もここに含まれる。

ヘーゲルがここで強調しているのは、統治権があらゆる行政を一手に引き受けるのではなく、自治を広く認めるべきだということ。とくに地方と職業団体は、自治にまかされなくてはならない。自治は、公共的な意識と自由の実感を育てるからだ。また、自治の権限を認められた集団が存在することによって、官庁の行なう行政にもチェックがかかる。

こういうと、官庁と官吏の悪弊(あくへい)をとても気にしていたようにもみえるが、ヘーゲルはむしろ、優秀な官吏に期待をかけていた。法をきちんと守り、国家のことを唯一の関心事とするような官僚をどうやって育てるか。これこそ国家の重大事である、と彼はいっている。さらに、国家の実質的な運営は官僚が行なう、とまで彼は考えていた。

各官庁の「長」は協議体をつくって、行政についてたえず連絡し合い検討し合う。そして、この協議体のメンバーはまた、君主にアドバイスする「最高審議職」をも務めるのである。つまりヘーゲルは、優秀で責任感のつよい官僚たちが協議しながら国家を運営していく、というイメージを描いていたのだ。

これは逆にいうと、ヘーゲルは議会を信用していない、ということだ。選挙で選ばれる議員たちは私的な利益に動かされやすい。官僚のほうがより公正な態度をとれる。何が真実に公共的な利益か、ということも、専門的な知識と実務経験をもつ官僚こそが確実に判断できるはずだ。こうヘーゲルは考えていた(明治以来の日本とほんとうに似ていますね)。

おそらくヘーゲルは、当時の民衆の教育水準の低さなどもあって、民衆を信用できなかったのだ。「理性の欲するものを知ることは、深い認識と洞察の結果であって、こう

した認識と洞察は必ずしも国民の知ることがらではない」（§三〇一[7]）

国民に参加意識を与える議会――立法権

ここにはもちろん、「議会」がある。しかし、議会だけが立法権をもつのではない。君主、官庁、議会、それぞれが立法権をもっていて、最終決定権は君主に属することになっている。

議会は上院と下院に分かれている。上院は、土地貴族（ユンカー）から選ばれる。これは選挙ではなく世襲である。下院のほうは、各地方自治団体・職業団体が母体になって、そこから代議士が選出される。つまり代議士は、個々人の代表というよりも、地方自治団体と職業団体の代表者なのである。こうすることによって社会のなかの様々な異なった利害がうまく代表される、とヘーゲルは考えたのだ。

しかし、議会の地位をヘーゲルはかなり低く見積もっている。ヘーゲルの考えでは、議会の使命は、公共的な要件に関して国民の関心を呼び起こすことにある（だから、議会は公開でなくてはならない）。代議士が国民に代わって議会で発言することで、国民は自分たちが国事に参加しているという意識をもつことができる。そのことが大事なのであって、実際の法案を作成するのは国家の最高官吏たちなのである。「彼らは議会なしでも最善のことができる」（§三〇一[8]）

このようにヘーゲルは、はっきりと「官僚による政治」を求めていたのだ。

対外関係──国家間は自然状態である

続いて対外関係について、みておこう。

ヘーゲルの考えでは、国家こそ最高の意志決定の単位であって、国家の上位にたつものは存在しない。国家は「主権」をもつ、完全に独立した存在なのである。

もちろん、国家どうしは相互に承認し合い、互いを独立国として認め合ってもいる。だから、国家どうしは様々な条約を締結するが、しかしこれは一方的に破棄されたりもする。条約違反を罰する上位の権力が存在しない以上、国家間の関係は両者が恣意的に取り結んだものでしかない。つまり国家間はまったくの「自然状態」なのだ。

だから、とうぜん戦争も起こる。戦争において、自分の所有物や生命を危険にさらすことは国民としての「義務」である、とヘーゲルはいう。そして、戦争においてこそ、生命と所有物を支えているのがほかならぬ「国家」であったことが意識される。戦争は、国家のありがたさを個々人が自覚できる機会でもあるのだ（書いていて、だんだん嫌になってきました）。

つまり、国連のような組織は成立しえないだろう、と彼は考えていた。リアリスト、ヘーゲルは、国家間の恒常的な平和などありえない、と断じたのである。

4　『法の哲学』をどう評価するか

思想の課題と現実の要請

歴史的現実のなかに存在する合理的な傾向をくみとり、それをもって、社会制度の「よし・あし」を判定する基準をつくる。そして、決して空疎な理想を立てない。――これが、ヘーゲルがみずからに課した思想のモラルだった。これは、理想が宙に浮いたものにならないための彼の戦略でもあった。

『精神の現象学』の時点で彼の見出していた「合理的な傾向」を、次のように整理しておくことができる。人間が明確な〈自己〉の意識をもつようになることによって、①自分自身の（私的な）幸福を追求する権利を正当なものとして要求し、②社会のルールや制度に対しても、自分なりの「納得」を求めるようになること、③人間どうしが、民族や宗教のちがいにかかわらず、互いに同じ自由な意志をもつ存在として認め合うようになること、④国家が、人々の共通な意志（普遍意志・一般意志）にもとづいて運営されることで、その抑圧性を失って、むしろ人々の共同性の表現となること、⑤人間は「個」でありつつも、自分が生きるうえで共同性が不可欠なことを自覚すること。

このようにして、歴史は大きく自由と共同性を達成する方向へと進みつつある。『精神の現象学』は何よりも、このことを主張するものだった。

そして『法の哲学』は、このような認識をふまえたうえで、より具体的に自由と共同性が実現されていくための社会制度の骨格を描き出す（はずの）ものだった。だからその制度は、自由にもとづくものであり、その意味で、だれもが納得しうる合理性をそなえたものでなくてはならなかった。

しかし、彼は『法の哲学』でその課題を果たしたといえるのだろうか。ひょっとすると、自由と共同性の達成という自分の「思想の課題」を、「現実の要請」のほうにあわせてしまったのではないか。そういう疑いが、残ってしまう。このことを検討してみなくてはならない。

国家における自由なのか、国家的統一なのか

ヘーゲルはよく闘ったともいえる。「人権」という言葉さえ親フランス的とされた当時のプロイセンのなかで、自由の権利を訴えつづけたこと。人々が市民社会で自主独立の誇りを達成できるように、様々な社会政策や同業組合のプランを考えたこと。これはたいしたものだ、とぼくは思う。しかし、ヘーゲルのいう「理性国家」において、人々は〈自己〉を見出すことができるのだろうか。つまり、国家において「自由」であると実感できるのだろうか。そうは思えない。この国家において自由を実感できるのは官僚だけだろうから。

もともとヘーゲルが理想としていたのは、国家を、人々がみずからつくりあげる自分

たちの「作品」とすることだった。国家を合理的な納得しうるものにつくりかえることによって、国家の政治と法律のなかに自分たちの共通な意志を見出すこと。こういう国家において、人々は「みずから決めてみずから従う自由」と「みんなでつくりあげているという共同性」を実感することができる。これが『現象学』までの、ヘーゲルの基本的なイメージだった。

このような自由と共同性の実現を理想とするなら、民主主義・共和制がもっとも適しているはずだ。しかし『法の哲学』でのヘーゲルは、国家における自由という彼ほんらいの課題ではなくて、堅固な国家的統一のほうを選択した、という感じをぼくは強くもつ。国家の組織についても、三権分立のような「対立」構造はまずい、国家の意志は「単一」でなくてはならない、と彼は強調する。そして、国家意志の単一なまとまりのために、君主が要請される（おそらく国家的統一のシンボルとしても）。また、人々が議会を通じてそれぞれの意志を表明するのにまかせると国家は不安定になるから、むしろ信頼できる官僚層に政治はゆだねるべきだ、と彼は考える。

つまりヘーゲルは、国家を人々のつくりあげる作品ではなく、人々の上にそびえたつものとして描いたのだ。国家の抑圧性を除去するというモチーフは、明らかに弱くなっている。(9)

もちろん、当時のプロイセンの事情を考えれば、統一を優先するのもやむをえない選択だったかもしれない。しかしそうだとすれば、「自由で合理的な政治制度が望ましいのだが、いまの時点では統一を優先せねばならない。国が強くなったあとで政治制度を改善すればいい」と、はっきりと言明すべきだったのだ（彼のホンネは、そういうことだったのかもしれない。当時は検閲もあったから、自由にものがいえる雰囲気ではなかったのだ）。しかし彼は、君主と官僚を中心とする国家こそ理性的であり、そこにおいて自由が実現されている、と強弁してしまった。「これは嘘だ」とだれでも思いますよね。後世からの非難も仕方がないと思う。

さらに、君主を「生まれ」によって規定したことも気になる点だ。血縁によって君主が決まり、それが国家的統一の「シンボル」だとすると、ヘーゲル自身は明言していないけれど、彼のいう国家は民族共同体だということにならないか。

〈国家が抑圧的・超越的になったことを埋めあわせるように、民族的シンボルとしての君主が登場し、国家を民族的ナショナリズムにもとづいて統合する〉――ここまでいうと、ヘーゲルに気の毒という感じもする。ヘーゲル自身は、民族主義的なところをまったくもたなかった。当時起こっていたユダヤ人排撃問題に関しても、『法の哲学』のなかに「ユダヤ人といえどもまず第一に人間である」というくだりがあるように（§二七〇の注）、彼の基本思想は、民族や宗教に関わらない「人格」「市民」として人間をみるものだった。そして、そこに歴史の理性があると信じていたはずだ。

しかし「現実の要請」は、彼の描く国家を、明治の天皇制国家にきわめて近いものにしてしまった。人々の共通な意志によって運営される「合理性」や、民族を超えた「市民・人格」の思想を中核とするはずの彼の思想に、民族的ナショナリズムの影がかぶさっているのである。

もうひとつ、国家間の関係についても考えてみなくてはならない。ヘーゲルはとてもリアルな眼をもっていた。国家と国家の上位にたつ権力が存在しない以上、国家間の関係は、相互の恣意にゆだねられている。国際法はたんなる「思想」にすぎず、実効性をもつものではない。だから、戦争は国家関係にはつきものである。

当時の「事実」認識としては、これはまったくそのとおりだと思う。しかし、人類の自由と共同性の可能性を探る、という彼の「思想の課題」からすれば、国家間の緊張がほどけていく可能性についても考えてよかったはずだし、また考えるべきではなかったのか。

だがヘーゲルは、それについては一言も語っていない。それどころか、戦争は人間の共同的存在としての自覚（人倫的心構え）をうながすものだ、と語っている。そして戦争において一身を捧げることは、国民の最大の義務なのである。彼の求めた共同性の理想は、結局、国家への貢献・忠誠というひどく歪んだものになってしまった。

国家を超える可能性よりも、国家的統一のほうが、ヘーゲルにとっては大切だったのだ。強力で安定した国家をつくり、独立を確実なものとしなければならない。その要請が、ここでも自由と共同性を探る「思想の課題」を大きく歪めている。

けれど、ヘーゲルをこれ以上非難しても仕方がない、とも思う。なぜなら、十八世紀以来、国家どうしは植民地をめぐって激突し戦い合ってきたからだ。自由・平等をうたう「契約国家」フランスにしても、自国のナショナリズムを高めて戦争を続けてきたのには、変わりない。国家間の「対立」が基本的な条件であるかぎり、どんな国家であっても、国家はかならず国民に「献身」を要求せずにはおれないだろう。

国家間の対立を緩和させる条件が成立しつつある

しかし、私たちの生きている現代の世界では、国家間の対立と緊張がほどけていく可能性がみえはじめている(10)。

現代の世界では、ヒト・カネ・モノ・情報が世界規模で流通している。経済の面からいうと、世界は「相互依存的なシステム」、つまりひとつの「市民社会」になりつつある。

だからそこに生じる問題にしても、一国だけで処理できないことがますます増えている。経済問題にしても、環境問題にしても、南北問題にしても、世界規模で解決しなければならない問題を人類は抱え込むことになったのだ。だから国家どうしは、いやおうなく協力し合わざるをえなくなっている。国家間の対立と緊張をほどいていくための、基本的な「条件」が生まれつつあるのだ。

空想をたくましくするなら、この事情は、世界というひとつの「市民社会」の上位にたつ「政治制度」をおそらく要請するはずだ。国連がそういうものになるのか、それはまだわからない。国家という制度もそう簡単に壊れないだろう。しかしいまの人類が、国家どうしが協力し合って世界的問題を解決するシステムを必要とし、それを形づくりつつあるのはたしかだ。それは、どういうものであるのが望ましいのか。そういうことが、これから問われることになるはずだ。

〈国際社会について、その歴史的な方向を見定めながら望ましいルールや制度を構想し、そのことによって、人類の抱える様々な問題——環境問題・民族問題・南北問題など——を少しずつ解決していくための具体的な方法を考える〉。ヘーゲル哲学が現代を生きる私たちに示唆しているのは、ひとつにはこういう営みの必要性なのである。

また、世界がひとつの「市民社会」になったことは、民族問題を大きく浮かび上がらせる。日本にも多数の外国人労働者がやってきているけれど、この趨勢は変えることができないとぼくは思う。異文化・異民族との接触を避けて閉じこもっている、ということは不可能になる。そして、私たちは異文化・異民族との「共存」の仕方を学ばなくてはいけなくなる（これは日本人にとってすごく難しいことだから、へたをすると、これはかなりひどい対立や差別を生み出す可能性がある）。

最低限いえることは、民族や国籍にかかわらず一定の権利を外国人労働者に認めるべきだ、ということ。いま日本では、外国人が「単純労働」に就労することを公的にはいっさい認めていない。だから彼らは不法滞在状態ということになって、彼らの権利はどこからも保護されていない。これは望ましくない。「どんどんいらっしゃい」となると混乱が大きいだろうから、一定の資格のもとで入国を認めて、ちゃんと待遇することが必要だ。そして、日本の国籍取得についても、少しずつ門戸を開いていったほうがよい。

近代の生み出した「自由な権利」の思想。ロック、ルソー、ヘーゲルが強調したこの思想は、これからの世界においてもますます重要になってくるだろう。権利の思想には、民族や宗教を超える契機がはらまれていたことを、私たちはみてきた。もちろん、権利だけ認められても、実質的に差別が続くなら、自由の獲得にはならない。けれど、「権利」を認め合うことは、民族対立を超えるための最低限のルールになっていく可能性は高い。さらに、資本主義的な経済が世界中に浸透していく過程を考えあわせるならば、諸個人の権利の保護はますます大切なものとなっていくだろう。

5　国家・国民・政治について考える

国家は構成員の自覚的な形成物である

こういう状況をふまえたうえで、ふたたび、国家と国民、さらに、政治というものについて考えてみよう。

ヘーゲルの国家は、民族に関わらない市民という考え方をもちながらも、最終的に民族共同体的な色彩をおびるものになってしまった。ぼくはその点でいうと、ルソーの「契約国家」の考え方のほうをいま私たちはとるべきなのではないか、と思う。そこでルソーをもう一度復習してみよう。

一人では生命の安全・所有の保護などを充分に守ることができない。そこで、〈ひとつの共同体を形成して、それらに配慮することにしよう〉という原始的契約があったのだ。こうルソーは語る。これはもちろんフィクションである。しかし、このことには大きな意味がある。

国家ないし共同体を、神や伝統や血縁や文化によって裏づけられたものとみなすほうが、歴史的にはごく一般的だろう。そのとき国家は、宗教的共同体か民族的共同体とみなされる。しかし、社会契約という考え方は、国家を、〈メンバーの共通の利益を配慮するためにルールを形成する共同体〉とみなし、宗教的・民族的裏づけをそぎおとす。

この共同体は、「互いに共通の利益を配慮し合いましょう」という合意によって結ばれている。そしてこの合意が、具体的な個々のルールの「土台」をなすことになる。したがって、その土台と具体的な個々のルールは区別される。個々のルールは、この土台のうえで、「共通の利益」の観点から検討され検証されるのだ。

こう考えることで、ぼくの長年のわだかまりはスッキリした

以前、ぼくは自分が「日本人」であり、「日本国籍」をもっている、ということに、なんとなくわだかまりをもっていた。「日本」という文化的共同体も、「国家」も関係ない、といいたい気持ちが強かったのだ。それは、①ナショナリズムに引き寄せられたくない、②ぼくの実存に国家も社会も関係ないよ（これは左翼的理念の反動ですね）、というふたつの理由があったと思う。そこには、ポスト・モダニズムと共通の感覚、「共同体への帰属＝共同体の規範の内面化＝悪」という感覚もあった。

しかしある時期から、「うーむ、このままでは社会の問題にはいっさい手をふれることができなくなるが、それも変だな」と思っていたのも事実。しかし、どう考えてよいのか、わからなかった。

現在は、日本国民であること（国家への帰属）を「共通の利益を配慮し合うという土台に乗ること」と考えて、むしろ積極的に乗ってみよう、と思うようになった。明確にこう認めたうえで、不都合なところがあればどう変えていくか、と発想しないかぎり、社会の問題には手をふれることができなくなる。

ぼくの考えでは、この「土台」に乗る、ということは、①現存するあらゆる法律を無条件で肯定することを意味しない。②日本民族の「民族性」を重視することも意味しない。――過度なナショナリズムを相対化することができるとすれば、それは、共同体への帰属を認めないことではなく、むしろ積極的に認めることによってだろう。③それは、排他的に日本国民の利益だけを考えることを意味しない（ルソーは、対外関係について語らなかった。しかし、国民というルールの共同体は、より広いルールの共同体にとりまかれている、と考えるべきだ。また、日本社会にともに暮らしている、在日韓国・朝鮮人や外国人労働者とのあいだにも、ルールの共同体が考えられていいはずだ）。

多くの日本人にとって、国籍・血縁・文化・民族は、なんとなく一体化している。在日が「帰化」したがらない理由には、そのことも大きい（帰化という言葉がそもそも、同化的なのだ。国籍取得というべきなのでは）。国民ということの意味をルソー的な意味での「共通利益を配慮し合う共同体」と捉え直すこと、そういう国家と国民の「考え方」が広まることには、これからの多民族共存時代を考えたときにも、大きな意味があるはずだ。

ルール変更の可能性

ルソーは、「社会契約」の理念が人々によく理解されることによって、自分の利益だけではなく構成員の共通の利益をも考えるという「公民的モラル」が育つことを期待した。これは、一種の啓蒙の路線になる。

しかし、ここには大きな問題が潜んでいる。社会契約という「土台」のうえに、具体的なルールが張られる、という「考え方」をルソーはとる。しかし、もし法律が共通利益を体現せず、ある集団の特定の利益の普遍化をもたらすだけになったり、自分たちで決めたのだから自分たちで従うのだという「自治」がタテマエだけになったりしたら、どうなるか。そのときには、「共通利益を配慮し合いましょう」という土台そのものがあやしくなる。公民的なモラルはくずれてしまう。

つまり、具体的なルールをつくるプロセスと、契約という土台とは、互いに支え合う関係になっているのである。前者がうまくいかなければ、契約という考え方は、それこそまったくのフィクションとしてしか感じられなくなるだろう。

これは、私たちが小さなサークルを営んでいる場合でも同じことだ。ああしてみよう、こうしてみよう、と提案してみたとする（これはいままでのルールを改変して新たなルールをつくろうとすることだ。これは小さいけれど「政治」の行為でもある）。しかし、みんながそれを聞き入れるそぶりすらないなら、だんだんやる気が失せてくる。「みんなでもって楽しくこういうことをやっていきましょう」という最初の「土台」が、あやしくなってくるのだ。しかし逆に、自分のいうことをみんながよく聞いてくれて、そして少しずつでもサークルのやり方が改められていくなら、やる気はますます盛り上がってくる。「みんなで楽しくやっていこう」という土台は、ますます堅固なものになる。つまり、ある集団の「健全さ」は、その集団がルール改変の可能性をどれほどいきいきと保っているか、にかかっている。

だから、契約国家という「考え方」だけでは足りないのだ。そして、ルソーの提案した公民的モラルの強調でも、ヘーゲルの提案した職業団体や地方自治の制度をこしらえることでも、不充分なのだ。彼らは真剣に、「私的利益だけでなく共通利益をきちんと考える態度」を人々のなかにつくりだそうとした。しかしその態度が生み出せるかどうかは、ルール変更の可能性をいきいきと人々が実感できるかどうか、この一点にかかっている。

私たちの生きている日本では、国家の「抑圧性・権力性」はずいぶんなくなってきた。これは、ルール変更の可能性を確保するうえではよい条件ができつつある、ということだ。しかし、社会を少しずつでも動かしていけるという回路や実感を、私たちがもっているとはいいにくい。だから、社会的な関心も伸びていかないし、「みんなの利益」をきちんと考える態度も育っていかない。社会を動かしうるという自由の実感があってはじめて、私たちは自分以外の人々のことをも考えることができるからだ(11)。ルール変更の可能性をいきいきとしたものにするためには、「言葉のモラル」ということを、考えてみる必要がある。

言葉のモラルについて

『精神の現象学』のヘーゲルは、「正義は独善になってはならない」ということを強調していた。自分の正義の「心情」だけを満たすものであってはならない、きちんと「普遍性」を考えなくてはならない、といっていた。では、普遍性を考えるとは具体的にはどういうことなのだろう。

ヘーゲルは巨大な体系をつくって普遍性を主張したけれど、ぼくは、ごく身近なかたちでこのヘーゲルの考え方を受けとめてみたい。例として、「脳死」問題をあげてみる。「脳死」というのは、脳の組織だけが死んでいて、体はまだ温かく呼吸もしている、という状態のことだ。そして、この状態の人から臓器移植をしてもよいかどうか、ということが問題になっている。

「新鮮な臓器のほうが体に定着する率が高いから、ぜひ脳死者からの臓器移植を認めてくれ」という意見が一方にある。実際、腎臓が悪くて三日に一度は「人工透析」を受けなくてはならない人にとっては、この要求は切実だろう。しかし他方に、抵抗を覚える人たちもいる。脳死者は温かく呼吸もしている。自分の愛する人が脳死状態だと医師から聞かされたとき、その体が切り刻まれることになかなか納得できなくても不思議はない。

この場面で意見が極端に対立してくると、こうなってくる。一方は、移植推進派の医師。「西洋ではとっくに認められているのに、これが進まないのは日本人のエゴですよ。脳死になったら臓器を提供する、これは、これからの人間のとるべき当然のモラルです」。他方は、移植に反対するお坊さんの意見。「そもそも、人様から臓器をもらって生きようというのが、あさましい根性だ。人間はいずれ死ぬもの。天から授かった命のなかでせいいっぱい生きることこそ、人間としてのまっとうな生き方でしょう」どちらも、ちょっと変ですよね。医師の意見は、いらだつあまり、脳死を死として受け入れがたい人たちの「感情」を無視してしまっている。そして、「これからの人間のモラル」をもちだしてくる。お坊さんのほうは、切実に移植を求める患者たちの要求を無視してしまっている。そして同じく、「正しい生き方」をもちだしてくるのだ。

互いが互いの事情をくみとることなく、モラルがモラルと対立する。こういうモラルや正義のことを、「独善」というべきだ。このような独善は、人々のあいだに「橋」をかけるのではなく、むしろ対立させてしまうのだ。

利害の異なる人々の事情をくみとって、そのあいだをつなぐような考え方をつくろうとすること。これこそ、ほんとうの意味でモラリスティックな態度であり、普遍性を求める態度だとぼくは思う。

ぼく自身は、いまのところこう考えている。患者さんたちの切実な事情が一般の人々に伝わっていくことが必要だ。そのうえで、「脳死はやっぱり死だよね」とあまり抵抗なく思える人が、自分から提供する意志を表明する。そして、明確に提供の意志を表明した人からだけ、脳死状態からの臓器移植を認める。

「これだとなかなか進まないよ」といらだつ人もいるかもしれない。しかし、脳死者からの移植が広まるためには、患者さんたちの事情が伝わることが必要なので、患者さんたちがもっと声をあげていけば、少しずつ提供者も増えるはずだ（マスコミも協力してほしいところ）。

いまぼくの意見を述べてみたけれど、これに「普遍性」があるかどうか、自分でも自信があるわけではない。しかしぼくがいいたかったのは、異なった利害をちゃんと考え合わせて、どこかで調停しうるような考え方と言葉をつくろうとする態度の大切さなのである。

そしてこういう態度の「有効性」は、大きな政治や社会問題にかぎらない。

私たちは、他人との関係のなかで生きている。家族や、友人関係や、会社や、自分たちのサークル。集団や関係は、悦びを与えてくれる面もあるけれど、とても息苦しいものになることもある。関係の悩みこそ、私たちの悩みの半分くらいをしめている、といってもいいかもしれない。

次の章では、ヘーゲルの述べてきた「理性と普遍性」の態度を、私たちが関係を楽しくするための「技術」として捉え直してみようと思う。

終章　ヘーゲル哲学をどう受けつぐか

社会的な課題と実存的な課題

『キリスト教の精神とその運命』『ドイツ憲法論』『精神の現象学』『法の哲学』。これらの草稿や著作を読みながら、私たちはヘーゲルの思想の歩みをたどってきた。

ぼく自身は、この歩みについてふたつのことを考えてしまう。ひとつには、ヘーゲルという人は、自分の理想を生きつづけさせるために、とてもタフな思想の流儀を編み出してきたのだなあ、という強い印象である。たしかに『法の哲学』において、彼は最終的に、自由の夢よりも国家的統一を選択した。彼の共同性の理想も、国家への貢献という歪んだものになってしまった。しかしそれでも、彼の編み出した「思想の流儀」そのものは、まちがっていなかったとぼくは思う。「社会派」の思想家としては、ヘーゲルは巨匠の一人といっていい。

しかし同時に、若きヘーゲルがもともともっていた大切な課題を、体系期のヘーゲルは切り捨ててしまったのではないか。あるいは、その課題を十全なかたちで取り上げることをやめてしまったのではないか。他方でぼくは、そう思ってしまう。

私たちのだれもが、自分と共同性とのあいだの齟齬（そご）を経験する。しかし同時に、自分の存在がまわりの人から受け入れられること、愛され信頼されることを、だれもが求めている。そして最終的には、自分自身が自分の存在と自分の生を受け入れて肯定できること。このことを、だれもが必要としている。

それはどのようにして可能になるのか。――この問いを、若きヘーゲルは真剣に考えようとした。若きヘーゲルの思想がどこかで感動的なのは、そのためだ。しかし、体系期のヘーゲルはどうだろうか。たしかに『精神の現象学』では、自己意識から理性への進展が語られ、『法の哲学』では自由を根底にすえた制度論が展開されている。そこには、若きヘーゲルの問いがかたちを変えて生きつづけているけれど、しかしそれは、あくまで人類と社会のレベルにおいてなのだ。もちろん、人類や社会のレベルで自由と共同性の可能性を求めること、このことが無意味なはずはない。しかし、どんなに人権が承認され、国家の抑圧性が少なくなったとしても、自由と共同性を求め、さらに自分自身を「肯定」するという課題は、個々人の実存的な課題として残りつづけるだろう。

この最終章で考えてみたいのは、ふたつのことだ。

まずひとつは、ヘーゲルが訴えようとした「理性と普遍性」の態度を、私たち自身が自由と共同性を実現するための技術として、受け取りなおしてみたい（1）。次に、ヘーゲルが着想した「欲望と社会制度の論理」を拡張して、私たちの実存的な課題を含めて問題にできるようにしてみたい（2）。

1　理性と普遍性の意味について

タフな思想の流儀とは〈理性〉のことでもある

ヘーゲルが自覚的に自分の思想の流儀を確立したのは、『ドイツ憲法論』のときだった。そこで彼はこう問うていた。〈もし人が、ある人間性の「理想」を抱きながら、それを現実のなかに見出せないとき、彼はどうすればよいのか〉と。

例えば、愛を知らない人に愛を説いても、無駄ではないのか。愛による人間解放を夢見ていた若きヘーゲルはそう考えたこともある。〈「義しさ」にしか価値を見出さない精神は、愛と悦びから行為することを知らない。いくら愛を説いても、わからない人にはわからない〉

愛ということでなくても、私たちがそういうふうに感じることは多い。「しょせんあいつらにはわからん。ぼくが一所懸命伝えようとしたって、無駄なことさ」

つまり、ヘーゲルのいう理想と現実との対立は、そのまま、自分と共同体（他人・集団・社会）との対立・齟齬を意味してもいる。

人が生きていく、ということは、人間関係や共同体に対する憎しみや齟齬を経験することでもある。私の存在が拒否され、受け入れられないと感じる。そこから、共同体と他人を蔑(さげす)んで、「あいつらはバカだ、俺だけがわかっている」と思い込むこともある。

逆に自分自身のほうを蔑んで、「ぼくはみんなのようにできないダメなヤツだ」と思い込むこともある。

ヘーゲルは、この理想と現実の対立、つまり自分と共同体との対立を、そのまま放置してはおかなかった。「理想が理想のままにとどまるならば、それは無力だ」と考えたからだ。そしてこの対立を超え出るためにこそ、「時代の精神」という場所を設定したのである。

自分の理想には時代的な根拠があるはずだ。そう彼は考えた。自分が抱いてきたのは、たんなる自分だけの妄想ではないはずだ。そう確信できたからこそ、彼はそれまでの自分の理想（自由・愛・共和制）を、時代精神の歩みという地盤のなかでもう一度検証し、鍛え直すことをみずからに課すことができた。そして、その理想を実現するための具体的な条件を探ることができた。ヘーゲルはそれ以後、この道をまっすぐに進んでいったのだ。

ヘーゲルはおそらく、自分のとってきたこの態度を、『精神の現象学』のなかで「理性」と呼んだのだ。〈自分の理想や正義には普遍性があるのか〉と問いかけて鍛えていこうとする態度。理性とは客観的な真理を獲得することではなく、そういう「態度」のことなのである。

相手のことがわかること、自分が受け入れられること

「しかし」という人がいるかもしれない。「ヘーゲルはそうできたかもしれない。けれど、私にはそうできるとは思えない。なぜなら、私の理想や私の不幸は、とても共有されるはずがないからだ。『時代の精神』なんてものを私は信じない。もしあるとしても、それは大衆の醜く傲慢な態度だろう。そんなものに私は身をすりよせる気は、毛頭ない」

——じつはこれは、他人事(ひとごと)ではない。ぼく自身が二十代半ばくらいまで、やはりそう考えていたからだ。ちょっと自分のことを話させてください。

ぼくは大学院の入試に落っこちてしまって、そのあとしばらく、塾教師のアルバイトをやりながら暮らしていたことがある。将来の展望もなく、社会変革の夢もよくわからなくなりながら、毎日青年ヘーゲルの草稿を読んでその訳を大学ノートに書きつけていた。それだけを自分の支えにしていたのだ（うーむ、暗かった）。

そのころのぼくは、世間と大衆を憎んでいた。世間は、資本主義の支配する場所であって、権力と金だけが物をいうところだと思っていたからだ。そして、よくわからなくなってはいても、「ともかく考えようとしている自分」にひそかに優越性を感じていた（というより、それ以外にすがるものがなかった）。

そういう感覚がほどけてきたのは、まったくの偶然からだった。当時はまだ、ただのアンチャンだった竹田青嗣さん（NHKブックスで『現象学入門』を書いている人です）と友だちになって、彼の参加していた和光大学の自主ゼミ「民族差別論」に、ぼくも参加することができたのだ。

このゼミの人たちは、外部から参加してきたぼくのいうことをきちんと受けとめてくれた。だれの発言に対してもきちんとその中身を聴き取ろうとし、疑問があれば率直にいってみる。そういう態度を彼らは身につけていた。そこでは、在日韓国・朝鮮人の差別問題だけでなく、家族関係や個々人の悩みについても、様々なことが話されていた。

ぼくは、自分の言葉がきちんと受けとめられることにとても驚いて、ほんとうにうれしく思った。それはいまでも、忘れることができない。そしてその過程で、ぼくはこういうことを思うようになった。

〈人間はそれぞれ、その人なりに苦労したりしながら、生きるための努力を続けている。ぼくだけが苦労しているわけでもなく、ぼくだけが偉いのでもない〉

〈ぼくだけの悩みと思っていたものは、意外にそうではない。他の人も、大なり小なり、同じような悩みを抱えている〉

〈これまでのぼくは、「自分だけがわかっている」と思うことで、他人との関係をほんとうに大切なものとは思っていなかった。しかし、その態度はむしろ自分を貧しくさせていたのだ〉

それと同時に、〈だれかを批判するときには、相手の事情をくみとったうえで相手に通じるような言葉をつくらなくてはならない〉。強くそう思うようになってきた。なぜなら、相手のことがわかること、相手を信頼できること、自分が受け入れられていると感じること、そういう悦びをぼくが必要とするようになったからだ。

つまり、関係の悦びを求めるからこそ、言葉を鍛える意味がある。——自分に不満があるならそれは何かよく考えてみること、相手の事情を考えあわせてみること、そのうえで、最終的に相手に通じるような言葉をつくろうとすること。そういう「言葉のモラル」についてぼくは何度か語ってきたけれど、それは別に「義しい態度」を意味しない。むしろそれは、関係の悦びを深くしていくための「技術」なのだ。

もちろん、言葉を鍛えたからといって、他人がそれをそのまま受け取ってくれるとはかぎらない。とくに職場のようなところでは、いかに自分が懸命に「みんなにとって」を考えたとしても、それが通るかどうかは上司次第かもしれない。また、友人関係やサークルのような比較的自由な場面でも、関係がシガラミになっていてなかなか動かせなくなっている場合もあるだろう。

ではどこまでがんばるか。これはまったく、その人次第なのだと思う。動かせないならあきらめて別の場所を探してもいいし、この場所は大切だと思ってがんばってもいい。「どうすることが自分にとっていちばんよいのか」ということだけが、問題だからだ。

ヘーゲルのいう〈理性〉の意味

ヘーゲルが『精神の現象学』で語ろうとした「理性」や「真実の良心」も、その内実は、ぼくがいまいったこととそれほどどちがってはいない。

良心は最終的に、自分の判断を他者に向かって開くことを決意した。それは良心が、自分のなかに「共同的であろうとする意志」を自覚したからだった。しかし、共同的であろうとする意志、とは何だろうか。それは、「関係の悦びを求めようとすること」と同じことではないだろうか。

ヘーゲルはそのことを、うまくいえなかったかもしれない。自己意識から理性への進行は、あたかも意識の「正常」な発展のようにみえるし、理性こそ「義しい」態度である、と主張しているようにもみえる。しかし、ヘーゲルが良心の箇所で語ろうとしたのは、あきらかに「普遍性を考慮する理性の態度の根っこは、関係の悦びを求めようとする意志にある」ということだ。

だから、ヘーゲルのいう理性とは、「義しい態度」でもなければ、「普遍的真理を把握しうる特権的な場所」でもない。関係の悦びを求めるからこそ、「私にとって」だけでなく「みんなにとって」という視点をもとうと努め、自分の判断を他者に向かって開こうとする。そういうことを、ヘーゲルは（とてもわかりにくい言い方で）語ろうとしていたのだ。

こういう理性の態度は、相手との直接の関係だけにかぎらない。社会という大きな場面に関しても、同じことがいえるからだ。自分の掲げる理想や正義は、ほんとうに人々の生きている実情をくみとっているのか。その点を考慮に入れてはじめて、自分の正義は受け入れられる可能性を広げることができる。自分の考えを人々に受け入れてもらいたいと願うこと、そして、人々に絶望してしまわないで（「あいつらはバカだ」にならないで）、人々に対する信頼を自分のなかにもちたいと願うこと。人々と新たな共同関係を取り結びたいと願うこと。そう願うからこそ、自分の正義が「独善」にならないか、とチェックする意味がある。

だからこの態度は、どこかに「大衆の意識」を想定したうえで、それに身をすりよせることとはちがう。またこの態度は、社会や集団を批判するときに「やさしいソフトな言い方」をしましょう、ということでもない。とても厳しい批判であってもいい。しかし、外側から嘲笑うように批判するのはよくない、とぼくは思う。

ぼくの考えでは、批判の行為はほんらい、新たに共同関係を取り結ぼうとする行為であるはずだ。しかし、大衆からの距離をとるためだけの批判、自分の優越性を保つだけの批判、そういうものが眼につくことも多い。そのたびに、正直いってぼくはガッカリする。思想がそんなものになってしまったら、ほんとうにつまらない。

私たちはどういう集団性をつくっているか

しかしいまなお、「共同体」や「大衆」を悪口語にしたてあげて、そこから距離をとろうとする言説が力をもっている。それはなぜなのだろう。書き手の事情とは別に、それを読んで共感する人たちには、それなりの事情があるはずだ。

ぼくは予備校生の小論文や大学生のレポートを眼にする機会があるけれど、ときどきそこから「イジメの傷」のようなものを感じて、慄然とすることがある。直接にイジメにあったかどうかは別にして、集団性や共同性に対する根深い恐怖が伝わってくるのだ。〈変なふうに目立つと、いつイジメられる側にまわるかもしれない〉

そういう人が多数なのかどうかは、わからない。けれども、集団性や共同性というものがつねにある制約や要求を課してくる場であり、そしてなによりも、そういう「場の空気」をつねに配慮しなくてはならない、と感じられること。これはおそらく、若い人たちにとって（ひょっとすると「大人」にとっても）かなり一般的な感覚なのではないか、とぼくは思っている。

率直に意見をいいあって、集団をもっと楽しく気持ちよい場所にしていく。自分たちで集団をつくりあげていく悦び（自由で共同的な感覚）を感じとる。そういうことができないだけでなく、想像すらできない。こうなると、集団はただひたすら「疲れる」場所になってしまう。集団から離れて一人になったときにはじめて自己を回復する、または、ごく親しい何人かのあいだでだけホッと息をつく、ということになる。もしそうだとすると、これはすごく不幸なことだ。

私たちは学校や職場などの「集団」をどのように経験しているのか。暗々裏のルールも含めて、集団はどのようにつくられているのか。そこでは、何が得られて、何が苦痛になるのか。そういうことを考えてみる必要がある。ぼくにはその能力がないけれど、この作業には大切な意味があるはずだ（社会学の人たちがそういう仕事を本気でやってくれないだろうか)。

〝私の不幸〟が共有されないこと

もうひとつ、ぼくが考えていることがある。それは、ヘーゲルの時代とちがって、私たちの生きている時代には、私たち一人一人の悩みや不幸を結びつける「共通項」が存在しない、ということだ。

ヘーゲルの時代には、戦争もあったし、自由を押しつぶそうとする権力も実感できた。そういう時代には、人々は、自分たちの苦しみの共通の「原因」をみてとることができるし、そして、それをともに乗り越えようとする共通の「夢」を抱くことができる。共通の夢や理想に向かって走っているかぎり、私たちは孤独ではないだろう。

しかしいまの私たちは、そういうふうに生きてはいない。一人一人が、それぞれにちがったものを求めて生きている。そして、一人一人がそれぞれの困難や不幸を抱えている。〈私の不幸はあくまでも私の不幸であり、他人と共有できるものではない〉、こういう感覚で生きている人は、とても多いと思う。

信頼できる友人や恋人、あるいは家族がいて、自分の生き方の全体をどこかで見守っていてくれる、と実感できるなら、その人は幸せだ。しかし、友人や恋人とともにいたとしても、私のなかの「いちばんかんじんなこと」は語れないし語るものでもない、と感じている人もいる。平穏に仕事をして家族と暮らしながら、しかし、ふと孤独になる

こともある。〈私の不幸は、私だけにしかわからない〉

もちろん、だれの手も借りずに、自分自身が力を出して乗り越えなければならないことだって、人間にはある。けれど、「私の不幸」と「それに対面する私」という、この二項のなかに封じ込められたまま生きつづけるとしたら、これはとても苦しいことだ。

ぼくは、こんなことを考えるときがある。「神様(お天道様)がいて、私を見ていてくださる」。そう信じられることは、どんなに人間を楽にしただろうか、と。

近代の思想は、神のような「人間の生をはるかに超えたもの」を追放してしまった。それは固定的な規範や道徳を要求し、人間の自由な生を制約する。そう感じられたからこそ、神は滅ぼされてしまったのだ。しかしそれが、自分の生をはるか彼方から眺めおろす、そういう視点を人間に与えていたのもたしかなのである。

「私の不幸と私」、つまり「私の生」を、つきはなして眺め返せるような視点。そういう視点は、いまの私たちには、どこから与えられるのだろう。

〈一人一人の人間が、様々な場所で、様々にちがうものを求めながら、様々に生きている。生まれて、わずかな時間を生きて、そして死んでいく者として、人間はともに存在している。そういうなかの一人として、自分もまた生きている〉。そういう「ともに存在している」という開けた地平の感覚を得られるかどうかが、大切なのではないか。逆にいうと、「他の人も自分と同じように生きている」という感覚がもてなくなるとき、私の孤独は耐えがたいものになるのではないか。ぼくはそういうことを思う。

文学や音楽は、ときに、「ああ、ここにも人が生きている」という感覚を与えてくれることがある。生き方が大きくちがっていても、深い共感が生まれることがある。思想の営みも、そういう働きをすることができるかもしれない。いや、そういうものでなくてはならない、とぼくは思うのだ。

それはしかし、無理やり共通の夢を捏造(ねつぞう)すること、とはちがう。私たちの個々の実存的な問題をともに考え合うような営み。私たちの社会的な課題をともに考え合うような営み。そういう営みが、「人間はそれぞれに生きる努力を続けているんだ」という人間に対する信頼の感覚、また、「それぞれちがった仕方で、しかしともに生きているんだ」という感覚をつくりだせるかどうか。そのことが問われている、とぼくは思う。そしてぼく自身が、この感覚を切実に必要としている。

「私と私の不幸」のなかで生きている。だれにもそれは理解されることがない。――こういう感覚は、とくに知的な優越性に自信をもっている人の場合、容易に「大衆嫌悪」に転化してしまう。しかしそのときの大衆という言葉には、もう、一人一人がそれぞれの場所で生きているという実感が失われている。たんなるマスとしての大衆しか、そこには想定されていないのだ。しかしこれは他人事ではない。そういう在り方をどう超えていけるのかということ、これはぼく自身の個人的な課題でもあるし、私たちの時代の課題でもあるのだ。

『精神の現象学』のヘーゲルがいおうとした理性と普遍性の態度を、ぼくは、そういう努力へのうながしとして、受け取り直してみたい。共同性からたえずズレを感じてしまう人間が、それでも、ともに生きているという感覚を取り戻そうとする努力。そういう努力として受けとめてみたいのだ。これは、とてもわかりにくくなっているけれど、『精神の現象学』という「体系」のなかにヘーゲル自身が込めた願いだった、とぼくは思っている。

2 人間存在と社会制度の関わりについて

〈事そのもの〉というゲーム

ヘーゲルは、人間存在と社会制度との関わりについて、非常に強力な考え方をつくりだした。これを最後に検討してみよう。彼自身は、人間存在を人類と社会の視点からしか問題にしなかったけれど、この考え方をつくりなおして、個々人の実存についても問題にできるようにしてみたいのだ。

『精神の現象学』の理性の章に、〈事そのもの〉という概念が出てきたことを思い出してほしい。何かの意義ある物事をめざして、諸個人が様々に自分の作品をつくって競い合う。〈事そのもの〉とは、そういう「ゲーム」のことだった。ヘーゲルはこの概念によって、人間の欲望というものがたんなる身体的な快・不快にとどまるものではなくて、〈ある種のゲーム（競い合い）を通じて何かを得る〉という構図をもっていることを示したのである。

ヘーゲルはこのように、「自由な競争」ということを、人間存在にとって不可避なこととして認定しようとした。ぼくは彼の考え方に基本的に賛成するけれど、ここに欠落した部分があるのもたしかだと思う。

例えば、子どもが友だちと何かの遊びをしているとしよう。そうすると、じょうずな子もへたな子もいる。へたな子はくやしさをかみしめながら、うまくなろうとして懸命にがんばったりする。ゲームは残酷な面があるけれど、競い合いがあるから楽しいというのは否定できない事実である。スポーツでも、音楽でも絵でも同じ面がある。

しかし問題となるのは、私たちが「やりたいからやる」というかたちでゲームに参加するとはかぎらない、ということだ。学校のなかでは、成績と体育のよくできる子が評価される（友だち関係では、また別の能力が評価される）。市民社会というゲームの場に出ると、仕事がよくできること、収入が高いこと、有名であること、が圧倒的に評価される。そしてとうぜん、オチコボレも出てしまう。

つまり私たちは、ある種のゲームにいやおうなしに参加させられる。そしてそのゲームは、全員のなかに共通な欲望（成績がよくなりたい、有名になりたい）を生みつけるけれど、それを満足させられるのはごく一部の者だけなのだ。

だから、自分の「欲望」とそれが満たされない「現実」とのあいだの齟齬を、多くの人たちが経験することになる。そこになんとか折り合いをつけて、自分なりの悦びと生きがいを発見することができないなら、その人はずっと不幸なままだろう。しかしヘーゲルは、そういう個々人の実存的な課題に対しては一言も語っていないのだ。

競争から離れて生きることはできない

自由競争を是とする近代社会は、自給自足の平穏な生活を打ち破ってこのようなゲームを拡大していく社会でもあった。そして、様々な「近代批判」の言説の多くがこの事実に対して向けられてきた。

その最初の人は、ルソーである。彼は『人間不平等起源論』（一七五五年）のなかで、〈人間は文明社会の競争のなかで、過度な「自尊心」に駆り立てられている〉と鋭く指摘した。文明社会に生きる人々は、自尊心にかられて、自分の「存在の感情」を社会的な上昇過程（富・身分・権力・名声の獲得）において得ようとする[1]。だから、いつもあくせくして自分自身に満足することができない。ルソーにとって、権力者の一方的な命令に従わねばならないことも「不自由」だったけれど、本質的には、こういう自己喪失こそ不自由であり、「奴隷状態」だったのだ。

ポスト・モダニズム（とくにドゥルーズや浅田彰）の考え方も、こういうルソー的な批判を徹底的に推し進めようとしたもの、といえるだろう。〈共同体は「かくあるべし」という価値を人間の内部に生みつける。人間はニンジンを眼の前にぶらさげた馬のように、ただひたすらそちらのほうへと走りつづけることになる〉

このような「自尊心の奴隷状態」から、人間はどうやって抜け出ることができるのか。ルソーはそのために、有名な教育論『エミール』（一七六二年）を書いた。

　これは、孤児のエミール君を、田舎で（つまり、あらゆる競争的な社会関係から隔絶した環境で）ルソーらしき家庭教師がマン・ツー・マンで育てていく、というストーリーになっている。そこでルソーはこう強調している。「わたしたちの欲望と能力との間の不均衡のうちにこそ、私たちの不幸がある」[2]

〈競争関係、つまり「ゲーム」に入り込むならば、私たちは能力以上の過大な欲望を植えつけられる。それこそが不幸のもとなのだから、競争関係を断った場所で子どもを育てて、純粋に内発的な欲望にだけ従うようにさせればよい。こうすれば、子どもは自由になれるだろう〉――ルソーの戦略は、こういうものだった。

　しかし、この戦略はうまくいかないだろう。社会関係を断ったところでの「純粋に内発的な欲望」というものを、私たちは想定できないだろうから。〈社会のなかに存在するゲームに投げ込まれて、そこでなんらかの欲望を育てられる〉ということは、人間にとっては本質的なことなのだ。だから、あらゆる共同体の価値観に染まらないように逃走しつづける、というポスト・モダニズムの戦略も、やはり無理なのだ。では、私たちはどういう戦略を立てればいいのだろうか。

　私たちは、市民社会というゲームを含めて、様々な競争関係を含むもろもろのゲームの存在を「否定」することはできない。それよりも、ゲームの質を少しずつ変えたり、新たなゲームを創出することを考えるべきなのだ、とぼくは思う。そしてそのためには、自分の求めるものを検証し直す、ということが必要になるはずだ。

ゲームの「ルール」と「得られるもの」

社会学者の橋爪大三郎さんは、社会の様々な「制度」を、野球のような「ゲーム」になぞらえて分析する、という方法を推し進めようとしている（『言語ゲームと社会理論』『仏教の言説戦略』、ともに勁草書房）(3)。これは直接にはヘーゲルとはなんの関係もないもので、哲学者ウィトゲンシュタインの〈言語ゲーム〉の考え方を彼なりにつくりなおしたものだ。橋爪さんの考え方がすぐれているのは、ゲームにともなう「ルール」ということに着目している点である。

どんなゲームにもルールがある。例えば野球というゲームには、ルール・ブックに書かれているような公式的なルールがある。しかしそれだけではなく、戦略上の様々なルールや相手に対する礼儀のようなものを含めて、様々なルールのもとにゲームが営まれている。ルールには、はっきり意識されているものだけでなく、暗々裏のものも多いのだ。

ぼくの考えでは、このようなゲームに参加することを通じて、人々は「何か」を受け取っている。野球の場合、「勝つこと」をめざすのはもちろんだけれど、そこで受け取る悦びの質は人によってだいぶちがっているかもしれない。しかしおもしろくなければそのゲームに参加している意味がなくなるから、そのうちにその人はやめてしまうだろう。

しかし、やめてしまうだけが解決法ではない。あるゲームが「つまらなく」なったときには、新しいルールのもとで新しいゲームをつくろうとする動きも、出てくるだろうから。短歌のゲームをかったるいと思った人たちが、ルールを改めて俳句という新しいゲームをつくったように。

つまり、〈人間は、あるルールのもとであるゲームを営むことによって、そこからなんらかの悦びや可能性を受け取っている〉〈あるゲームがつまらなくなったり、むしろ苦痛をもたらすものとなったなら、新たなルールのもとで新たなゲームがつくりだされる可能性がある〉。こういうふうにまとめていい。

社会の様々な制度をひとつのゲームとみなしたうえで、それを、そこでの「ルール」とそこから「得られるもの」という観点から分析してみる。この方法には非常に大きな有効性がある、とぼくは思う。

例えば、「学校」という制度は、そのなかを生きる人たちにどのような悦びや可能性を与え、また同時に、どのような苦しさを与えているか。暗々裏のルールをも含めて、そこでのルールはどういうものになっているのか。それをどう改めることが望ましいのか。そういうことを明確に問題にすることができるからだ。「家族」という制度は、ヘーゲルもいったように、競争関係とはちがう（それはむしろ、愛情と信頼を目的とする）。

しかしこれもあえてゲームとみなしたうえで、そこでのルール、あるいは、夫と妻と子どもそれぞれにおけるルールの了解の「ズレ」を問題にすることができるだろう。

ヘーゲルの『法の哲学』は、社会制度を、それを通じて「得られるもの」という観点から考えようとするものだった。家族では「愛情と信頼」を、そして市民社会では「私的利益」「自主独立の誇り」「一人前としての承認」を、人は求めるのだった（補足しておくと、ヘーゲルは、市民社会で競争して承認を求めることと、家庭で自分の存在が「丸ごと」肯定され承認されること、このふたつの欲望をおぎないあうものと考えていたように思う。おそらくこのふたつの欲望は、人間にとって本質的なのだ）。このように、人間の欲望と社会制度とを相関的に考える発想を最初に明確にしたのは、ヘーゲルの功績だといっていい。

しかし『法の哲学』の目的は、社会制度の「正当性」を論証しようとすることに向けられていた。だから、「家族の制度とはこういうものであるべきです」とはいっても、「家族を生きる」ことの困難や矛盾を取り出してみる、という方向をもたなかった（市民社会の箇所には、そういう方向があるけれど）。

私たちは、家族・学校・企業社会などを生きている。そのおのおのの場面のなかで、共通の困難があるとすればそれは何か。それはどのようにして改めていけるのか。私たちは、そういう方向でもって、ヘーゲルの着想を受けつぐべきなのだと思う。その点で、橋爪さんが提起している「ルール」に着目する方法にはとても大きな可能性がある。

自分の求めるものをはっきりさせ、世界を変えていく

この考え方はゲームのなかを生きる個人にとっても、とても大きな意味をもつ。それは、〈自己了解を介してゲームをつくりなおしたり、新たなゲームを創出する方法〉を示唆してくれるからだ。

私たちは、ゲームに参加することの自分にとっての意味は何か、と問い直すことができる。そういう、自分に対する問い直し（自己了解）によって自分の求めるものをはっきりさせることができれば、ゲームのルールを少しずつ変えたり、新たなゲームを創出したりすることもできるはずだからだ。

あるゲーム（会社、サークルなど）に参加することで、自分は何を求めているのか。どういう悦びや可能性を求めているのか。このことをはっきりさせるのが、大切だ。つまり、「自分が欲しいものは何か」「自分が不満なのはどこか」を、ていねいに自分自身から聴き取ろうとしてみること。

これがはっきりすると、自分のとるべき態度も明確になってくる。「この集団をやめて別の集団をつくろう」──「自分の求めるものを実現するためにみんなに働きかけてみよう」と思う場合もあるだろう。とくに、何かの集団を営んでいて、しかも「集団から得ようとするもの」についての了解が人によって大きくズレている場合、様々なトラブルが起こりやすい。しかし、自分が働きかけてその了解を一致させることができると、ル

ールを変更してその場をもっとおもしろくすることができる。

そして、自分が新たに場面をつくろうとしたり、ルールの変更を提起したりするさいには、自分の求めるものだけでなく、みんながどういうふうに感じているのかをきちんと視野に入れること、そしてみんなのいうことをきちんと聴く耳（つまり「理性的」態度）が大切なのは、もちろん。このようにして、〈ルールを変更したり新たなゲームを創出したりすることで、生きる悦びを拡大すること〉。このことを、私たちは少しずつでもやっていくことができるのだ。

市民社会は、能力・収入・有名さが評価される場である。それは、これからも変わらないだろう。しかし収入を削ってもこれがおもしろいからやっていこう、と思うなら、そういう生き方を選択することもできなくはない。私たちの生きている社会は、個人が自分なりの悦びを追求することをかなりの程度許容するようになっている。その意味で、おもしろい場をつくりあげて社会性の悦びを味わうことは、以前にくらべてずっとやりやすくなってきた。

「この社会はつまらない」とブーたれるよりも、自分がどうやっておもしろい場所を、どうやって美しいものを生み出せるか、と考えるほうが健康的なのだ。もしパワーがある人なら、そういうふうに努力するほうがいいとぼくは思う。

自己了解は自分のルールを自覚すること

いま、「自己了解」ということを取り上げたけれど、これもまた、自分が自分に対して営む一種のゲームである、と考えることができる。

いままで述べてきたように、人間は様々な社会的なゲームを営みつつ、それぞれから異なった悦びや可能性（や苦しみ）を受け取っている。そして、おのおののゲームから自分が受け取っている悦びや可能性を、改めて了解し直すこともできるのだった。

しかし、人間の自己了解の営みは、そういう面だけにかぎらない。

というのは、人間は「自分自身」と向き合う存在でもあるからだ。様々なゲームから様々なものを受け取りながら、それらを全体としてひっくるめた「自分自身」に対しても、私たちはつきあっている。

例えば、いままでの自分をふりかえってこれからの人生を考えるときがある。自分自身として納得できる人生をおくりたいと思うからだ。また、自分自身の生き方を少しでも美しいものにしたい、と願うこともある。「ぼくのあのときの態度は醜かったなあ、もっとこういうふうにありたい」

つまり私たちのなかには、「自分自身への欲望」ともいうべきものがあるのだ。もっと美しい生き方をしたい、もっとこういう自分でありたい、と私たちは願いながら、自分自身とつきあっていくのである。

このような「自分自身とつきあうゲーム」には、やはりそれなりのルールがある。私たちは自分に対してなんらかのルール（価値観、美醜の意識と考えていい）をもっていて、それにもとづいて自分自身の様々な感情や欲望に対処し、自分の行動の方向を決めているのである。しかし、その自分のルールがどういうものか、ということをふだんはあまり自覚していない。しかし何かをきっかけにして自分のルールに気づき、「これではかえって苦しい」と思ったり、「こっちのほうがもっと素敵だ」と思うことがある。

　例えば、自分自身に対してあまりにも高い理想像をもっているときには、自分とのつきあいはなかなかうまくいかないはず。これは、あまりにも厳しいルールによって自分を裁くゲームになってしまうからだ。また、その理想像を他人にも要求するために、結局他人との関係がうまくいかない場合もある。そういうときには、いままでのルールを改めて、もっと生きやすいルールに変えることもありうるわけだ。

　このように、〈自分自身のルールを自覚してそれを改めようとすること〉を、とくに強い意味で「自己了解」の行為と呼ぶべきだろう（この意味での「自己了解」は、『精神の現象学』のヘーゲルが「反省」といっていたものの言い換えでもある）。

　私たちは、自分との関係のなかで様々な困難を抱え込むことも多い。自分をひどく責めさいなんでしまうこともある。自分のなかに様々な傷を抱えていて、それがなかなか癒えないこともある。だから、自分自身とつきあっていくためのより望ましいやり方を、だれもが求めているはずだ。しかしこれはとても語りにくいことでもあるし、「そもそも人に語るべきものではない」と思っている人も多い。

　くり返し述べてきたように、自分との関係のとり方は、なんらかのルールをもったゲームになっていて、つまりそれなりの「型」をもっている。これには、文化的にも、世代的にも、また個々人によっても様々な型があるはずだ。そして「自分は特別」と思っていても、意外にそうではないことのほうが多い。

こういう自分との関係のとり方について考えてみること。互いの自己了解を交換する（話し合う）ことによって、他人がどうやって生きてきたのかをわかろうとすること。そういう過程をとおして、自分との関係をより望ましいものにつくりかえていくこと。こういう営み自体が大きな悦び――自分自身を理解する悦びと他者を理解する悦び――になるはずだ。そしてこれは「社会的課題」には還元できない、思想のもうひとつの課題になりうるものなのである。

註

文庫版まえがき

（1）Kant, E, Grundlegung zur Metaphysik der Sitten, PhB, S.54f.

（2）独仏の小さな村の詳細については、トヨタ財団への報告書「小規模自治体の固有性・持続可能性を支える自治の諸相の実証解明」（二〇一五年）を参照されたい。https://www.toyotafound.or.jp/research/2015/data/D15-R-0519KeijiroYamada.pdf

　また、日仏だけの事例となるが、山田・藤倉・羽貝・西・エヴラン＝勝木「『地域の物語』の再生と自治の諸相――公共圏的空間、風景、ローカル・ガバナンスを巡る日仏構造比較」（二〇二〇年）では、私たちの共同研究の最近の成果がまとめられている。https://doi.org/10.4000/paysage.13481

（3）ヘーゲルの『法の哲学』の国家は「立憲君主制」であって、議会制民主主義とはいえないものとなっている。そして〈一般意志〉も議会によって形成されるのではなく、優れた官僚が洞察するものとされている（そうなっている理由は、本書第六章にも述べているように当時のプロイセンの政情とも関係している）。しかし中間集団の設定の面からみても、『精神の現象学』におけるヘーゲルのもともとの志向からみても、〈一般意志〉の形成と実現を国家の基本的な役割とみなしていたことは疑いを容れない。つまり、自由を核心とし〈一般意志〉の実現をめざすという点では、ヘーゲルの社会・国家を「民主主義的」なものとみなすことは許されると考える。

(4)〈存在の承認〉が成り立つためには、対話だけでなく〝ともに活動する〟ことも重要である。子どもの発達の面からみるならば、いっしょに遊ぶなかで感情をやりとりしたり共振したりすることが、対話的なやりとりができるための前提になる。

また、東京都の台東区・墨田区・新宿区を中心に単身困窮者の支援を行っているNPO「ふるさとの会」では、グループホームでの共同居住のさいに、トラブル・ミーティング(利用者どうしが不満や困り事を率直に出しあう対話関係)を積極的に行い、「互助関係」をつくるさいのカナメとして重視している。しかし、心が傷つき対話がつらい利用者の場合には、職員と利用者や、利用者どうしが〝ともに活動する〟ことを大事にしているという。同会の優れた支援論については、的場由木(著)・佐藤幹夫(監修)『「生きづらさ」を支える本』(言視舎、二〇一四年)を参照。

また、地域における〈一般意志〉の形成においても、「率直な対話」と「ともに活動すること」とは、車の両輪として考えるべきだろう。

(5)現代実在論については、岩内章太郎『新しい哲学の教科書』(講談社選書メチエ、二〇一九年)及び、同著者による『〈普遍性〉をつくる哲学――「幸福」と「自由」をいかに守るか』(NHKブックス、二〇二一年)を参照されたい。後者は、現代実在論を乗り越えるものとしてフッサール現象学を位置づけることを試みた労作である。

(6)フッサール現象学の意義と哲学対話へのその応用については、拙著『哲学は対話する』(筑摩選書、二〇一九年)、竹田青嗣・西研編著『現象学とは何か』(河出書房新社、二〇二〇年)を参照されたい。ヘーゲル哲学のコメンタールとしては、竹田青嗣・西研『完全解読 ヘーゲル『精神現象学』』(講談社選書メチエ、二〇〇七年)、竹田・西『超解読! は

（7）政治状況の急変とは次のようなものである。自由主義的で愛国主義的な学生団体「ブルシェンシャフト」の過激派の学生ザントが、一八一九年三月、保守的でロシアのスパイとして学生から憎まれていた劇作家コッツェブーを暗殺するという事件が起こった。これに対して、オーストリアの宰相メッテルニヒはドイツ連邦内の自由主義とナショナリズムを抑え込むために、カールスバートに連邦の主要国の大臣会議を招集し、一切の学生団体の禁止、大学への監督官の常駐、出版物の検閲などの言論統制と大学への監視強化を要請した。これは九月二〇日にドイツ連邦議会で採択された（カールスバートの決議）。これによって、ドイツのブルシェンシャフト運動は厳しく弾圧されることになり、ヘーゲルの弟子や関係者からも逮捕者が出る事態となった。

ヘーゲルはほぼ出版できるまでに完成していた『法の哲学』の出版を約一年遅らせているが、その間に内容をより国家主義的で、当時の官憲に受け入れられやすいものに改訂したことが想像される（福吉勝男『自由と権利の哲学——ヘーゲル「法・権利の哲学講義」の展開』、世界思想社、二〇〇二年、二三〇頁以下を参照）。

また福吉は、それまでの講義録と完成した『法の哲学』の内容の相違について、次のようにまとめている。「講義録では立憲君主制の立憲部分が強調され、議会の議員の選挙、議会における討論の公開、議会における与野党の政策上の議論・対立、言論の出版の自由、などの必要性と重要性とが国民の「自由と権利」の発展と擁護のために強調されていた。これに対して、公刊著作すなわち『要綱』［『法の哲学』の正式名称は「法の哲学の要綱」、または自然法と国家学の綱要」である。西註」においては君主制の権限が際立って強調されていた。要するに、民主主義的原理を重視する「国民」の視点よりは君主を頂点とした「国家」の視点が強く打ち出されていたのである」（福吉勝男『自由と権利の哲学』、二三一頁）。

序章

（1）ヘーゲルからニートハンマー宛（一八〇六年十月一三日）『ヘーゲル書簡集』小島貞介訳、日清堂書店、一九七五年、七四頁以下。

（2）二八〇節の「追加」（学生のノートから採録した部分）には「完成した国家組織では形式的決定を行う頂点だけが重要であり、君主はただ『然り』と言ってただ最後のピリオドを打ちさえすればよい」とある。Hegel, *Grundlinien der Philosophie des Rechts*, Suhrkamp, Werke7, S.451. また、『ヘーゲル法哲学講義』長谷川宏訳、作品社、二〇〇〇年、五三七頁以下にも、君主はしばしばサインをしておくだけでよいという趣旨が述べられている。

第一章

（1）ルソー『社会契約論／人間不平等起源論』作田啓一・原好男訳、イデー選書、白水社、一九九一年、一〇頁。

（2）「社会契約論（ジュネーヴ草稿）」作田啓一訳、『ルソー全集』第五巻所収、白水社、一九七九年、二八〇頁。

（3）「一般意志のみが、公共の福祉という国家設立の目的に従って、国家のもろもろの力を指導できる［……］。なぜなら、個々人の特殊な利益の対立が社会の設立を必要としたとしても、その設立を可能にしたのは、この同じ特殊な利益の一致だからである。これらの異なった利益のなかにある共通のものこそ、社会のきずなを形成する」。前掲、ルソー『社会契約論／人間不平等起源論』、三三頁。

（4）『ヘーゲル初期神学論集Ⅰ』ノール編、久野・水野訳、以文社、一九七三年、二四一頁以下。訳文は少し変更した。Hegel, *Frühe Schriften*, Suhrkamp, Werke1, S.204f.

（5）ヘーゲルからシェリング宛（1795, 4/1）、前掲『ヘーゲル書簡集』二三頁。

（6）「国民宗教とキリスト教」前掲『ヘーゲル初期神学論集Ⅰ』、一一頁。Werke1, S.12.

第二章

（1）「宗教と政治は同じ穴の狢であった。宗教は専制政治の願う所を、人類の軽蔑を、何のよいことも人類には出来ない、自分自身の力では何にもなれないことを、教える」ヘーゲルからシェリング宛（1795, 4/1）、前掲『ヘーゲル書簡集』二四頁。

（2）ヘーゲル『キリスト教の精神とその運命』伴博訳、平凡社ライブラリー、一九九七年、二〇頁。Werke1, S.277.

（3）前掲、二四頁。Werke1, S.279.

（4）前掲、一一三頁。Werke1, S.345.

（5）前掲、一一四頁。訳文を少し変更した。Werke1, S.346.

（6）前掲、九二頁。訳文は西による。Werke1, S.333.

（7）前掲、一五〇頁。訳文を少し変更した。Werke1, S.363.

（8）Werke1, S.249. 訳文は西による。邦訳として『初期ヘーゲル哲学の軌跡——断片・講義・書評』寄川条路編訳、ナカニシヤ出版、二〇〇六年、三〇頁。
（9）「ドイツ憲法論」『ヘーゲル 政治論文集（上）』金子武蔵訳、岩波文庫、一九六七年、六四頁。Werke1, S.472.
（10）「第一草稿序文」前掲『政治論文集（上）』三六頁。訳文を少し変更した。Werke1, S.451f.

第三章

（1）「真なるものは全体である」は『精神の現象学』「序文」（Vorrede）の有名な言葉である。Hegel, *Phänomenologie des Geistes*, PhB, S.15. 大全集（Gesammelte Werke Bd.9）の頁づけではS.19. 以下、PhBでの頁はPhä, 大全集での頁はGW9と略記して示す。
（2）この「道具立て」については『現象学』の「緒論」（Einleitung）を参照。しかし『現象学』の全体から読み取れることも述べてある。

第四章

（1）Phä, S.126; GW9, S.107.
（2）Phä, S.135; GW9, S.115.
（3）Phä, S.139f.; GW9, S.118.
（4）Phä, S.155f.; GW9, S.131.
（5）Hegel, *Nürnberger und Heidelberger Schriften 1808-1817*, Suhrkamp, Werke4, S.121. 邦訳として『ヘーゲルの「ギムナジウム論理学」』海老澤善一訳、梓出版社、一九八六年、四三

頁。

（6）前掲 Werke4, S.『ギムナジウム論理学』四五頁。
（7）Phä, S.240; GW9, S.198.
（8）Phä, S.251; GW9, S.207.
（9）Phä, S.259; GW9, S.213.
（10）Phä, S.266; GW9, S.220.

第五章

（1）Phä, S.318; GW9, S.262.
（2）Phä, S.333; GW9, S.274.
（3）Phä, S.340; GW9, S.280.
（4）Phä, S.355; GW9, S.292.
（5）Phä, S.368; GW9, S.302.
（6）Phä, S.371; GW9, S.304.
（7）Phä, S.371; GW9, S.305.
（8）Phä, S.386; GW9, S.317.
（9）Phä, S.390; GW9, S.320.
（10）Hegel, *Vorlesungen über die Philosophie der Geschichte*, Suhrkamp, Werke12, S.529. 邦訳として、ヘーゲル『歴史哲学講義（下）』長谷川宏訳、岩波文庫、一九九四年、三五九頁。
（11）イエナ期の精神哲学については、二つの邦訳がある。ヘーゲル『イェーナ精神哲学』

尼寺義弘訳、晃洋書房、一九九四年。ヘーゲル『イェーナ体系構想』加藤尚武監訳、法政大学出版局、一九九九年。
（12）Phä, S.420; GW9, S.344.
（13）Phä, S.432; GW9, S.354.
（14）ジャン・イポリット『精神現象学の生成と構造（下）』市倉宏祐訳、岩波書店、一九七三年、二八八頁。
（15）Phä, S.436; GW9, S.357.
（16）Phä, S.437; GW9, S.358.
（17）Phä, S.440; GW9, S.360.
（18）Phä, S.442; GW9, S.362.
（19）Phä, S.441; GW9, S.361.

第六章
（1）ヘーゲル『法の哲学』§六二を参照。Werke7, §62, S.133.
（2）Werke7, §158 Zusatz, S.307f. なお「追加」（Zusatz）とは、編者が学生の講義ノートから採って、ヘーゲル自身の書いた文章のあとに加えたもののこと。
（3）Werke7, §173 Zusatz, S.326.
（4）Werke7, §175, S.327f.
（5）Werke7, §183, S.340. なお、ここでの訳文は、ヘーゲル『法の哲学Ⅱ』藤野・赤沢訳、中公クラシックス、二〇〇一年の同節の訳文を少し変更したものである。

（6）Werke7, §280 Zusatz, S.451.

（7）Werke7, §301, S.469.

（8）Werke7, §301, S.470. なお、出版された『法の哲学』では議会の地位は低く見積もられているが、しかしそれまでの講義録では、議会に大きな役割が与えられていた。「文庫版まえがき」の註7を参照。

（9）ヘーゲルの講義の研究の進展によって、自由主義と愛国主義を弾圧するという政治状況の大きな変化（一八一九年のカールスバート決議）のために、出版された『法の哲学』は講義よりも議会の役割を引き下げ、国家を重視する形になったことがわかっている。「文庫版まえがき」の註7を参照。

（10）二〇一五年の国連サミットで加盟国の全会一致で採択されたSDGsは、国際的な協力のますますの進展を約束しているかに見えたが、二〇二二年に始まったロシアのウクライナへの侵攻は、国家間の対立と緊張を大きく高めることになった。予断を許さない状況だが、国際社会が相互依存的なシステムとなっている以上、長い目でみるならば、国際間の問題を解決するための人類規模の政治制度に向けての人びとの努力がなされていくだろうと考える。

（11）社会を動かし得るという自由の実感は、残念ながら、この本を最初に出版した一九九五年以降、さらに縮小しているようである。五年ごとに行われる意識調査の報告である『現代日本人の意識構造［第九版］』（ＮＨＫ放送文化研究所編、ＮＨＫ出版、二〇二〇年）をみると、「結社・闘争性」の数値はますます下がってきている。様々な問題が起きたとき、自分たちで連帯してそれを解決しようとする姿勢を、日本の人びとはもたなくなってきていることがわかる。

終章

（1）ルソー「人間不平等起源論」、前掲『社会契約論／人間不平等起源論』二七六頁以下を参照。とくに二八一頁には「未開人は自分自身のなかで生きているのに、社会人はいつも自分の外にあり、他人の意見のなかでしか生きる事ができず、いわば、他人の判断のみから自分自身の存在感情をえているのである」という有名な言葉がある。

（2）ルソー『エミール（上）』今野一雄訳、岩波文庫、二〇〇七年（改版）、一三四頁。

（3）橋爪大三郎『言語ゲームと社会理論——ウィトゲンシュタイン・ハート・ルーマン』勁草書房、一九八五年。／橋爪大三郎『仏教の言説戦略』勁草書房、一九八六年。

引用・参考文献――読書案内を兼ねて

この本でのヘーゲルからの「引用」は、以下の翻訳を参考にしたうえでぼくなりに手を加えたものである。訳者の方々に感謝したい。ドイツ語原典は、G. W. F. Hegel, *Werke in zwanzig Bänden*, Suhrkamp Verlag. を基本とした。

若きヘーゲルについて

『ヘーゲル初期神学論集』Ⅰ・Ⅱ巻、水野建雄・久野昭・中埜肇訳、以文社、一九七三年。ここには〈国民宗教〉の構想から〈愛の宗教〉に至るまでの若きヘーゲルの草稿がほとんど収められている。

『キリスト教の精神とその運命』、伴博訳、平凡社ライブラリー、一九九七年。とても読みやすい訳文で、訳者解説も有益。

『ヘーゲル政治論文集』上下巻、金子武蔵・上妻精訳、岩波文庫、一九六七年。上巻に『ドイツ憲法論』、下巻には体系期のヘーゲルが書いた政論が収められている。

『精神の現象学』について

『精神の現象学』上下巻、金子武蔵訳、岩波書店、一九七一、七九年。かなり読みくだいた訳文になっていて、くわしい解説も役に立つ。はじめて読む人にはこれをお薦めしたい。

『精神現象学』上下巻、樫山欽四郎訳、平凡社ライブラリー、一九九七年。これは直訳に近い素直な訳文なので、こちらを好む人もいる。

『法の哲学』について

『法の哲学Ⅰ・Ⅱ』、藤野渉・赤沢正俊訳、中公クラシックス、二〇〇一年。定評のある翻訳で、学生の講義ノートが「追加」として収められているのが便利。

『法権利の哲学』、三浦和夫他訳、未知谷。これは一九九一年に出た新訳で、訳語などをかなり工夫している。

その他

『ヘーゲル書簡集』、小島貞介訳、日清堂書店、一九七五年。

『ヘーゲルの「ギムナジウム論理学」』、海老澤善一訳、梓出版社、一九八六年。これはギムナジウムの生徒たちに「論理学」を講義したものだが、「中級用意識論」（ミニ『現象学』）も収められている。

『歴史哲学』上中下巻、竹市健人訳、岩波文庫、一九七一年。ベルリン時代のヘーゲルが講義したもの。

次に、ヘーゲル関係の文献としてぼくが参考にしたものを、いくつかあげておこう。

伝記的なもの

『知られざるヘーゲル』、ジャック・ドント、飯塚勝久・飯島勉訳、未來社、一九八〇年。

若きヘーゲルの交友関係や読書歴を詳しく調べ上げることによって、彼の思想の「源流」を明るみに出そうとしたもの。推理小説を読むようにおもしろい。

『ベルリンのヘーゲル』、ジャック・ドント、花田圭介監訳、杉山吉弘訳、法政大学出版局、一九八三年。ベルリン時代のヘーゲルをとりまく環境をくわしく追跡して、「プロイセンの御用哲学者」というヘーゲルのイメージをすっかり破壊してしまう。

ヘーゲル論

『人類の知的遺産46・ヘーゲル』、城塚登、講談社、一九八〇年。伝記・著作・解説が収められた、わかりやすいヘーゲルの入門書。

『若きヘーゲルの研究』、細谷貞雄、未來社、一九七一年。アカデミックな研究書なのだけれど、文学を読むような味わいがある。若きヘーゲルの精神のヒダの部分に迫っているからだ。

『ヘーゲル哲学の形成と原理』、加藤尚武、未來社、一九八〇年。若きヘーゲルが『現象学』にいたるまでの思想形成の過程をたどり、かつ『現象学』の原理についても明晰に語った画期的な本。二十代のぼくはこの本に出会ってヘーゲルを真剣に読むようになった。加藤さんの著作からは多くを学んだ。

『ヘーゲル精神現象学の生成と構造』上下巻、ジャン・イポリット、市倉宏祐訳、岩波書店、一九七三年。『現象学』についてのくわしい解説書で、その読みはとても正確である。この翻訳からも引用させていただいた。

『ヘーゲル「精神現象学」入門〔新版〕』、加藤尚武編、有斐閣選書、一九九六年。ものすごくわかりやすい『現象学』の入門書で、とても参考になった。

『ヘーゲルの「法」哲学』、加藤尚武、青土社、一九九三年。『法の哲学』の発想をきちんと解明している。


最後に、そのほかの書物をあげておこう。

ルソー『社会契約論／人間不平等起源論』作田啓一・原好男訳、イデー選書、白水社、一九九一年。

ルソー「社会契約論（ジュネーヴ草稿）」作田啓一訳、『ルソー全集』第五巻所収、白水社、一九七九年、二八〇頁。

ルソー『エミール』上中下巻、今野一雄訳、岩波文庫、二〇〇七年（改版）。

カント「人倫の形而上学の基礎づけ」、カント『プロレゴーメナ／人倫の形而上学の基礎づけ』野田又夫他訳、中公クラシックス、二〇〇五年、所収。これは『実践理性批判』よりも読みやすく、カントの道徳論の発想がよくわかる。


第六章の「脳死問題」に関しては、『解剖　日本の脳死』（東京大学医学部脳死論争を考える会編著、筑摩書房、一九九一年）を参考にした。終章の「欲望論と制度論の絡みあいの論理」ということに関しては、竹田青嗣さんと橋爪大三郎さんの著作から多くのヒントをいただいた。大事な著作ばかりだけれど、ここではお二人の対論である『自分を活かす思想・社会を生きる思想』（径書房、一九九四年）をあげておきたい。

＊

文庫化に際して、新たな文献をいくつかつけくわえておきたい。

『初期ヘーゲル哲学の軌跡――断片・講義・書評』寄川条路編訳、ナカニシヤ出版、二〇〇六年。若きヘーゲルの断片などを翻訳したもの。

ヘーゲル『精神現象学』上下巻、熊野純彦訳、ちくま学芸文庫、二〇一八年。

ヘーゲル『法の哲学：自然法と国家学の要綱』上下巻、上妻精他訳、岩波文庫、二〇二一年。

ヘーゲル『法哲学講義』長谷川宏訳、作品社、二〇〇〇年。グリースハイムという学生の講義ノート（一八二四／二五年）を翻訳したもの。読みやすく、『法の哲学』の理解にとても役立つ。他にも、時代の異なる講義録の翻訳がいくつか出版されている。

福吉勝男『自由と権利の哲学――ヘーゲル「法・権利の哲学講義」の展開』、世界思想社、二〇〇二年。学生の講義ノートの研究から、出版された『法の哲学』よりもはるかに〝民主主義的〟なヘーゲルの姿を明らかにする。

『現代日本人の意識構造［第九版］』NHK放送文化研究所編、NHK出版、二〇二〇年。五年ごとに行われる意識調査の報告。一九七三年に始まったものだが、同じ項目で長期間行われているので、日本人の意識の変化をたどることができる。

最後に、竹田青嗣さんと私の、ヘーゲルのコメンタール（解説書）を挙げておきたい。

竹田青嗣・西研『完全解読　ヘーゲル『精神現象学』』講談社選書メチエ、二〇〇七年。

竹田青嗣・西研『超解読！　はじめてのヘーゲル『精神現象学』』講談社現代新書、二〇一〇年。

竹田青嗣・西研『超解読！　はじめてのヘーゲル『法の哲学』』講談社現代新書、二〇二〇年。

『ヘーゲル・大人のなりかた』(一九九五年)のあとがき

この本はなぜ「大人のなりかた」なんだろうか。——ちょっと不思議に感じる人もいると思う。この表題をつけてくださったのは編集の向坂好生さんなのだが、ぼく自身も最初は「なんじゃこりゃ」と思った(向坂さん、ゴメン)。「これじゃ大人になるためのハウツー本みたいだぞ」と思ったぼくは、「これだけは変えてもらおう」と決意を固めて、向坂さんとの会談にそなえたのであった。

向坂さんはこう語った。「ヘーゲル自身が大人になっていったのだし、『精神の現象学』の自己意識から理性への歩みだって、大人になっていったことですよね。自分と社会との関係がうまくとれなくて苦しんでいる人がぼくの友人にも何人かいます。ぼくはそういう人にこそこの本を読ませたいのです。この表題は、そういう人が手にとってくれるようにと思って考えたのです」

ぼくは自分を少し恥ずかしく思った。というのは、「購買層を広げようという姑息(こそく)な戦略を考えても無駄だよ」と頭から決めこんでいたからだ。しかし向坂さんは購買層を広げようと思ったのではなく、「思想を困った人のために役立てたい」と真摯(しんし)に考えていたのである。

この本がそういう人の役に立つかどうかは、正直いって、ぼくには自信がない。けれど、向坂さんの願いはとてもよくわかった。そしてぼくは、向坂さんとぼくの共作であるこの本を、この表題をつけておくりだそう、と思った。向坂さんといっしょに仕事ができて、ぼくはほんとうにうれしく、誇らしく思っています。ありがとう。

そして、つねにぼくの話し相手になり、支えてくれた古川さん、追いこみのとき、動かなくなってしまった頭と体を何度も調整してくれた高橋さん、ありがとう。

（一九九四年十二月十六日）

文庫版あとがき

このあとがきは、ごく私的なものにさせていただこうかな、と思う。

この本は、私にとって二冊目、三七歳のときの著作である。それから四半世紀（！）以上も経ってから文庫化されることになって、ほんとうにうれしい。あらためて読み直してみると、社会とどう関わってよいのか、について悩みながら考えてきたことを、一所懸命に書いているなあと思う。また、柔らかい心の動きを感じて、眩しさと気恥ずかしさを感じるところもある。そういう意味で、私にとって、青春時代の総括という感じがする本である。

これを書いていた当時の私は、和光大学の非常勤講師として「現代思想」という授業をしていた。現代思想なのに、ルソーやヘーゲルの話もしていた。ルソーやヘーゲルが私にとっては新鮮で、決して古いと思っていなかったからなのだが、授業のときの学生たちの生き生きした反応やコメントがうれしかったのを覚えている。また、数年前に亡くなられた加藤典洋さん（文芸批評）、橋爪大三郎さん（社会学）、瀬尾育生さん（ドイツ文学・詩人）、竹田青嗣さん（文芸批評・哲学）といった人たちと「間共同体研究会」という名の研究会を当時行っていた。午後まもなく始まるのだが、夕刻に中華料理屋に場所を移して夜遅くまで、ほんとうに休みなく、ずっと話をしていた。そんな生き生きとした対話の雰囲気が、この本の文体に出ているかもしれない。

また、当時NHKブックスの編集者だった向坂好生さん、そしてイラストレーターの川村易さんと、この本のときに初めてお会いして、それから三人で『哲学のモノサシ』『哲学の練習問題』という二冊の哲学絵本をつくっていった。そういうご縁をいただくきっかけとなったのも、この本である（なお、『哲学の練習問題』も河出文庫に入れていただいている）。ご縁といえば、幸いにしてこの本は読者に恵まれて、私の「物書き」の仕事が軌道に乗っていくきっかけにもなった。そういう特別な一冊だと感じている。

文庫化にあたっては、だいぶ時間が経っているので、補論のつもりで長い「文庫版まえがき」を書いた。ヘーゲルの重要性はどこにあるのか、についてのいまの私の考えを端的に記したものなので、初めてこの本を読む方にも、以前この本を読んだ方にも、これを読んでいただければありがたいと思う。

最後に、文庫化のお声がけをしてくださった、河出書房新社の藤﨑寛之さんに深く感謝したい。

二〇二三年一月三日

西研

本書は、一九九五年一月に刊行された『ヘーゲル・大人のなりかた』（ＮＨＫブックス）に、文庫版まえがきを増補のうえ、改題して文庫化したものです。

ヘーゲル 自由と普遍性の哲学

二〇二三年 三 月一〇日　初版印刷
二〇二三年 三 月二〇日　初版発行

著　者　西　研
発行者　小野寺優
発行所　株式会社河出書房新社
〒一五一-〇〇五一
東京都渋谷区千駄ヶ谷二-三二-二
電話〇三-三四〇四-八六一一（編集）
〇三-三四〇四-一二〇一（営業）
https://www.kawade.co.jp/

ロゴ・表紙デザイン　粟津潔
本文フォーマット　佐々木暁
印刷・製本　中央精版印刷株式会社

Printed in Japan　ISBN978-4-309-41948-0

集中講義 これが哲学！ いまを生き抜く思考のレッスン

西研 41048-7

「どう生きたらよいのか」——先の見えない時代、いまこそ哲学にできることがある！　単に知識を得るだけでなく、一人ひとりが哲学するやり方とセンスを磨ける、日常を生き抜くための哲学入門講義。

哲学の練習問題

西研 41184-2

哲学するとはどういうことか——。生きることを根っこから考えるためのQ＆A。難しい言葉を使わない、けれども本格的な哲学へ読者をいざなう。深く考えるヒントとなる哲学イラストも多数。

哲学史講義　I

G·W·F·ヘーゲル　長谷川宏〔訳〕 46601-9

最大の哲学者、ヘーゲルによる哲学史の決定的名著がついに文庫化。大河のように律動、変遷する哲学のドラマ、全四巻改訳決定版。『I』では哲学史、東洋、古代ギリシアの哲学を収録。

哲学史講義　II

G·W·F·ヘーゲル　長谷川宏〔訳〕 46602-6

自然とはなにか、人間とはなにか、いかに生きるべきか——二千数百年におよぶ西洋哲学を一望する不朽の名著、名訳決定版第二巻。ソフィスト、ソクラテス、プラトン、アリストテレスらを収録。

哲学史講義　III

G·W·F·ヘーゲル　長谷川宏〔訳〕 46603-3

揺籠期を過ぎた西洋哲学は、ストア派、新プラトン派を経て中世へと進む。エピクロス、フィロン、トマス・アクィナス……。哲学者たちの苦闘の軌跡をたどる感動的名著・名訳の第三巻。

哲学史講義　IV

G·W·F·ヘーゲル　長谷川宏〔訳〕 46604-0

デカルト、スピノザ、ライプニッツ、そしてカント……など。近代の哲学者たちはいかに世界と格闘したのか。批判やユーモアとともに哲学のドラマをダイナミックに描き出すヘーゲル版哲学史、ついに完結。